JN118835

京大人文研東方学叢書 13

イスラームの東・中華の西

七～八世紀の中央アジアを巡って

稲葉 穣 著

臨川書店

口絵１　バーミヤーン仏教遺跡（大仏爆破前）

口絵 2　カラ・テペ遺跡（空撮）

口絵３a　メス・アイナク遺跡

口絵３b　メス・アイナク遺跡出土　菩薩半跏思惟像

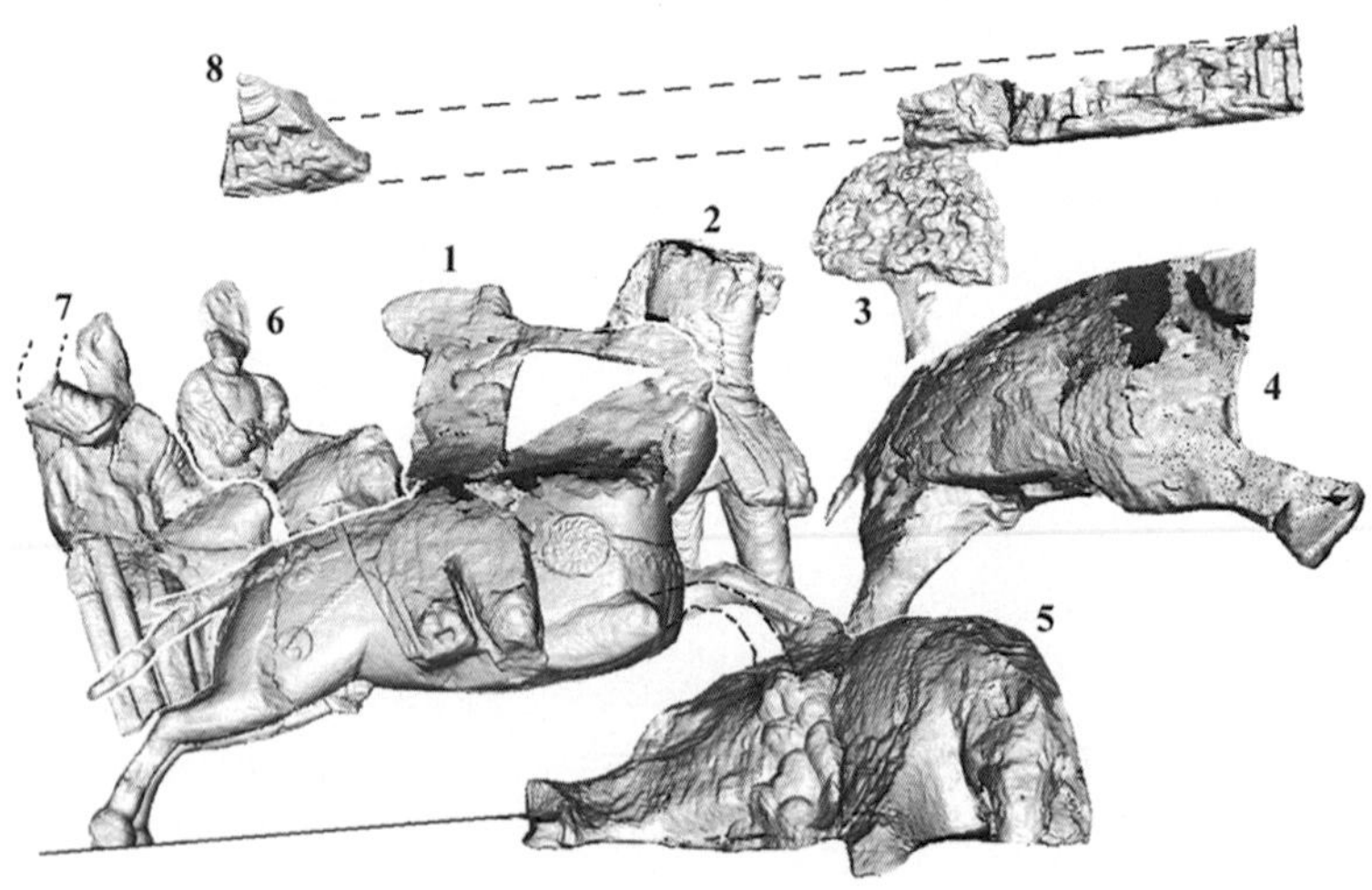

口絵 4　（上）ラーゲ・ビービー浮彫、（下）3D 画像　1：騎乗するシャープール一世像　2：クシャーン武人像　3：マンゴーの木　4：逃がれようとする犀　5：撃たれた犀　6 & 7：王の従者達　8：欄干

目　次

第二部　八世紀中葉

プロローグ ―玄奘の出立―

隋の仁寿二年（西暦六〇二年）というから、初代文帝であるところの楊堅が亡くなる二年ほど前のことである。今の河南省偃師県の南にあった緱氏県鳳凰谷陳村という地で、陳恵の第四子として生まれ、禕と名付けられた人がいた。幼い頃から聡明で古典に親しみ、近所の子供達とも遊ばずに勉強に明け暮れていたという。禕の次兄であった素（得度して長捷）は洛陽にいたが、禕も兄を頼って洛陽浄土寺に遷り、兄のもとでしばらく学んだ後、おそらくは大業六年（六一〇年）頃に得度した。中国仏教史上最もよく知られた求法行歴僧、訳経僧である玄奘の名が史乗にあらわれた瞬間である。

洛陽において仏教を学んだ玄奘は、隋末唐初の混乱を避けて長安の荘厳寺に遷った（六一七年頃）。しかし諸勢力の戦いと、その直後の唐建国にまつわる混乱のせいで、長安においてはまともな仏教講座も開かれていなかった。かつて洛陽にあって名僧の誉れ高かった道基は乱を避けて四川に逃れており、玄奘兄弟も長安を離れて四川に向かった。たどり着いた四川の都成都には当時の中国の名僧が多く集結していた。玄奘達は空慧寺に住まい、成都にて学び、四、五年にして諸部に通暁したという。

唐の武徳五年（六二二年）、二十一才の年に具足戒を受けた玄奘はいよいよ研究に没頭し、また「阿毘曇心論」を講義したりもして、若き俊英としての名声は高まっていった。しかし成都において学びうることはすべて学びつくし、また自身で一所懸命考えても解決できない多くの疑問を抱えた玄奘は、旅に出て諸国の賢師に学びたいと考える。成都においてすでに地位を確立し、生活に満足していた兄長捷とはここで別れ、玄奘は一人湖北江陵に向かった。江陵では天皇寺に入り、摂大乗論などを講義する。その後求めに応じて荊州に赴き、そこから北上して相州、趙州にてそれぞれ教えを受けた後、長安に帰着し、大荘厳寺に入った。かの地でやはり倶舎論、摂大乗論、涅槃経等を学び、かくして法華経、維摩経、涅槃経、摂大乗論、阿毘曇論、八犍度論、成実論、雑阿毘曇心論といった学を身につけていったのである。

しかしながら、多くの師について学んだ玄奘は逆にその解釈の多様さに迷ってしまったきらいがある。基づくテキストもサンスクリット原典の部分的翻訳であり、隔靴掻痒の感もあっただろう。仏教思想研究に行き詰まった玄奘は、翻訳に拠るのではなく原典から直接学びたいと考えるに至る。当時の中国仏教といえば、魏晋以来理観を尊び、訳経は意訳であり、伝経は心をもってする、という具合であった。犇めく高徳の僧達も逆に諸種の解釈の繚乱を助長していた。このような中国仏教自体の行き詰まりと岐路に立ち会った玄奘は、かくして原典を求め、真理を学び、なおかつ中国仏教を救うためにインドへの旅を企図したのであった。すでに中国仏教の未来を担う俊英として名声を得、また大きな期待を担ってもいた玄奘は、そのまま長安大荘厳寺にとどまって、高僧、名僧と呼ばれることも可能だったはずである。しかし彼は真理への情熱を断ちがたく、自らの学問的良心に従って都長安を出立し、インドを目指したのである（彼の出立年については貞観元年／六二七年説と三年／六二九年説とがある）。

その後の玄奘の旅の様子やインドでの研鑽、はたまた帰国後の事績については本文中でまた触れることもあるだろうが、ここで特記しておきたいのは、玄奘が旅の空にあった十五年ほどの間（六二七年もしくは六二九年出発で、六四五年帰国）に、生まれたての唐の国は瞬く間に力を伸ばし、東突厥（ひがしとっくつ）を屈服させてタリム盆地、すなわち西域の大半を支配下においていたという点である。玄奘が往路に招かれ、大いに歓待され、旅の支援を施された麴氏高昌国も唐によって滅ぼされていた。

この時から一世紀余の間、唐は突厥や吐蕃（とばん）、突騎施（テュルギシュ）の挑戦を受けつつも、タリム盆地だけでなくパミール高原以西にまで影響力を及ぼし、ユーラシア大陸のスーパーパワーとして君臨した。

一方、玄奘が長安を出立しようかとしていたまさにその頃、遙か西のアラビア半島西部では、クライシュ族のムハンマドの説く教えに従う集団が徐々に勢力を強め、六三〇年にはメッカを征服、さらにアラビア半島各地の勢力と同盟を結んで実質的に半島を統一した。六三二年にムハンマドが死去した後、その後を継いだ、いわゆる正統カリフ達の時代、この集団、すなわちイスラームの教えを奉じるムスリム勢力は瞬く間に支配領域を広げ、玄奘が長安に帰着した頃には、シリア、エジプト、イラクという古代文明の地がすべてムスリムの支配下に入っていた。その後、六六一年に成立したウマイヤ朝のもと、この勢力は東へと拡大し、八世紀初めにはアム河を越えてトランスオクシアナを攻略した。

トランスオクシアナとは、その名の通り「オクサス河（＝アム河）の向こう側」という意味であり、地域的には旧ソ連領中央アジア、特に今のウズベキスタン、タジキスタンにあたる地域を指す名称である（アラビア語ではマー・ワラー・アンナフル／河向こうの地）。ところで興味深いのはこの頃の出来事を語る年代記等に、トランスオクシアナの向こう側が中国である、という認識が示されていることである。

もちろん単なるレトリックである可能性も高いのだが、それでも七世紀から八世紀にかけて、中国すなわち東アジアの帝国と、ウマイヤ朝あるいはアッバース朝という西アジアの帝国が踵（きびす）を接するような状況が生まれていたことをこれは反映しているようにも思われる。七五一年に唐とアッバース朝の軍勢が衝突したタラス河畔の戦いはそのような状況のもとで産み出された出来事なのであろう。

本書に「イスラームの東・中華の西」というタイトルをつけたのはこういう状況をどうにか表現しようと思ったからである。しかし日本語としてはあまり芳しくないというのは私にもよくわかっている。たぶん、「イスラーム世界の東・中華世界の西」とでもした方がより正確なのだろうが、どうも語呂が悪いような気がしてこういうフレーズにしてしまった。語呂が悪いと思っているのは私だけなのかもしれないが、こういうところは結構書き手としては気になるところなのである。読者諸兄諸姉にはこのあたり、少し大目に見ていただけるとありがたい。

いずれにせよ、本書は七世紀から八世紀という時期の中央アジアの歴史、とくに東アジア、西アジアの帝国の勢力伸長という大状況の中でのそれについて、従来あまりクローズアップされることの無かったようなトピックとその関連話を用いて描いてみようという試みである。歴史を描こうとするものなので、全体として何か結論めいたことを記したりはしない（できない）。ただ、それぞれのトピックを描くにあたっては、ちょっとした解くべき謎を自分なりに設定し、それがどうやったら解決できるのか、説明できるのかを考える、という構成にしたいとは思っている。よくできた謎解きゲームや冒険ゲームだと、小さなタスクをいくつかこなしたり、謎を解いていくことが、最終的に大きな問題の解決や、大きな謎解きにつながるのだが、我々の生きる歴史は完結したシナリオでは残念ながらないので、小さなタスクを果たし、小さな謎を解くことが最終的になんの役に立つのか、書き手である私にも目算があるわけではない。この点についてもあらかじめご寛恕を願っておく。

また、中央アジアとは言い条、主な舞台となるのは前段に述べたトランスオクシアナおよびアフガニスタン北部、すなわちパミール高原西部（ほぼ旧ソ連領中央アジアにあたる）である。最近でこそソグド関連の書籍が出版されるなど、中央アジア西部も少しは知られるようになってきたものの、わが国ではまだ中央アジアと言えばパミール高原以東の方が馴染みが深いだろう。そのせいで本書の中に登場する地名の中には、あまり聞いたことがないものが多いかも知れない。頑張ってたくさん地図をつけているので、適宜ご参照いただき、関心が湧けばグーグル・マップなどでその場所を検索して地形などを調べてみて欲しい。ぐっとイメージが広がると思う。

具体的に取り上げようとするのは、七世紀半ば、唐の西方への拡大と羈縻（きび）政策の中で調査に派遣された官史の活動、彼らの調査とその成果から明らかになる古代アフガニスタンのテュルク系国家のこと、西暦七五一年、上述のタラス河畔の戦いがおそらくは戦われていた最中に中央アジアを経由して北西インドへと旅した唐の使節団の話、そして七五五年に勃発した安史の乱に際して、唐朝の援軍としてはせ参じたとされる「大食（たいしょく）」軍の話である。それぞれを一つの章とし、前半二章を第一部、後半二章を第二部に分けて述べることにする。

これら四つのトピックを取り上げる理由は、ここ数十年の研究の進展によって明らかになった事柄がそこそこ多いこと、特に考古学、貨幣学、言語学史料の増加によって新しいことが色々と判明してきたことによるが、それらについてはおいおい本文中で紹介してきたい。

冒頭に紹介した玄奘をはじめ、この時期、東アジアでも西アジアでも、様々な目的で長距離を移動し、いくつもの境界を越えた人々の記録が多く残っている。本書で扱おうとする時間枠は実はちょうど、玄奘の長安出発から、別の行歴仏教僧たる悟空（第三章参照）の長安帰着（七九〇年頃）の間にすっぽりとおさまる。そこでこの「プロローグ」を玄奘のインド行からはじめ、悟空の帰京を「エピローグ」に示すことにした。そうして、この二人の間にはさまる新羅出身の仏教僧慧超（えちょう）の旅（七二〇年代）にからめた「インターミッション」を、七世紀半ばを扱う第一部と、八世紀前半から半ばを扱う第二部の間に置いて、七世紀後半から八世紀初めの状況を簡単に紹介する、という構成にした。読んでいただければわかるとおり、本書の四つの章で扱われるトピックは一方で、境界を越えて旅した者達の物語でもあるので、この時期を代表する越境者である三人の仏教僧の旅をもって書物全体のフレームワークとするというのは、それゆえ結構相応しいのではないか、と思うのだが、そう思っているのもやはり書き手だけかも知れない。

第一部　七世紀中葉

扉絵1　タパ・スカンダル遺跡出土大理石ウマー＝マヘーシュヴァラ像
（七世紀前半）

第一章　六六一年　西域十六都督府（さいいきじゅうろくととくふ）

一　アフガニスタンという場所

（1）文化世界の接点

第一章と第二章の舞台は、中央アジアの中でも、現在のアフガニスタン北部・東部を中心とする地域である。アフガニスタンという国の名は、前世紀末から何度もメディアを賑わしてきた。今世紀に入ってからもこの地域は国際政治の焦点となっているが、国家としてのアフガニスタンが成立したのは、やっと十八世紀になってからのことである。ドゥッラーニー族サドーザイ家が、一七四七年、現在のアフガニスタンからパキスタンにまたがる地域を征服し、アフシャール朝から独立して国を建てた後に、アフガニスタン、すなわち「アフガン人の地」という名称が用いられるようになった（ちなみに一九七三年までアフガニスタンを支配していたのは、同じドゥッラーニー族のバーラクザイ系王家）。それゆえ、それ以前にはアフガニスタンという国名はなかったのだ。

ただ「アフガン」とか「アフガニスタン」という言葉自体はもっと古くから史料に見える。部族名としての「アフガン」は、すでに七世紀には史乗に見え、玄奘は現在のアフガニスタンとパキスタンの国境近辺、今で言う「トライバル・エリア」の辺りに「阿薄健（あぼけん）」と呼ばれる人々がいたことを記録してい

地図1　文化世界の接点としてのアフガニスタン

る。一方「アフガン人の住む場所」という意味での「アフガニスタン」という言葉は、十四世紀に書かれたペルシア語史料に、やはり「トライバル・エリア」の南側、ちょうど一九九〇年代にターリバーン勢力が登場した地域を指す地名として登場している。

それにしても本書が扱うような時代に、現在のアフガニスタンにあたる地域を指す名称としてこの名前が用いられていた可能性はまずなく、そのような、いわば近代以降の地域概念を、時代を遡らせて適用してよいのかどうか、そのこと自体が学術的には問題になる可能性があるのだけれど、ここでは話を簡単にするため、「おおよそ現在のアフガニスタンにあたる地域」というのを省略して「アフガニスタン」と呼ぶのだ、ということにしておきたい。

さて、そのような地域をそれではなぜわざわ

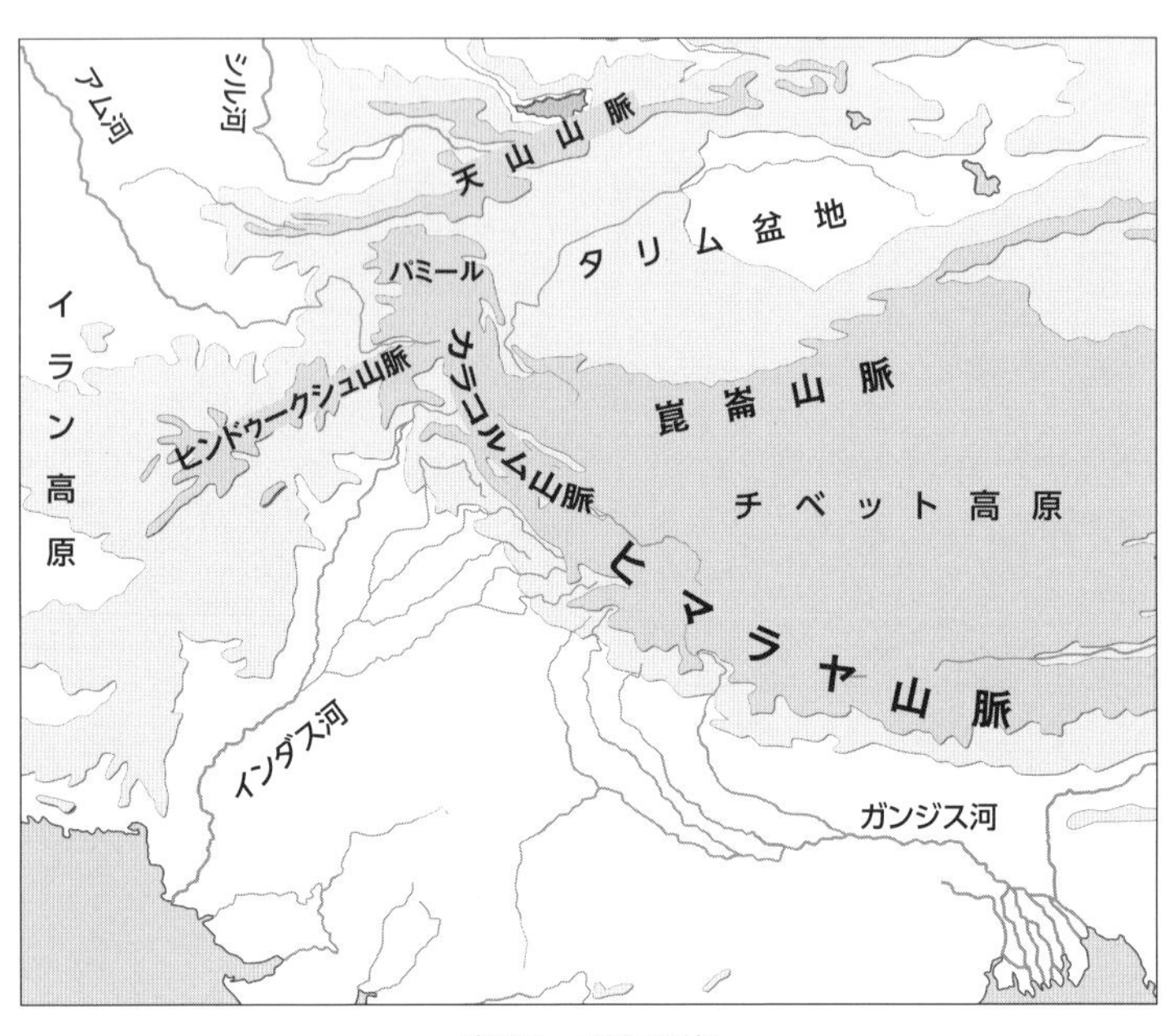

地図2　世界の屋根

ざとりあげるのかと言えば、そこにはこの地域の持つ、歴史上極めて重要な特性が関係してくる。**地図1**に見えるとおり、アフガニスタンは、歴史的、文化的な意味でのインド世界とイラン世界、そして中央アジア世界の真ん中に位置している。別の言い方をすれば、南アジア、西アジア、中央アジアの三つの地域がここにおいて接触しているのである。

地形的に見れば、太古の昔に南から移動してきたインド亜大陸がユーラシアの陸隗にぶつかり、これをめくりあげたことによって形成された高い山脈、すなわちヒマラヤ山脈やカラコルム山脈など「世界の屋根」と称される山並みが、西に延びてヒンドゥークシュ山脈となり、最後にイラン高原と接触する場所がアフガニスタン（地図2）である。そのため国の中央部には平均標高三千メートルを超える険しい山々が聳えている。これはいくつかの山脈の集合体で、それぞれはクーヒ・バーバー山脈とか、フィールーズクーフ山脈などといった名前を持ってはいるのだが、まとめて「アフガン（中央）山塊」などと呼ばれることもある。現在、この山塊の周りを環状にとりまくのが、アフガン・ハイウェイとも呼ばれる幹線ルートであるが、これは古代から用いられてきた主要交通路と大体合致する。

（2）ユーラシアを結ぶ幹線ルート

地図1に示したように、このアフガン山塊をめぐる環状の道からは中央アジア、南アジア、西アジアへと連なる五本の幹線ルートが発している。すなわち北は中央アジアから東方中国へと続く道、東はインダス河上流域からガンジス河流域への道と、インダス河下流域からアラビア海、インド洋へと延びる道、西はイラン高原の南と北をそれぞれ通ってメソポタミアや地中海へと通じる道である。

これらの道がはじめて文献に記録されたのは、紀元前四世紀、アレクサンドロス大王の大征服のときのことだった。アケメネス朝ペルシアを滅ぼした大王は、皇帝ダレイオス三世を追撃して東へ向かい、アリアナ（現在のヘラート近辺）、ドランギアナ（イラン、パキスタンとの国境地域であるスィースターン）、アラコスィア（現カンダハール近辺）、カウカスィア（ヒンドゥークシュ山脈南麓のカーピシー、カーブル近辺）を征服した後、山脈を北に越えてバクトリア（現在のアフガニスタン北部。古都バルフがその中心だったと考えられている）に出たのであった。アレクサンドロスは征服した地域の支配拠点として、各地にアレク

図1　アイ・ハヌム遺跡　王宮列柱廊

サンドリアと名付けられたまちを築いたが、今あげた五つの地方のうち、ドランギアナとバクトリア以外の場所には、それぞれの地方名を冠したアレクサンドリアを建てたことが知られている。ちなみにバクトリアには後に「オクサスのアレクサンドリア」と呼ばれたまちがつくられ、一九六〇年代に発見されたアイ・ハヌム遺跡（アフガニスタン北部、コクチャ川がアム河に合流する地点にあるギリシア風のデザインを持つ都市遺跡）がその遺構だと考えられている（**図1**）。そしてそれらの場所こそ、先にあげた五本の幹線ルートがアフガン山塊を巡る環状ルートと接続する場所だった（**地図3**参照）。

アレクサンドロス以来二千数百年の間、数え切れないほどの人や物がこの道を

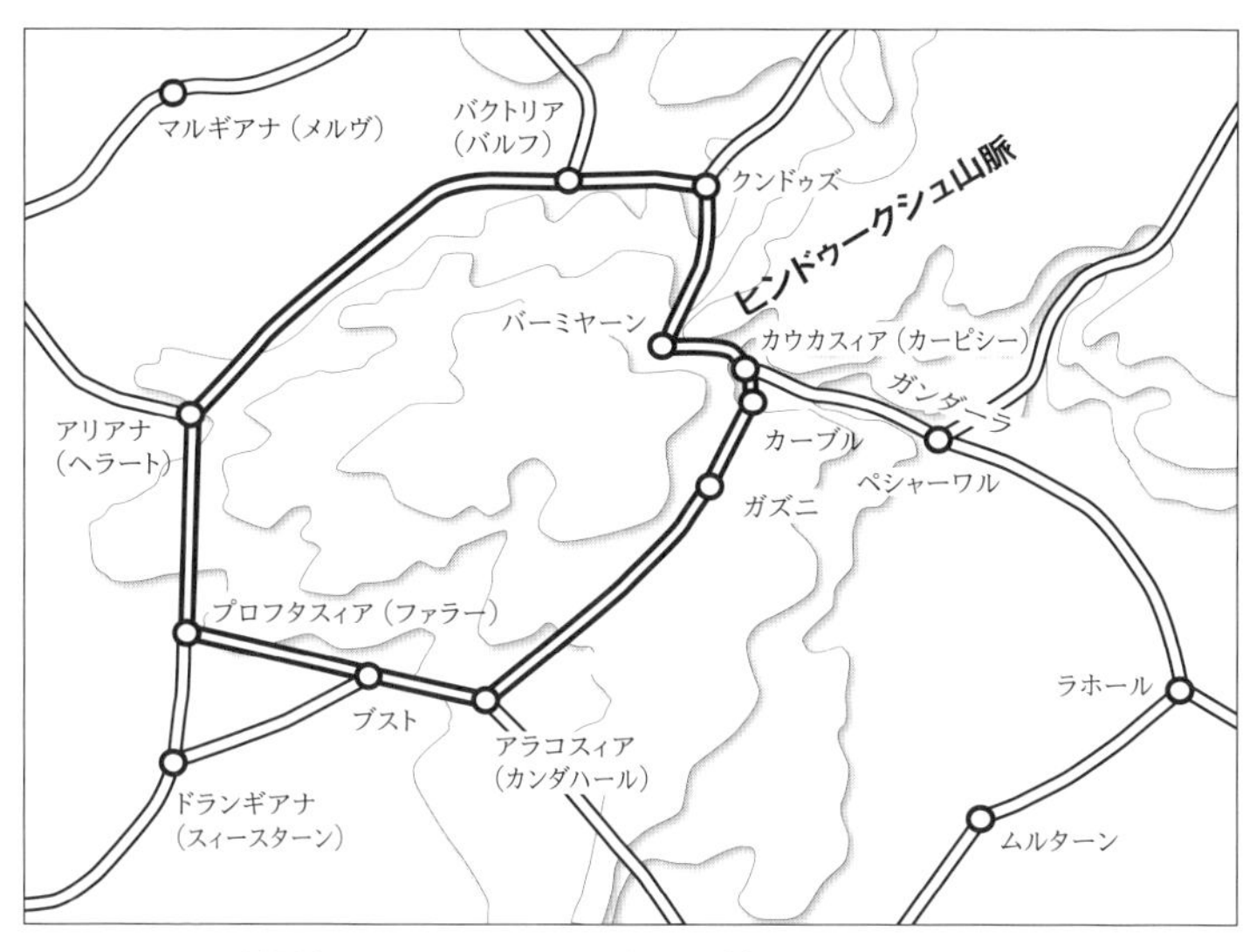

地図3　アレクサンドロス大王の遠征とアフガニスタン

通って移動し、それにともなって様々な文化がこの地で接触し、交流してきた。そこでは同時に異なる勢力同士の衝突も数多く生じた。十九世紀、イギリスとロシアの間で繰り広げられた「グレートゲーム」、二十世紀後半の旧ソ連軍によるアフガニスタン侵攻とそれに引き続く内戦もまた、その枠組みの中にある。いずれにしても、アフガニスタンを対象とする研究は、それゆえ必然的に文化の接触と融合の研究でもある。地図1に示したこのような有様は、有史以来この地域の大きな風土的特徴であり続けた。

一方で、異なる文化、文明世界が接触する場所、ということは、逆にどの文明世界から見てもここが縁辺地域、辺境地域であることを意味する。我々が歴史的事象を研究する際に、第一に基づくべき年代記その他の叙述史料は、一般に文明の中心地において書かれるが、そのような場所で書かれた文献は辺境についての情報を欠いているか、あるいは載せていてもずいぶん偏った形で記載している場合が多い。つまり、アフガニスタンはどこから見ても辺境であるがゆえに、どこの地域の文献にもあまり詳しく記録されてこなかったのである。結局アフガニスタンという地域の歴史研究に大きな重要性と面白さを附与している、その自然環境や風土的特徴は、同時にその研究に大きな困難をもたらしているのだ。

二　西方に関する漢籍情報

（1）アフガニスタンに関する文献史料

たとえば本書の対象である七～八世紀を考えてみると、この地域に関する史料の状況はだいたい次のようである。

まず西側の史料だが、最初に述べたように七世紀半ば、アラビア半島の片隅から急激に勃興したムスリム勢力の圧力の前に、サーサーン朝ペルシアは滅亡する。サーサーン朝時代に書かれていたであろう文献も多くが失われ、当然のことながらアフガニスタンに関するサーサーン朝時代の記録というのも、もしそれが書かれていたとしても、現在はほとんど知られていない。

一方南の方、インドではどうかと言えば、これも周知の通り、インドではいわゆる年代記とか地理志にあたる書物というのが、少なくとも十三世紀以前にはほとんど書かれなかった。カシミールの王統史を記した『ラージャタランギニー』のようなわずかな例外もあるが、やはりアフガニスタンのことを考えるためには少ししか役に立たない。またこの時期の中央アジアにおいて支配的であった言語の一つはソグド語であるが、残念ながら現在知られているソグド語文献の多くは手紙や契約文書などであり、アフガニスタンの状況について一定の文脈をもって語ってくれるものは、ない。

かくしてやはりアフガニスタンに関する文献情報はほとんどない、ということになりそうなのだが、実はこの時期に限っては事情が少し異なる。中央アジアよりさらに東、中国で書かれた漢籍に、この辺りについての記述を見いだすことができるのである。代表的なものはもちろん、最初にあげた仏教僧玄奘の旅の記録『大唐西域記（だいとうさいいき）』であるが、それ以外にも玄奘から八十年ほど遅れてこの地域を旅した新羅の僧慧超や、そのまた三十年ほど後にこの地域に滞在した悟空など、仏教僧の旅の記録が残っているし、それ以外の正史や仏典史料にもそこそこ言及が見られる（個々の仏教僧の旅行記については後述する）。

これらの漢籍史料の記述は、アフガニスタンにおいて二十世紀以降精力的に行われた考古学調査でも、きわめて重要な情報源として用いられていた。二十世紀前半にバーミヤーンやベグラームを調査・発掘したフランス・アフガニスタン考古学派遣団も、一九六〇年代にガズニを調査したイタリア・アフガニスタン考古学調査団も、また同じ時期ヒンドゥークシュ山脈南側で発掘調査を行った京都大学の調査隊も、それぞれの遺跡が漢籍史料の記述のどれに対応するのか、そこにどうあらわれているのかを、彼らの発掘成果を考察する際の重要な手がかりとして用いている。

また二十世紀の末に存在が知られるようになった貴重な史料として、中期イラン語の一つであるバク

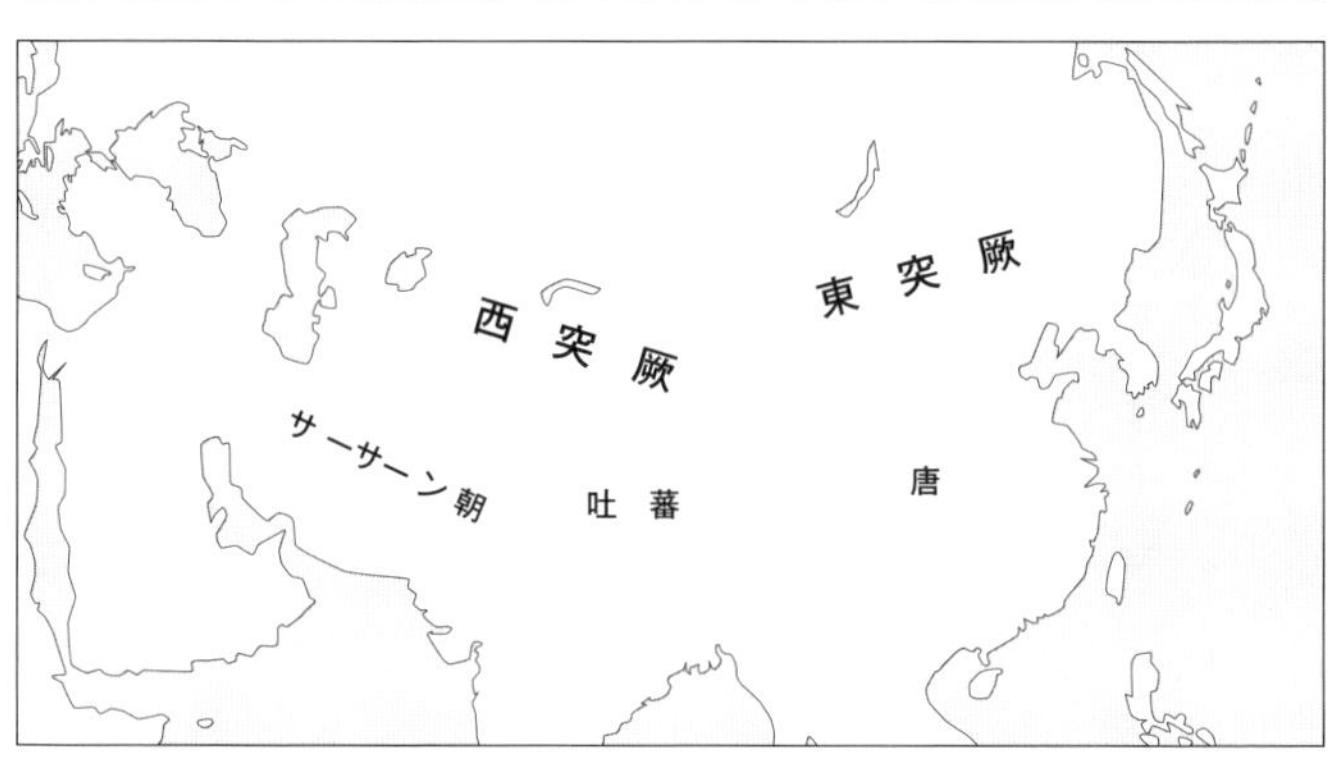

地図4　上：六世紀半ばのユーラシア、下：七世紀半ばのユーラシア

トリア語で記された文書群がある。詳しくは後述するが、この文書群はこれまで全く知られることが無かったアフガニスタン北部の地域社会の動向に関する大変貴重な情報を与えてくれる。

これらの材料を組み合わせ、考古学史料や貨幣などと照合することで、この地域の歴史にはいま全く新しい光があてられつつある。

(2) 唐と西域

ところで、そもそもなぜこの時期中国側にアフガニスタンに関する情報が記録されたのか。それはこの時代が、モンゴル時代以前において中国の影響力がもっとも西に伸びた時期であったゆえである。七世紀の初頭、唐王朝が成立した時、実は唐の西隣には強大な突厥（「テュルク türk」の音写とされる）の勢力が存在した。六世紀半ばに急速に拡大し、当時北アジアから中央アジアにかけての地域を支配していた高車、柔然、エフタルなどを瞬く間に倒した阿史那氏率いる突厥集団は、このときすでに東西に分裂していたが、東突厥だけでも十分に強力で、唐の王朝成立自体にも彼らの軍事力が大きな意味を持ったと言われる（**地図4**）。六二七年、いわゆる玄武門の変が起きた直後には突厥軍が唐の領内に侵入し、長安のすぐ近くまで迫るという事態も生じた。しかし第二代太宗のもと、唐は六二九年に鉄勒（これも「テュルク」の別の音写）諸部と結んで東突厥の頡利可汗、突利可汗を服属させ、太宗は中華世界の皇帝であることに加え、「天可汗」の称号をもって草原地域の支配者ともなった。

一方西突厥は、六世紀半ばに西方を征服した室点蜜（イステミ／シジブロス）可汗の後、七世紀初頭の統葉護可汗の時代に強盛を誇った。西突厥の勢力圏は現在のチュー川やタラス川を中心に、ソグディアナ（「ソグドの地」：現在のウズベキスタン共和国、ザラフシャーン川流域）やアフガニスタン北部にまで及んだが、統葉護可汗の死後は内紛によって弱体化した。そこに東突厥を服属させた唐の攻勢をうけ、太宗治世の末期に西突厥は一旦唐に服属することとなった。それでも六四九年に太宗が死去すると、突厥の王族であった阿史那賀魯（沙鉢羅可汗）は唐に叛き、一時はかつての西突厥の支配地域のほぼ全域を支配下におさめた。しかし賀魯もまた六五七年、唐の軍勢とこれに与した阿史那氏の他の王子達の手で討たれ、突厥の大規模な軍事行動には終止符が打たれた。

（3）高宗勅撰『西域図志』

新たに即位した第三代皇帝高宗のもと、唐は、かつて賀魯が支配した地域を唐の支配領域に組み込むべく、西域支配体制の再編成とでもいうべき事業にとりかかった。唐朝の正史である『新唐書』巻二一五下には

> 賀魯が滅んでしまうと、かれの支配していた領域を分けて州・県とし、それぞれに諸部落を住まわせた。〈略〉それに服属した諸国にはみな州を置き、西方は波斯にいたるまでを、すべて安西都護府の統治に服させることにした。

とあるが、高宗はまず手始めに安西都護府を高昌（現在のトゥルファン）から亀茲（クチャ）に移動させた。より西方に軍勢を駐留させ、西域の安定をはかろうとしたのである。クチャの他に焉耆（カラシャフル）、疏勒（カシュガル）、于闐（コータン）の四つのまちに唐の駐留軍が配備され、これらは「安西四鎮」と呼ばれた。

さらに六五八年には崑陵と濛池の二つの都護府をもうけ、賀魯の乱の平定に功のあった阿史那歩真、阿史那弥射をそれぞれ興昔亡可汗、継往絶可汗としたうえで、前者を崑陵都護、後者を濛池都護に任じた。西突厥のオン・オク（on oq 十本の矢）、すなわち十の主要部族は、咄陸部五部族と弩失畢部五部族に大きく分けられ、咄陸部は崑陵都護府に、弩失畢部は濛池都護府のもとに置かれたのである。

その一方で、別の二つの重要な事業がこの時着手された。一つは『西域図志』と呼ばれる書物の編纂であり、もう一つはこれに関連して、西方に調査団を派遣したことだった。

『西域図志』の編纂の経緯について、同じく唐代の歴史をおさめた『唐会要』巻三六には

その年（顕慶三年／六五八年）五月九日、西域が平定されたことによって、使節を康国および吐火羅等の国にそれぞれ派遣し、それらの地域の風俗や物産、さらに古今の［州県の］廃置について調査させた。地図や図面を提出させ、史官達に『西域図志』六十巻を撰させた。許敬宗がそれを監修した。書物ができあがったとき、学者達はその［内容の］該博さを称賛した。

と記されている。すでに玄奘の詳細な報告その他により、当時唐の朝廷には西方に関する様々な知識が蓄積されていたと考えられる。これらを総合し、西域統治のための新たなマニュアルを作成するのが唐朝の狙いだったのだろう。

同様の試みは、近代におけるヨーロッパ勢力や日本の植民地支配のなかでも行われている。たとえばイギリスはインド統治にあたって、東インド会社その他を通じインド各地の地誌や歴史についての詳細な資料集成（gazetteer とか manual と呼ばれた）を作成した。二十世紀初頭から前半にかけての中央アジアにおけるヨーロッパや日本の調査隊の活躍もまた、政治・軍事的な色合いから自由ではなかった。要するに統治や軍事活動のための情報収集と手引きの作成、それを唐朝が中央アジア＝西域に対して行おう

としたのが『西域図志』編纂だったのだ。

ちなみに、イギリスはインドやアフガニスタンの統治マニュアルをつくるにあたって、現地のありとあらゆる情報を収集しようとした。現在大英図書館には、一八八〇年代にロシアとアフガニスタンの間の国境を策定するために構成された委員会（Afghan Boundary Commission）が行った地誌調査の分厚い報告書（実際、アフガニスタン側の調査はイギリスが行った）が所蔵されていて、そこには地形や道路の様相、さらに個々の村での糧食入手の可能性をはじめ、各地域の言語、産物、あるいは民間伝承や神話などを含む文化的伝統の記録までも含まれている。しかしそれも報告書編纂用にまとめた情報に過ぎず、そのもととなった膨大な書簡や調査日誌、スケッチなどは唯一インド国立図書館におさめられているという。もちろんそれらの情報は、現地の文化を知り、統治あるいは軍事活動を円滑に行うため、特にありうべきロシアとの衝突の際に、アフガニスタンにおいてどのような軍事行動が可能かを査定するために必要だったのだが、そのような情報をまとめたこの報告書は、十九世紀の現地社会の様子を知るための貴重な史料ともなっている。

(4)『西域図志』と王玄策

さらに、『西域図志』の編纂を託されたのが、高宗のもとで中書令を務めた許敬宗(きょけいそう)であったことからもこの事業の重要性がうかがえる。許敬宗自身は史書の記述の改竄等のゆえに批判がある人物だが、一方で早くから則天武后と近しい関係にあった官僚で、それゆえ彼がこの事業に携わったことと、高宗期および武后期の唐（と周）の積極的な西方進出の姿勢とには、ある程度の関連があったと言えよう。唐がつくろうとしたこのマニュアルがどの程度詳しいものだったのか、残念ながら肝心の『西域図志』が散逸してしまっているため正確には知りようがないのだが、六六八年頃、長安西明寺の僧道世（どうせい）によって編まれた仏教類書『法苑珠林（ほうおんじゅりん）』は、『西域志』『西国志』などの名のもと、この文献から随分な量の文章を引用していて、その内容を見る限り、この書は単なる地理情報以上のものを含んでいたらしい。『法苑珠林』巻二九は、この書物のもととなった諸史料について次のように記している。

> 玄奘法師の行伝、王玄策伝、西域の道俗［からの情報］をもとにすれば、土地毎にそれぞれ霊異があるのであり、文学士たちに勅を下して、すべて集め、詳細に撰させた。全部で六十巻となり、『西国志』と名付けた。図画四十巻をあわせて百巻とした。

ここで「玄奘法師の行伝」とはもちろん『大唐西域記』を示しているのだが、「王玄策伝」の方は、太宗から高宗の時代にかけてインドに赴いた唐の官吏王玄策（おうげんさく）の旅行記のことである。王玄策はもと融州の県令をつとめていた中級官吏であった。貞観十七年（六四三年）、唐は、グプタ朝崩壊後分裂していた北インドを再統一したハルシャ・ヴァルダナ王からの使節に対する返礼使節団を編成し、北インドへと送ったが、王玄策はこの使節団の副使に任じられ、はじめてインドに赴いた。その後、少なくとも二度、ネパール越えで東インド、ガンジス平原へ至ったことが知られている。

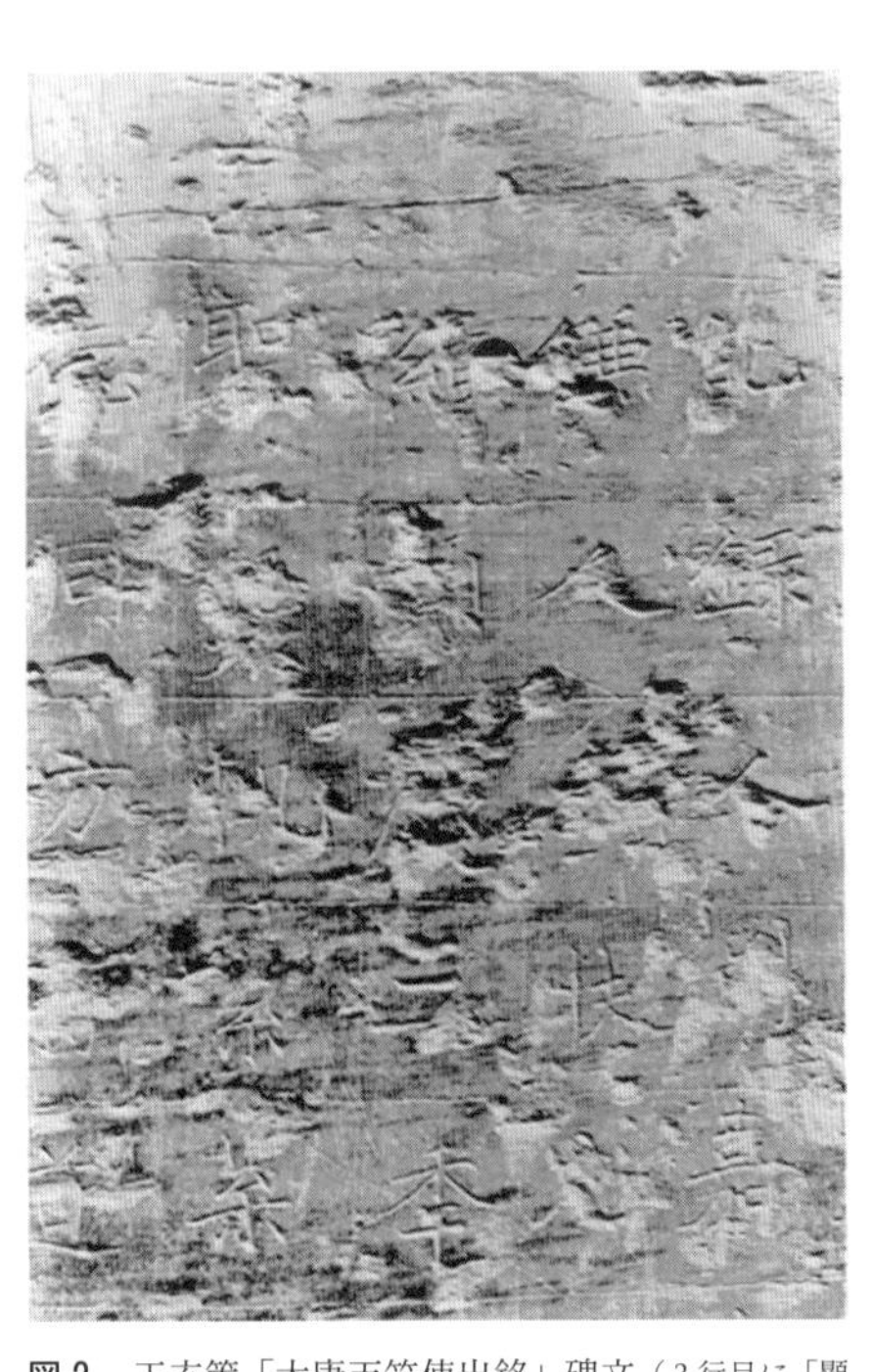

図2　王玄策「大唐天竺使出銘」碑文（3行目に「顕慶三年」の字が見える）

『新唐書』巻二二一六上および『資治通鑑』巻一九九は、貞観二〇年（六四八年）のこととして王玄策が自ら正使となり、副使に蒋師仁を従えて再度インドへ向かったことを記す。北インドはハルシャ・ヴァルダナ王の死後混乱しており、大臣の帝那伏帝（ていなふくてい）阿羅那順（あらなじゅん）が自ら即位し、軍を差し向けて王玄策らの入国を拒んだ。王玄策とともにいた数十の兵はみな殺され、荷物も略奪された。そこで王玄策は逃れて吐蕃に入り、檄を飛ばして兵を募った。集まったチベット兵一千とネパール兵七千を率いた王玄策は、とって返して阿羅那順軍と戦って打ち破り、阿羅那順やその王妃・王子および男女一万二千人を捕虜とした。王玄策は阿羅那順を長安に連行し、太宗に献上したという。この阿羅那順の名前の前に冠されている帝那伏帝というのは国の名前で、Tirhut の音写ではないかと言うが、定かなことはわからない。また、彼の三回目のインド行の際に刻まれた「大唐天竺使出銘」と題された碑文が、一九九〇年、チベットのシガツェ地区吉隆（キロン）県宗嘎（ツォンカ）鎮の北から発見されているが、そこには顕慶三年（六五八年）という日付が刻まれている（**図2**）。旅程を考えると、長安を発ったのは前年のことだっただろう。

王玄策が自らの旅行について記録を作成したことは、上掲の『法苑珠林』の記述から知られるが、残念ながらこれも散逸していて、『法苑珠林』をはじめとするいくつかの文献に引用されたものからその痕跡が知れるのみである。北インドの王阿羅那順を虜にして長安に連行した話などは、荒唐無稽な感じもするが、太宗皇帝が葬られた昭陵には阿羅那順の石像が建てられたとされ、現在も当該石像のうち残存する基部に「帝」「国」「順」の文字が読めると言うから、そういう名前の人物が西から長安にやってきていたのは確かなのだろう。

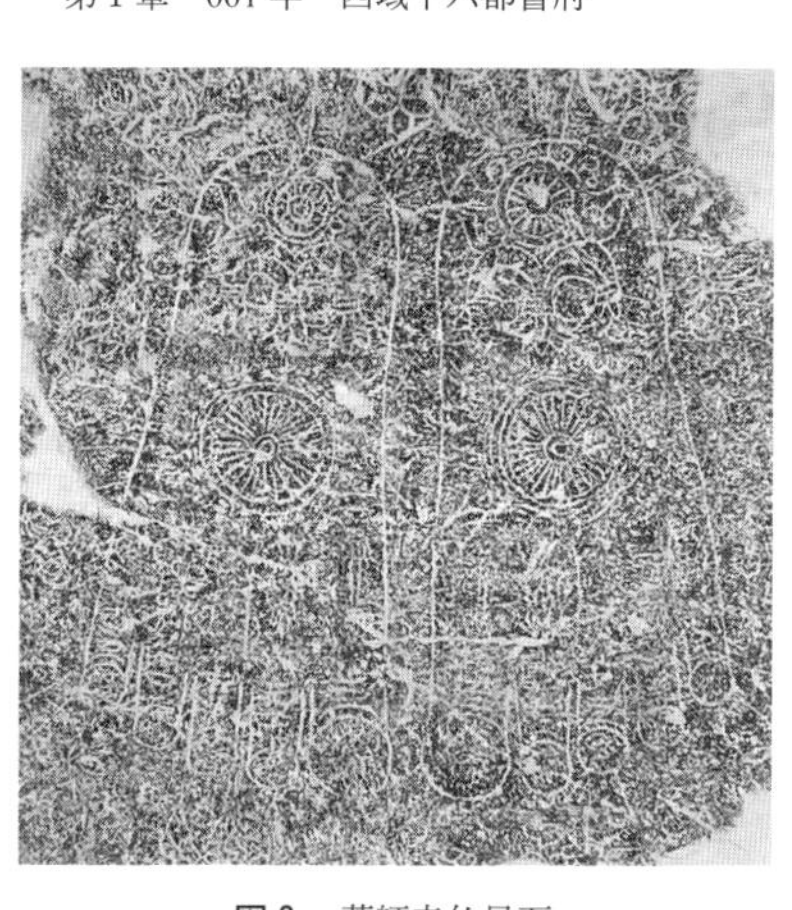

図3　薬師寺仏足石

一方、王玄策の事績の別の痕跡と考えられるのが、奈良の薬師寺に安置されている仏足石（仏陀の足跡が刻まれた石）である。王玄策は最初のインド行でマガダ国を訪れ、鹿野苑において仏足石を写し取り、それを中国に将来したとされる。薬師寺仏足石に附された碑文によると、この仏足石の図像は長安の普光寺に展示されていて、この時長安を訪れていた遣唐使黄書本実（きぶみのほんじつ）は、この写しからさらに写しを取って日本に持ち帰り、それに基づいて薬師寺の仏足石が刻まれたのだという（**図3**）。

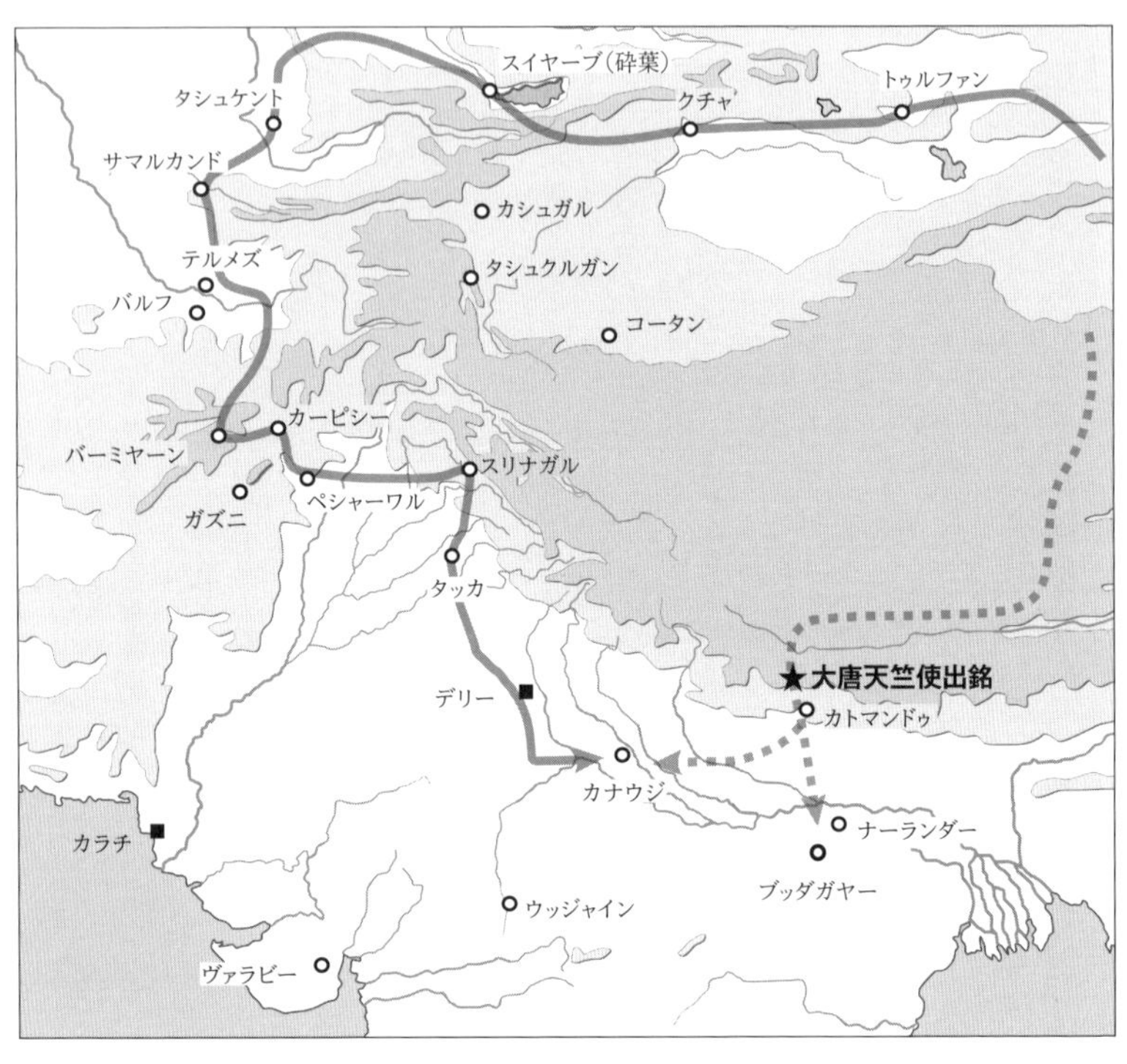

地図5　玄奘のインド行ルート（実線）と王玄策のインド行ルート（破線）

王玄策の度重なるインド行の背景に、ネパール道を用いてインドと通交を確立しようとした唐の企図があったのはほぼ確実だろう。玄奘は一旦パミール以西に到り、そこから北西インドへと入るという、大きく弧を描く経路を採ったが、中国とインドを結ぶ経路としては、海路を除けばチベット高原からネパールを経て北インド中央部・東部へと到るものが最短である。しかし、結果としては吐蕃の強大化（後述）のゆえに、このルートはこの時期を除き、唐代にはあまり用いられなくなったらしい（**地図5**）。

ところで彼の三回目のインド行

とほぼ同じ時期に、西域、パミール以西へと派遣された使節、調査団があった。これこそが、高宗の時代に西方に対して行われたもう一つの重要な事業であった。

（5）西域使節王名遠

先に引用した『法苑珠林』巻二九の記事から見て、初期段階の『西域図志』は、玄奘や王玄策、その他の人々の残した記録や報告等、既知の情報の総合ではあっても、阿史那賀魯の乱が終結した後の西域のリアルタイムの状況を知らせるものではなかったのであろう。この点を補うために、この時期少なくとも二人の人物が西域調査に派遣された。一人は吐火羅に送られた王名遠、今一人は康居、すなわちサマルカンドに送られた董寄生である。後者については残念ながらどんな活動をしたのか、詳細はわからないが、前者の王名遠はもとは隴州南由県（長安から渭水を西に少し遡ったところ）の県令をしていた人物であることが、唐朝のもう一つの正史である『旧唐書』巻一九八の

> 卑路斯は龍朔元年（六六一年）、大食によってしきりに侵略されていると奏上し、援兵を請うた。皇帝は詔を下して、隴州南由県令の王名遠を西域使節に充て、州県を分置せしめ、それによってその地の疾陵城を波斯都督府となして、卑路斯を都督とした。

という記述から知れる。ちなみにここに見える「卑路斯」とはサーサーン朝ペルシア最後の皇帝であっ

たヤズデギルド三世の王子ペーローズのことである。彼は六五一年にヤズデギルドが殺された後、アラブの手を逃れて長安にまでやってきており、唐の助力を得てサーサーン朝の復興をなそうとしたが、結局それはかなわなかった。

さて、王名遠が派遣された吐火羅というのはだいたい現在のアフガニスタン北部にあたる地域を指す地名で、後のイスラーム時代にはトハーリスターン（トハラの地）と呼ばれる。古くはバクトリア、漢籍では「大夏（たいか）」と呼ばれる地域がこれにあたり、クシャーン朝の故地でもあった。『旧唐書』では王名遠が龍朔元年に派遣されたかのように記載されているが、実際は先に引いた『唐会要』巻三六に見えるように、顕慶三年（六五八年）にすでに派遣されている。同じく『唐会要』巻七三の

龍朔元年六月一七日（六六一年七月一三日）、吐火羅道置州県使王名遠は『西域図記』を上程した。あわせて、于闐以西、波斯以東の十六国に都督府を分置し、また州八十、県百十、軍府百二十六を置き、吐火羅国に碑を建て、聖徳を記すことを請うた。

という記事から、彼がその後三年間調査に従事した後、六六一年に長安に戻り、『西域図記』という報告書を提出したことがわかる。すでに完成していた第一段階の『西域図志』にこの報告書をも含めた情報を付加して、あらためて『西域図志』百巻が完成したのは六六七年のことだった。

ほぼ同じ頃に完成した『法苑珠林』は、後で付け加えられた「図記」というのは要するに地図、図版

のことであると説明しているが、王名遠のそれについては少なくとも、ただ図版のみからなるものではなかったようだ。前掲『唐会要』巻三六に、彼らが西方に派遣されたのは、「それらの地域の風俗や物産」などを調査させるためだった、と書かれる。原文は「訪其風俗物産」である。ところで『旧唐書』巻一九八の罽賓（けいひん）国の条には以下のような記述がある。

> 顕慶三年、その国の俗を訪ねてみると、王家の始祖は馨孽（けいげつ）であり、今の曷擷支（かつけつし）にいたる。父から子へと位を伝えて、すでに十二代になる、と言っている。

ここで罽賓国の「俗を訪ねた」のは時期と地域から考えて王名遠以外ではありえず、彼が図版とともに、西域のそのまた西の端について、当時最新の情報を収集していたことがわかるのである。

ちなみに罽賓という名称は、漢籍史料に古くから登場し、時代と文献の種類によって指す地域が変化している。仏教文献では罽賓は一貫してカシミールの音写（音韻的にはこれが正しい）として登場するが、それ以外の漢籍においては、漢から南北朝期の罽賓はガンダーラ、隋唐代の罽賓は、その西側、ヒンドゥークシュ山脈の南に位置したカーピシーという地域を指す。

ヒンドゥークシュ山脈の南麓を流れ下るパンジシール川とゴールバンド川の二本の流れは、山麓のジャバル・アッシラージ（かつてのパルワーン）の南で合流し、東南に流れてカーブル川に合流するが、これらの河川によってヒンドゥークシュ山脈の南側には盆地が形成されている。盆地の一番北にあるの

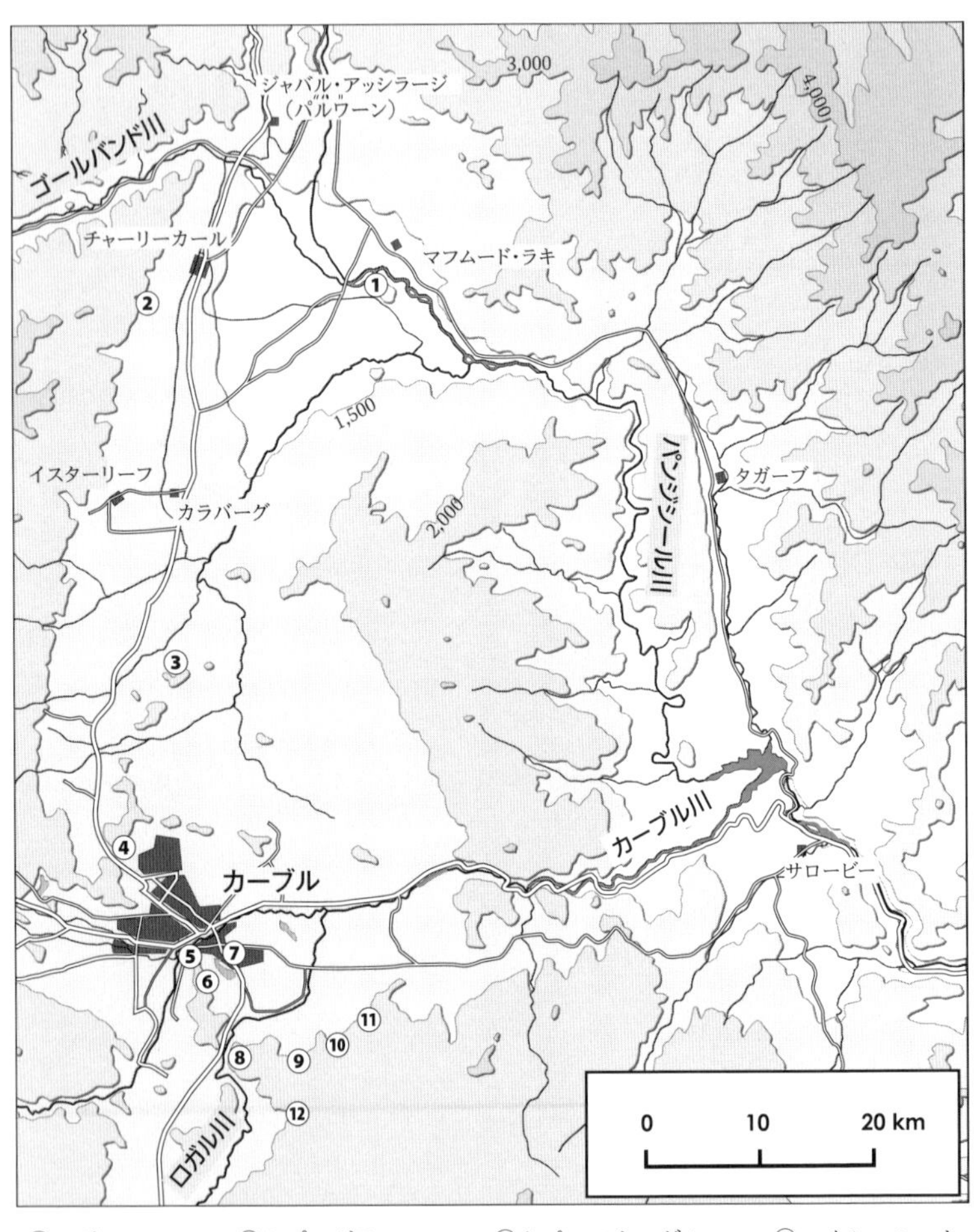

①ベグラーム　②トプ・ダラ　③タパ・スカンダル　④ハイル・ハーナ
⑤テペ・ハザーナ　⑥テペ・ナーレンジュ　⑦テペ・マランジャーン　⑧サカ
⑨シェヴァキ　⑩カマリ　⑪セ・トパーン　⑫グル・ダラ

地図6　カーピシー＝カーブル盆地の遺跡

がジャバル・アッシラージ、一番南にあるのがカーブルで、カーピシーはジャバル・アッシラージとカーブルの間に位置している（**地図6**）。後述のように、両河川の合流地点の南側にあるベグラームというむらに残る遺跡が、このカーピシーの都城址だと考えられている。

三　唐の西域支配体制の再編

(1) 西域十六都督府

さて、王名遠らの調査をもとに、龍朔元年（六六一年）、唐の西域支配体制再編は一応の完成に至る。具体的には、クチャに置いた安西都護府の下に西域を十六の都督府にわけ、中央アジア西部各地の小国の土着支配者を、唐があらためて冊封し都督に任じる、という方法をとった。ただしこの十六の都督府設置以前にもタリム盆地西辺やパミール以西にはいくつか別の都督府が置かれている。たとえば早く永徽年間（六五〇－五五年）にコータンに都督府が、またフェルガーナやソグディアナの各都市には顕慶三年（六五八年）頃にそれぞれ都督府が置かれている。残念ながら史料には具体的記述がないが、後者については顕慶三年に王名遠と同時に派遣された董寄生の活動と関連があるのかもしれない。いずれにせよ、これらをも含めた西域支配体制再編は、王名遠一人の功績などではなく、董寄生や、あるいはその他名前を挙げられていない調査団の報告に基づく、まさに総合的事業であったと言えよう。

以上のような前提のもと、この時安西都護府の下に置かれた都督府の名前と位置を概観してみよう。

次に引くのは、都督府の名前と領州を列挙した『新唐書』巻四三の記事である（以下の引用では最初の数行を訳し、それ以降の名称の列挙部分は原文のまま示す）。太字で示したのが都督府の名前、その直後にあるのがその都督府が置かれた国と城の名前で、その下にはそれぞれの都督府に置かれた州の名前が挙げられている。たとえば最初の例で言えば、「月支都督府」というのが、都督府の名前、次の「吐火羅葉護阿緩城」というのがそれが置かれた実際の場所。そうしてその下に二十五の州が置かれ、藍氏州は鉢勃城に、大夏州は縛叱城に置かれた云々、というわけである。

> 西域の都督府は十六、州は七十二である。龍朔元年、隴州南由の県令王名遠を吐火羅道置州縣使とした。于闐より西、波斯より東には凡そ十六国があり、その王都をもって都督府となし、その属部をもって州県とした。全部で州八十八、県百十、軍府百二十六となった。
>
> **月支都督府**、以吐火羅葉護阿緩城置。領州二十五。藍氏州以鉢勃城置。大夏州以縛叱城置。漢樓州以俱祿犍城置。弗敵州以烏邏氈城置。沙律州以咄城置。嬀水州以羯城置。盤越州以忽婆城置。忸密州以烏羅渾城置。伽倍州以摩彥城置。粟特州以阿捺臘城置。鉢羅州以蘭城置。雙泉州以悉計蜜悉帝城置。祀惟州以昏磨城置。遲散州以悉蜜言城置。富樓州以乞施巘城置。丁零州以泥射城置。薄知州以析面城置。桃槐州以阿臘城置。大檀州以頰厥伊城具闕達官部落置。伏盧州以播薩城置。身毒州以乞澀職城置。西戎州以突厥施怛駃城置。篾頡州以騎失帝城置。疊仗州以發部落城置。苑湯州以拔特山城置。

大汗都督府、以嚈噠部落活路城置。領州十五。附墨州以弩那城置。奄蔡州以胡路城置。依耐州以婆多楞薩達健城置。迩州以少俱部落置。楡令州以烏模言城置。安屋州以遮瑟多城置。罽陵州以數始城置。碣石州以迦沙紛遮城置。波知州以羯勞支城置。烏丹州以烏捺斯城置。諾色州以速利城置。迷蜜州以順問城置。盻頓州以乍城置。宿利州以頌施谷部落置。賀那州以汗曜部落置。

條支都督府、以訶達羅支國伏寶瑟顛城置。領州九。細柳州以護聞城置。虞泉州以贊侯瑟顛城置。犂靳州以據瑟部落置。崦嵫州以遏忽部落置。巨雀州以烏離難城置。遺州以遺蘭部落置。西海州以郝薩大城置。鎮西州以活恨部落置。乾陀州以縛狼部落置。

天馬都督府、以解蘇國數瞞城置。領州二。洛那州以忽論城置。東離州以達利薄紇城置。

高附都督府、以骨咄施沃沙城置。領州二。五臟州以葛邏犍城置。休蜜州以烏斯城置。

脩鮮都督府、以罽賓國遏紇城置。領州十。毗舍州以羅漫城置。陰米州以賤那城置。波路州以和藍城置。龍池州以遺恨城置。烏弋州以塞奔你邏斯城置。羅羅州以濫犍城置。檀特州以半製城置。烏利州以勃逸城置。漠州以鶻換城置。懸度州以布路犍城置。

寫鳳都督府、以帆延國羅爛城置。領州四。嶰谷州以肩捺城置。冷淪州以俟麟城置。悉萬州以縛時伏城置。鉗敦州以未臘薩旦城置。

悦般州都督府、以石汗那國豔城置。領雙靡州。以俱蘭城置。

奇沙州都督府、以護時犍國遏蜜城置。領州二。沛隸州以漫山城置。大秦州以叡蜜城置。

姑墨州都督府、以怛沒國怛沒城置。領栗弋州。以弩羯城置。

旅獒州都督府、以烏拉喝國摩竭城置。
崑墟州都督府、以多勒建國低寶那城置。
至拔州都督府、以倶蜜國褚瑟城置。
鳥飛州都督府、以護蜜多國摸逵城置。領鉢和州。以娑勒色訶城置。
王庭州都督府、以久越得犍國歩師城置。
波斯都督府、以波斯國疾陵城置。

右隷安西都護府

(2) 西域とトカラ

引用箇所の最初の部分（現代語訳された段落）には、「于闐より西、波斯より東」とあるけれど、以下に見るように実はこの十六都督府の多くはアム河（オクサス河）の左右両岸地域に置かれたものであった。『大唐西域記』巻一には

鉄門を出て覩貨邏国（原注：旧に吐火羅国という。訛なり）に至る。その地は南北千余里、東西三千余里ある。東は葱嶺（パミール）にせまり、西は波剌斯（ペルシア）に接し、南は大雪山あり、北は鉄門に拠っている。縛芻（アム河）の大河が国の中ほどを西へ流れている。ここ数百年来、王族は

地図7　アム河南北の遺跡

嗣をたち、豪族力を競い合い、おのおの君主をほしいままに立てている。川に依り険に拠り、二十七国に分かれ、野を画って区分しているものの、全体としては突厥に隷属している。

とあるが、アム河が中央を流れているという記述から見て、玄奘の言う覩貨邏がアム河の左右両岸を含む地域だったことがわかる。その北を画す「鉄門」とは、現在のウズベキスタン共和国南西部、テルメズ（後述）からブハラに至る幹線ルートが、バイスンタウ山脈の南西端で山越えをする峠であるデルベンド一帯にあたる（**地図7、地図8**）。デルベンドはペルシア語の darband すなわち「門」に由来する地名だが、古いペルシア語史料はこの峠をそのものずばり「鉄の門 Dar-e Āhanīn」と呼んでいる。アム河を中央にして、北のヒサール山脈と南のヒンドゥークシュ山脈から流れ下る多数の河川は、時には険しい谷を刻み、あるいは平野を潤し、やがてアム河に流れ込む。このそれぞれの河谷、河川は相当程度独立性を持った政治単位を形成していたと考えられ、玄奘が「二十七国」に分かれているとするのはそのような状況を描写したものである。

この、玄奘の言う「覩貨邏」を、古（いにしえ）のバクトリア（アム河両岸にまたがる）の領域にほぼ対応する「広義のトカラ」だとすれば、『新唐書』の言う「吐火羅」は、後のイスラーム時代に、南北をヒンドゥークシュ山脈とアム河に限られ、東西はおおよそバルフより東、バダフシャーンより西側を指して「トハーリスターン」と呼んだのに対応する、いわば「狭義のトカラ」である。玄奘と『新唐書』の間にこのような用法の変化が生じた理由はよくわからないが、「覩貨邏国故地」などというような呼び方の使用に見られるように、玄奘が故事を丹念に調べ、歴史的事象をも考慮にいれつつ記録を残したのに対し、『旧唐書』や『新唐書』の情報源となった王名遠の報告の方は、七世紀半ばの状況（たとえばアム河北岸諸国の自立性が相対的に高まっていた、など）を忠実に反映したものだった、という違いが、もしかしたらあったのかもしれない。

ちなみに、『旧唐書』巻四〇は、都督府として「月氏都督府、太汗都督府、條枝都督府、天馬都督府、高附都督府、脩鮮都督府、寫鳳都督府、悦般都督府、波斯都督府」の九つをあげ、奇沙州から王庭州までの七つは単に「州」とのみ記している。『資治通鑑』巻二〇〇が龍朔元年六月、「吐火羅、嚈噠、罽賓、波斯等十六国に都督府八、州七十六、縣一百一十、軍府一百二十六」を置いたと記すのも、これに類す

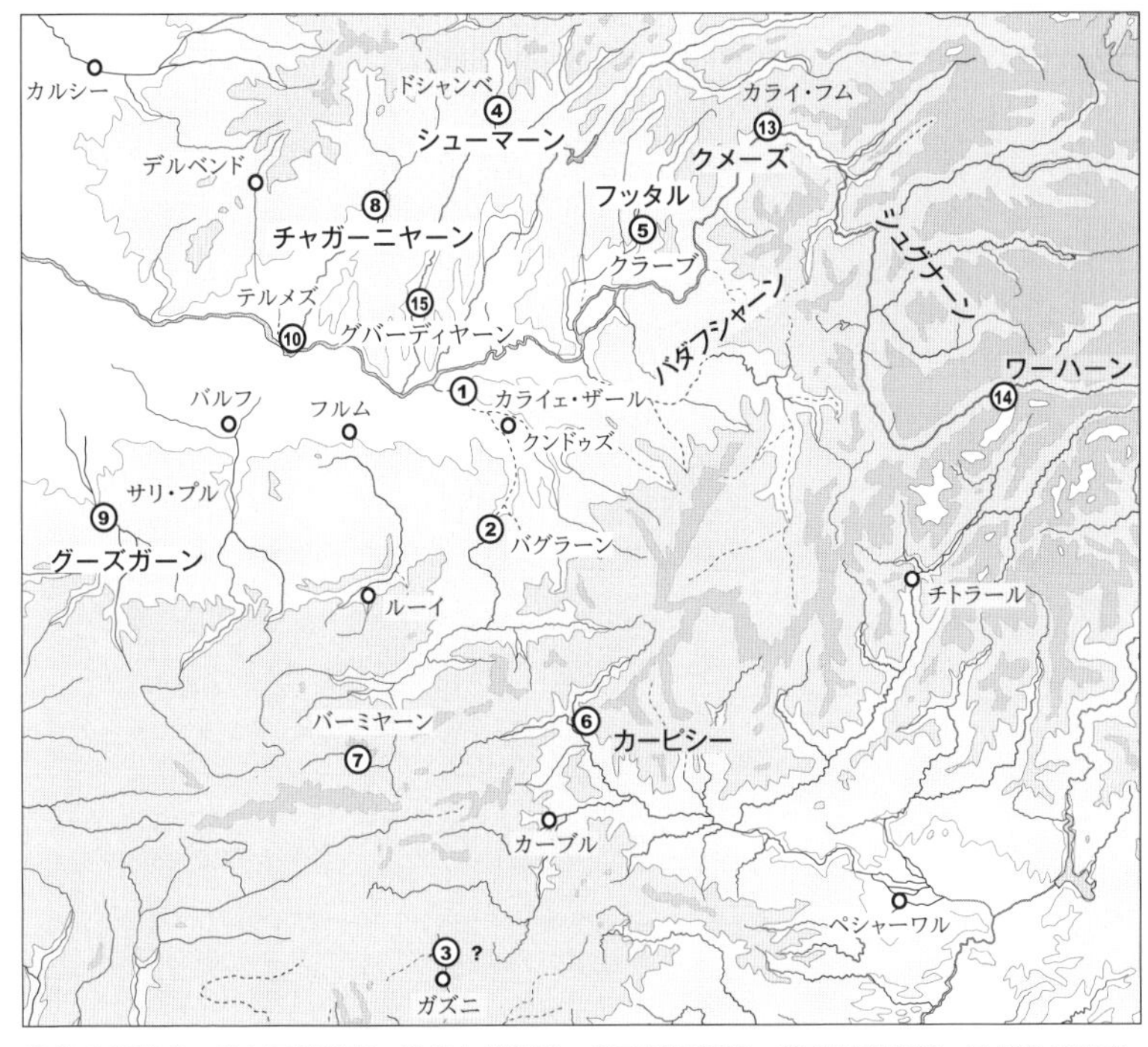

①月氏都督府、②大汗都督府、③條支都督府、④天馬都督府、⑤高附都督府、⑥脩鮮都督府、⑦写鳳都督府、⑧悦般州都督府、⑨奇沙州都督府、⑩姑墨州都督府、⑪旅獒州都督府、⑫崑墟州都督府、⑬至抜州都督府、⑭鳥飛州都督府、⑮王庭州都督府、⑯波斯都督府（位置未詳）

地図 8　661 年設置西域十六都督府

る情報に基づいたのだと思われる。

（3）月支都督府と吐火羅

とりあえずここでは『新唐書』の記述に基づき、各都督府の場所を確認してみよう（**地図 8**）。十六の都督府のうち最も領州が多い月支都督府が置かれた「吐火羅葉護阿緩城」は、六二八年に玄奘がインドへの往路に訪れて、統葉護可汗の長男呾度設（たんどせつ）に会い、帰路にはその呾度設の息子である特勤（テギン）と会った「活国（かつ）」の都城である。この都城は、他の漢籍史料や考古学的調査の成果から、アフガニスタン北部、アム河にも近いクンドゥズの北方にある、カライ・ザールのバラ・ヒサール遺跡にあたることがわかっている。ちなみに「活」という名前はおそらく、後のイスラーム史料にこの辺りにあったまちとして見える、ワルワーリーズ Warwālīz という名称の前半部 war の音写で、次節で述べるバクトリア語世俗文書にも Warnu として登場する場所であるらしい。

月支都督府の下には領州二十五が置かれていて、一見、玄奘の記録する二十七という数に近いようにも見えるが、ここでは前述の「狭義のトカラ」のうち、次に述べる太汗都督府（たいかんととくふ）に属するもの以外を二十五に分けているわけだから、玄奘のあげるものよりも細かな区分がなされたのだろう（王名遠の調査が長期に及んだことが関係するかも知れない）。いずれにせよ、クンドゥズ近辺にいた吐火羅葉護（とからようご）の宗主権の下、河谷ごとに小国が割拠していたという状況は、龍朔元年の時点でも変わっていなかったことが知れる。ただし玄奘がアム河左岸にあげる国名と、月支都督府下の各州が置かれた城の名は、なぜかほとんど対応がない。

（4）バクトリア語文書

吐火羅地方のこのような状況は上に触れた、バクトリア語世俗文書からも明らかになっている（**図4**）。詳しくは次章で述べるが、バクトリア語はソグド語などと同様中期イラン語の東方言の一つで、クシャーン朝時代から九世紀くらいまで、アフガニスタン北部からパキスタン北西部にかけて使用されて

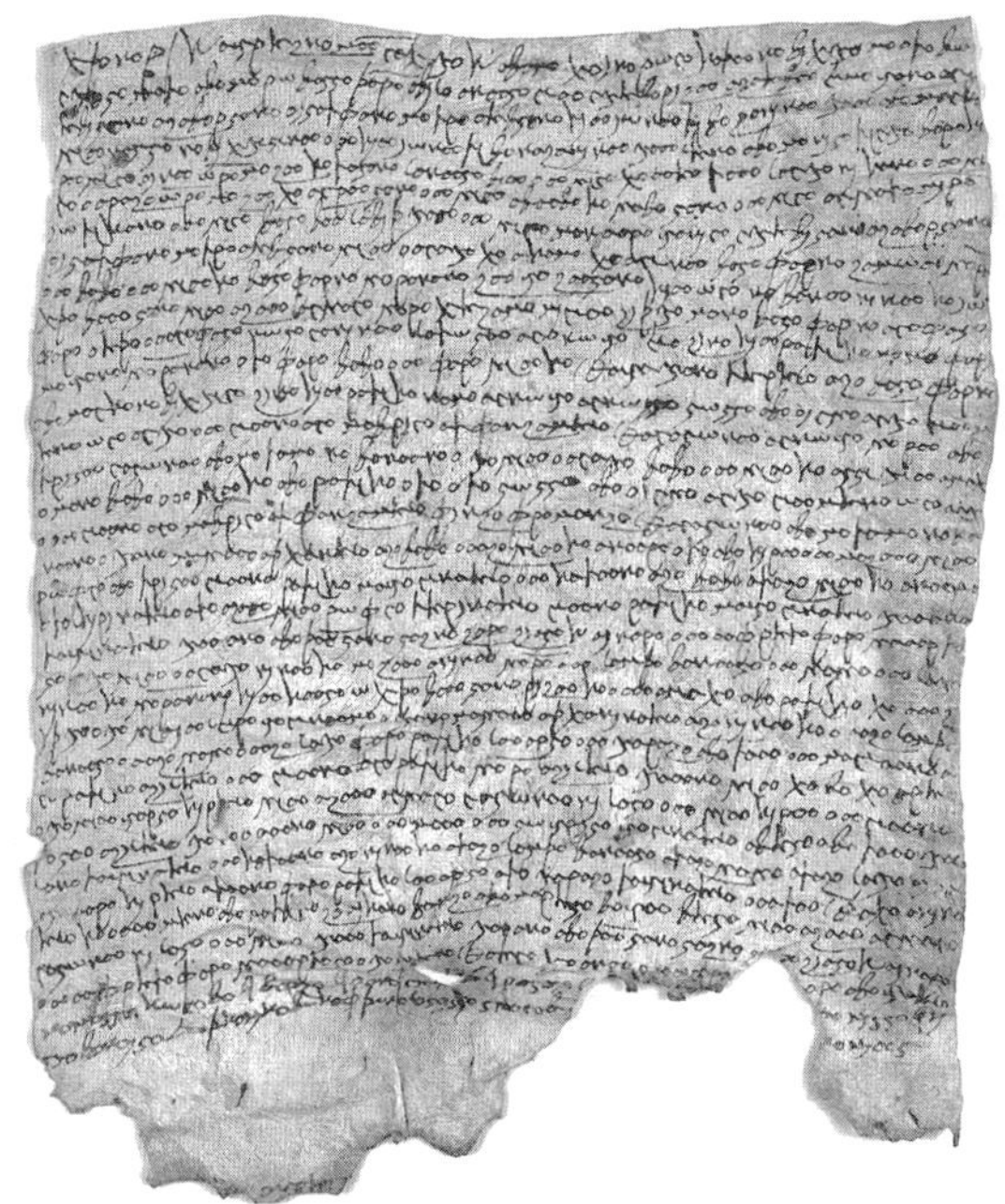

図4　バクトリア語文書（バクトリア暦110年（西暦332年）の日付をもつ結婚契約文書）

いた言語である。玄奘が「覩貨邏」について、

言語進退はやや諸国と異なっている。字のなりたちは二十五言あり、「それが組み合わさって」次第に「語彙・文章が」できき、これを用いて必要に備えている。書は横読みをし、左から右に向かう。

と述べている（『大唐西域記』巻一）のは、ギリシア文字二十四字に、šの音を示すϸ字を加えた二十五文字をもって、左から右へと書き進むこの言語の特徴を正確に記録するものである。この世俗文書群の多くは、フルム川を遡ったところにあるローブと呼ばれるまち（現在のルーイ。地図8参照）の王の文書庫に由来すると考えられている。

もちろんこのローブ王も七世紀当時は吐火羅葉護の宗主権下にあった。それを証明するのは、バクトリア暦四〇七年（六三九年）の紀年を持つ文書の中で、このローブの王が hilitber という称号をもって登場することである。この hilitber は、実は突厥遊牧帝国内で用いられていた称号「イルテベル iltäbär」をバクトリア語で写したものである。突厥のイルテベルは、漢字で「頡利発」「俟利発」などと写され、東突厥領域内においては、王族である阿史那氏以外のテュルク（鉄勒）の族長に与えられたものだということがわかっている。ただ、西の方では少々事情が異なった。西突厥の最盛期を現出した統葉護可汗について、『旧唐書』巻一九四は次のように伝える。

> 統葉護可汗は勇敢で謀にも長けていて、戦いも巧かった。ついに北は鉄勒を併合し、西はペルシアを撃退し、南は罽賓に接し、これらの国々は悉く彼に帰順した。弓兵数十万を擁して、西域に覇を唱え、昔の烏孫の故地に拠ったが、石国の北の千泉に王庭を移した。彼は西域諸国の王に悉く頡利発の号を授け、あわせて吐屯を一人派遣して徴税を監督させた。西域において未曾有の強盛を誇った。

つまりパミール以西においては、突厥は既存の都市国家、小国の王達に「頡利発」すなわちイルテベルの称号を与え、彼らを自分たちの統治体制に組み込もうとしたのである。hilitber と呼ばれたローブの王も、そのようにして突厥から官号を下された人物であった。七世紀半ばに唐が都督府を置いて実施した羈縻政策を、突厥は先取りして実施していたのである。

（5）太汗都督府とエフタル

月支都督府以外の十五の都督府の所在についても見ておこう（地図8参照）。先に述べた如く、ヒンドゥークシュ山脈の北側、アム河左岸のトカラ地方は総じて、突厥の拠点である「阿緩城」に置かれた月支都督府の管轄下にあったのだが、一部は太汗都督府の管轄下に置かれたらしい。この都督府の所在地「嚈噠部落活路城」というのは、ヒンドゥークシュ山脈の北、クンドゥズ川沿い、現在のバグラーンというまち（玄奘の記録する縛伽浪国）を中心とする平野にあったと考えられている。

嚈噠とは、五世紀に史上に登場し、中央アジアに強大な勢力を築いたエフタルのことである。彼らの勢力拡大はこのヒンドゥークシュ北側の地から始まり、西はサーサーン朝領域を圧迫し、東はタリム盆地方面にまで及んだ。しかし六世紀半ば、アルタイ山脈近辺から急速に勢力を伸ばした阿史那氏の突厥に、本拠地であるトカラを攻略され、エフタル遊牧連合体は一気に瓦解した。そうしてそのエフタル勢力の最後の拠点がクンドゥズ川中上流域、バグラーン平原だったのである。この地域には、いかにもエフタル最後の拠点にふさわしいマウンドが残されているが、未だ発掘調査は行われていない。ちなみにこのあたりはクシャーン朝の昔から重要な場所で、カニシカ王が建立した巨大なスルフ・コタル神殿

図5　スルフ・コタル神殿

（**図5**）や、一九九〇年代に発見されたバクトリア語ラバータク碑文もこの地域にある（後者については「あった」）。

ところで従来、エフタルの統治は北西インドにまでおよび、六世紀前半に北魏の霊太后によって送られた使節宋雲（そううん）は、ガンダーラの地で同地の支配者たるエフタルの「テギン」に面会したのだとされてきた。しかし次章で述べるように、近年の貨幣研究の進展の結果、当時北西インドを支配していた勢力は、政治勢力としてはエフタルとは異なる者達だったと考えられるようになってきている。

さて、アラビア語史料は、六五一年、サーサーン朝の最後の皇帝ヤズデギルド三世がメルヴ（現在のトルクメニスタン共和国マルゥ）の近郊で殺された際、実際に皇帝の一行を襲ったのは、ネーザク・タルハーンなる首長が率いるエフタル（アラビア語でhayāṭila）の集団だったのだと述べる。この首長の後を継いだ人物が、同じくネーザク・タルハーンという名前で、七〇八年にアラブの東方総督クタイバ・ブン・ムスリムに対して反乱を起こしたことも、やはりいくつかのアラビア語史料に記録がある。このネーザク・タルハーンは結局捕らえられ、七〇九年に処刑されたが、旗色が悪くなった時点で、彼はバルフからさらに東方に逃れ、バグラーンからクンドゥズ川を遡ったところにあった山城に立て籠もった。これらの出来事は、前述のようにクンドゥズ川中上流域が八世紀初頭の時点でも未だエフタルの勢力範囲に（あるいはその最後の砦で）あったことを示している。

太汗都督府の領州の数が月支都督府のそれに比べて少ないのは、六世紀後半以降のエフタル勢力がたどったこのような運命のゆえであったのだろう。それでも、衰えたとはいえエフタルが、唐によって都督として認められ、その下に十五の州が置かれるほどの力を依然として有していたというのは、中央アジアにおける部族集団由来の勢力の、伸張と衰退の有様を考える上でも興味深い。結局のところエフタルや突厥のごとき大勢力も、その内実は遊牧民、定住民、商業従事者等、多種多様な政治的・社会的ユニットが、時々の支配的部族、氏族の軍政権の下にゆるやかに統合されたものであった。エフタルの覇権が突厥阿史那氏によって崩された、すなわち支配的部族がエフタルから突厥阿史那氏に交代した後も、政治的ユニットとしてのエフタル集団自体は突厥の支配下に存続し、しばらくは一定の勢力を保っていたのであろう。

図6　ありし日のバーミヤーン西大仏

(6) バーミヤーン仏教遺跡

写鳳都督府の置かれた「帆延国」「羅爛城」（玄奘の梵衍那国）は、残念ながら二〇〇一年に爆破されてしまった二体の大仏で有名なバーミヤーンのことである（**口絵1、図6**）。バーミヤーンが史料上にあらわれるのはおおよそ六世紀後半以降のことであるが、二大仏を中心に七百以上の石窟がうがたれるという、この一大仏教モニュメントを建設・維持せしめたのは、ヒンドゥークシュ山脈の西端を越えて南アジアと中央アジアを結ぶ一大交易ルートの存在であった。バーミヤーンはそのもっとも重要な宿駅として多くの富を蓄積したと考えられている。バーミヤーン渓谷に営まれた王国の詳細については不明な点が多いが、王は代々「シール shīr」という称号を帯びたらしい。これはサンスクリット語の「クシャトリア kṣatrya」に起源を持つイラン語で、やはり「王、統治者」という意味を持った言葉である。後のペルシア語史料は、バーミヤーン王を「shīr-e Bāmiyān」（ペルシア語で「バーミヤーンの王」の意）と呼ぶが、おそらくはその転写とおぼしき「失范延」

という表記が『隋書』や、八世紀初頭に書写された『老子化胡経』敦煌写本中に見える。

ちなみに七世紀前半にここを訪れた玄奘は、五十五メートルの西大仏は金色に輝き、三十七メートルの東大仏は鍮石（真鍮？）でできていたと記録している。十世紀のペルシア語史料は、この二つを「赤い仏像」と「白い仏像」と呼んでいるが、大仏爆破後のバーミヤーンの保存修復にあたったドイツ調査隊は、西大仏から赤褐色の破片を、また東大物からは灰色がかった青の彩色の痕跡を発見した。玄奘が訪れた当時は赤褐色や灰青色の彩色の上に金が施されていたのかもしれない。

九世紀にはこの地はイスラーム教徒の支配下に入るが、石窟に残された壁画塗料の炭素年代測定から、仏教教団の活動は十世紀中頃まで続いていたのではないかと考えられている。

(7) アム河右岸の都督府

天馬都督府が置かれた「解蘇国数瞞城」は、玄奘の記録する「愉漫国」と同一で、後のイスラーム史料に「シューマーン（Shūmān）」と呼ばれる地域にあたる。アム河に北から注ぐカーフィルニハーン川（下流はウズベキスタンとタジキスタンの国境をなす）の上流部、現在のタジキスタン共和国の首都ドゥシャンベ周辺の平野一帯がこれにあたると考えられる。

高附都督府が置かれた「骨咄施沃沙城」という名称の前半部は「骨咄国」とあるべきで、これは玄奘の「珂咄羅国」にあたり、初期イスラーム時代の史料に見える「フッタル（Khuṭṭal）」、「フッタラーン（Khuṭṭalān）」と同一である。この地名は現在もタジキスタン共和国ハトラーン（Khatlon）州として残っ

図7　ダルヴェルジン・テペ遺跡（2007年）

ており、ワフシュ川とパンジ川（アム河上流の名前）にはさまれた地域である。中世におけるその中心地は、パンジ川に北から注ぐヤフス川中流の、クラーブ近郊にあるフルブク遺跡にあったとされる。

悦般州都督府が置かれた「石汗那国蠱城」（玄奘の「赤鄂衍那国」）は、イスラーム時代の史料に「チャガーニヤーン（Chaghāniyān）」と呼ばれる地域で、次に出てくるウズベキスタン共和国南部最大の都市テルメズにおいてアム河に合流するスルハーンダリヤ川中流の平野一帯のことである。創価大学の調査隊が長年にわたってウズベキスタンと共同調査を行ってきた、スルハーンダリヤ川右岸に残るダルヴェルジン・テペ遺跡（**図7**）は、クシャーン朝時代にこの地域の中心として栄えた都市だがその後衰退し、七世紀のチャガーニヤーンの都城は、現在のデナウの南東、キジルスー川がスルハーンダリヤ川に合流する場所にあるブドラチ遺跡ではないかと考えられている。

姑墨州都督府が置かれた「怛没国」（玄奘の「呾蜜国」）は、ウズベキスタン共和国南部の中心都市テルメズにあたる。アム河の渡河地として古くから重要な場所で、アレクサンドロスもこの近辺で河を渡ったと考えられている。近辺にはクシャーン朝時代の仏教遺跡であるカラ・テペ、ファイヤーズ・テペや、同じくクシャーン朝時代に遡る都城遺跡カンピール・テペなど重要な遺跡が多い（口絵2、図8）。

至抜州都督府が置かれた「倶蜜国」は玄奘の「拘謎陀国」で、イスラーム時代には「クメーズ（Kumēdh）」と呼ばれた。この地名は、二世紀のプトレマイオスがサカ族の一部族として名をあげるKōmēdoiに由来するとも言われる。位置としては、パンジ川北岸のカライ・フムを中心とする現タジキスタン共和国ダルヴァーズ州にあたるらしい。パミールを越える交通路の中継点として重要だったと考えられる。

王庭州都督府が置かれた「久越得犍国」は、玄奘の「鞠和衍那国」で、イスラー

図8　上：ファイヤーズ・テペ遺跡、下：カンピール・テペ遺跡（2007年）

図 9　ワーハーン川とパミール川の合流地点（2011 年）

ム時代の「クバーディヤーン（Qubādiyān）」にあたる。現在は、タジキスタン共和国西南部カーフィルニハーン川下流左岸にカバーディヤーンとして名が残る。カーフィルニハーン川下流域の平野一帯を指す地名である。

鳥飛州都督府（ちょうひしゅうととくふ）が置かれた「護蜜多（ごみった）」は、「護蜜（ごみつ）」とも書かれ、アム河最上流部のワーハーンのことである。ワーハーンは現在のアフガニスタンの北東部、北のタジキスタンと南のパキスタンの間にあって東に向けて角のように突き出した地域で、パンジ川の最上流部をなすワーハーン川流域の名称である。河が刻んだ河谷が東方、タシュクルガン方面とアフガン・バダフシャーン（タジキスタン側のゴルノ・バダフシャーンと区別してこう呼ぶ）を結ぶ通路のような地形をしていることから、ワーハーン回廊とも呼ばれる。ちなみにこの地がアフガニスタン領となったのは、十九世紀のグレートゲームのさなか、ロシアとアフガニスタンの国境を定めるにあたって、イギリスが、英領インドとロシア帝国領が直接接するのを避けるために、中間のワーハーン河谷をアフガニスタン領にしたためである、と言われる（図9）。
以上、天馬都督府から王庭州都督府までの六つは、アム河右岸の支流、スルハーンダリヤ、カーフィルニハーン、ワフシュ、ヤフス各河川沿いに形成された平野にあった小国に、また烏飛州都督府は、アム河上流のワーハーン回廊に、それぞれ置かれたことがわかる。

（8）アフガニスタン北西部の都督府

奇沙州都督府（きしゃしゅうととくふ）が置かれた「護時犍国遏蜜城（ごじけんこくあつみつじょう）」は、現在のアフガニスタン北部、バルフの東に隣接するグーズガーンにあたる。玄奘は「胡寔健国（こしけん）」と写す。グーズガーンは現在でも州名ジョーズジャーンとして名を残し、この州の中心地サレ・プルは、古くは「アンビール」と呼ばれていた。「遏蜜」は、このアンビールの音写であろう。一方、崑墟州都督府（こんきょしゅうととくふ）が置かれた「多勒建国（たろくけん）」は、グーズガーンの西方にあったターリカーンというまちのことかもしれない。

さて、残るは脩鮮都督府（しゅうせんととくふ）が置かれた「罽賓国遏紇城（けいひんこくあつこつじょう）」、條支都督府（じょうしととくふ）が置かれた「訶達羅支国伏宝瑟顛城」、旅獒州都督府（りょごうしゅうととくふ）が置かれた「烏拉喝国摩竭城（うらかつこくまけつじょう）」、波斯都督府（はしととくふ）が置かれた「波斯国疾陵城（はしこくしつりょうじょう）」であるが、「烏拉喝国」は残念ながらどこにあたるか不明である。ターリカーンよりさらに西側の地名である可能性もあるが、これに適合しそうな大きなまちは、後の時代のアラビア語やペルシア語史料からも明らかになっていない。ただし榎一雄はこれを、「チャールジューの東南、ブハラの西南にある場所」と記している。位置的に見て、現在のケルキあたりを意図しているのかもしれない。ケルキはアム河の重要な渡河地の一つで、初期イスラーム時代には「ザンム」として知られていた場所だが、この名前自体は「烏拉喝」にも「摩竭城」にも適合しそうにない。

(9) 波斯都督府と「波斯国疾陵城」

また、波斯というのは「ペルシア」のもっとも一般的な漢字音写で、いわゆるサーサーン朝ペルシアの領域を指すのだが、龍朔元年の時点では、ヤズデギルド三世は死去し、サーサーン朝も滅びて、統一的な領域としてのペルシアというのはずいぶんと不分明になっていた筈である。この時置かれた波斯都督府の都督に任じられたのは、先に触れたヤズデギルド三世の王子ペーローズ(卑路斯)である。王名遠について述べた箇所で引いた『旧唐書』巻一九八に見えるように、ペーローズの波斯都督への任命は、大食(アラブ)に対する国家回復の試みへの支援だったと見えるが、龍朔元年すなわち六六一年というのは、西方の状況を勘案すると、なかなかに微妙な時期である。

前述のごとくヤズデギルド三世がメルヴ近郊で殺されたのが六五一年であるが、この最後の皇帝を追撃する中で、アラブ・ムスリム軍は、アフガニスタン南西部のスィースターンを征服して軍勢を駐留させ、さらにはヘラートからグーズガーンに至るアフガニスタン北西部を服属させた(**地図9**)。ところが六五六年、第三代カリフ、ウスマーンが殺害された後、後継カリフの座を巡って第四代カリフ、アリーとウマイヤ家のムアーウィアが争った、いわゆる第一次内乱が勃発すると、これら東方における征服地において、反アラブの動きが活発化し、ヘラート以東の地はアラブの手を離れることとなった。ペー

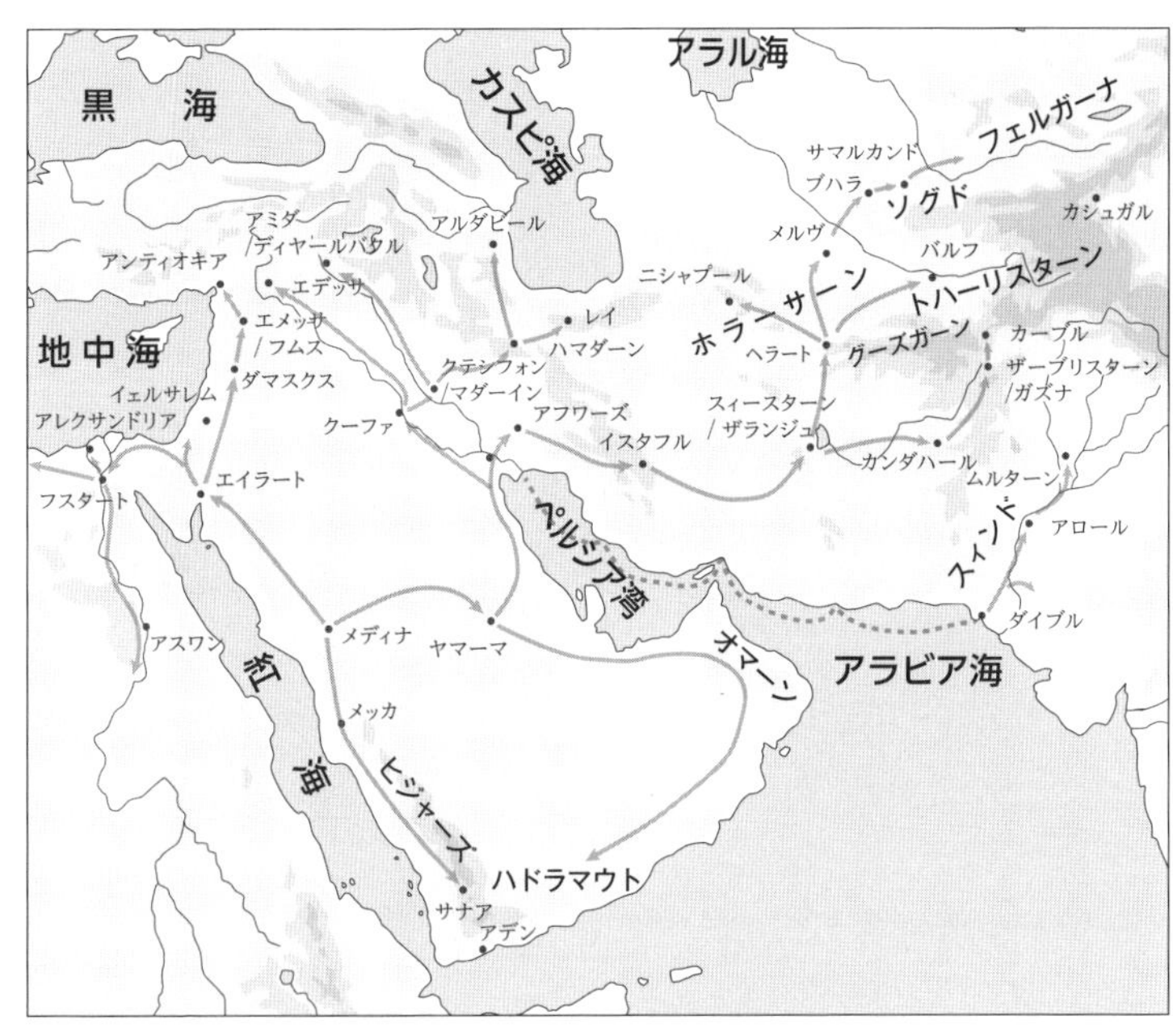

地図9　アラブ・ムスリムの大征服

ローズの唐に対する支援要請はまさにこのような状況下で出されたもののように思われる。波斯国疾陵城というのがどこにあたるのかについての古典的な見解は、それをスィースターン地方のザランジュ（Zaranj/Zarang）の音写と見るというものだが、榎は地域がかけ離れていることを理由に、メルヴ近郊のジランジ（Jiranj）という地域の名を候補としてあげている。どちらにせよ、龍朔元年の直前にはアラブの支配を一旦脱していた場所であった可能性がある。

しかしながら、まさにその龍朔元年、アリーが殺害されたことによって第一次内乱は終結し、ダマスクスに都を置くウマイヤ朝が成立した。ウマイヤ朝の失地回復の動きは極めて素早く、六六一年のうちにヘラートからバルフに至る地域はカイス・ブン・アルハイサム・スラミーによって平定され、またスィースターンにはアブドゥッラー・ブン・サムラが派遣されて、逆にアラブの征服をカーブル地方にまで推し進めたのであった。ペーローズの方はウマイヤ朝のこのような素早い対応の中で、結局ペルシア復興の目的を果たすことができず、咸亨年間（六七〇年~七四年）に再度来朝したが、そこで死去した。その後、ペーローズの息子泥涅師（あるいは泥涅師）が援軍を授けられて西に送られたが、居を定めた吐火羅地方もアラブに脅かされ、景龍二年（七〇八年）に長安に戻り、病を得て死去したという。このような状況を勘案し、特に六六〇年代以降、ペーローズがせいぜい吐火羅までしか西帰しえなかったであろうことを考えると、龍朔元年に波斯国疾陵城に置かれた波斯都督府とは、それがどの場所を意味したかにかかわらず、結局構想のみにとどまり、ほとんど実態を持ち得なかったのだろう。

残りの脩鮮都督府と條支都督府については次章で検討することにしたいが、ここまで縷々述べてきた内容は、実はそれほど目新しいものではない。詳しめの概説書を数冊読めばある程度は了解される事柄ばかりで、ただ『西域図志』を巡る二三の点、および新出のバクトリア語文書の話くらいが近年の研究発展にかかわるものである。最初に述べたことに反して、謎らしい謎も扱われなかった。その意味では最初から詐欺を働いたようで、心苦しくもあるのだけれど、一方でそれらをある程度説明しておかないと、次章で述べようとする脩鮮都督府、條支都督府に関する近年の研究のことを語るのが難しい。六六一年に置かれた西域十六都督府は、唐の本格的な西方進出の一つの到達点であるが、一方でこの後の中央アジア史の激動の一つの出発点でもある。そのプロセスを詳しめに見ることで、次章以降の話を理解するための下準備をすると同時に、書き手の方も少し肩慣らしをしたのだ、とご理解いただきたい。

第二章　六六六年　東部アフガニスタンのハラジュの王国

さて、前章で検討した西域十六都督府のうち、脩鮮都督府と條支都督府の存在は、当時のアフガニスタンの政治情勢と非常に密接にかかわる。そこで、別個に章を立て、この二つの都督府と、それが置かれたと覚しい場所で当時生じていた出来事を少し詳しく見てみたい。

脩鮮都督府が置かれた遏紇城はおそらく現在のアフガニスタンの首都カーブルの北に残るベグラームという都市遺跡、これは古くはカーピシーと呼ばれた場所なのだが、ここにあたると考えられる。一方條支都督府はカーブルの南南西一四〇キロほどにある現在のガズニあたりを指すのであろう。私は大学の卒業論文で、十世紀にこの地に成立し、一時は北西インド、中央アジア、イラン高原までをも支配したガズナ朝という地方王朝を扱ったのだが、実はこの王朝の中心地である東部アフガニスタンの、ガズナ朝以前の歴史がどうだったのか、というとほとんど何もわかっていなかったと言ってよい。当時（一九八〇年代初頭）、その時代についてなにがしかを知ろうと思えば、ロシアの大東洋学者ワシーリィ・バルトリドの『モンゴル征服以前のトルキスタンの歴史 *Turkestan down to the Mongol Invasion*』（英訳初版一九二八年）や、一九〇一年刊のドイツのヨーゼフ・マルクヴァルトの『偽モウゼス・ホレナチィの地理書から見たイランの地 *Ērānšahr nach der Geographie des Ps. Moses Xorenacʿi*』などが未だに第一に参照すべき文献であった。しかし一九九〇年代以降、この地域の歴史研究は考古学調査成果の刊行や貨幣研究、新出史料などにより飛躍的に進むことになった。以下その成果を参照しながら、脩鮮都督府と條支都督府とはどのような都督府だったのか、そしてこの二都督府の存在はその後のアフガニスタンの歴史とどのようにかかわるのか、という「謎」を考えてみよう。

一　「イランのフン」の活動

(1) 戦乱と新出史料

アフガニスタンは、一九七三年のクーデターで王制が倒された後、ずっと不安定な政治状況にあったが、一九七九年に政権を握っていたダーウードが共産党によって打倒されると、混迷の度合いはさらに深まった。その前年に締結された善隣友好条約をもって、この機にアフガニスタンに介入してきたのが旧ソ連であり、それはその後四十年以上も続くこの地域の戦乱の幕開けとなった。この戦乱の影響で、それまで考古学調査を行ってきた各国調査隊の活動は一九八〇年代に入り中断を余儀なくされた。我が国でも京都大学調査隊が、一九六〇年代以降、アフガニスタンにおいて多くの遺跡を踏査発掘し、一九七〇年代にはバーミヤーン仏教遺跡の精密調査やタパ・スカンダル都市遺跡の発掘を進めていたが、八〇年代以降はアフガニスタンを離れ、パキスタン北部、ガンダーラのラニガト遺跡の発掘調査へと対象を移さざるをえなかった。残念ながらこのガンダーラ発掘調査もパキスタンの情勢が悪化した九〇年代終わり以降は杜絶してしまっている。このように学術調査、歴史研究にとって甚大な影響を与えた戦乱であるが、皮肉なことにそのために逆に世に出てきた史料も多い。特に重要なのは、前にも触れたバクトリア語文書群と大量の貨幣史料である。

一九九〇年代初頭、ロンドンで百点余の羊皮紙に書かれた文書がオークションに掛けられた。イスラーム美術に関する貴重なコレクションの所有者として知られるデイヴィッド・ハリーリーが落札したこの文書は、中期イラン語の一方言であるバクトリア語で書かれており、ハリーリーはこの文書群の研究を、イラン語歴史言語学の世界的権威であるニコラス・シムス＝ウィリアムスに委託した。シムス＝ウィリアムスは驚くべきスピードでこれらの文書の翻字と翻訳を刊行した。その結果、前述のように文書の多くはローブの王の文書庫に由来すること、バクトリア暦と呼ばれる独自の紀年を持っていること、西暦三世紀から九世紀におよぶ長い期間にわたって書かれたものであることなどが明らかとなった。このバクトリア語文書の出現と、詳細な研究の出版とは、中央アジア古代、中世史研究にとって極めて大きなインパクトを持った。なによりそれは、ほとんど何も知られていなかった中央アジア西部の地域に関する生の史料であり、当該地域の社会を知る大きな手掛かりを与えてくれた。さらにそれは、七〇年代までの発掘調査などを通じて発見され、研究が進められていた出土史料や、市場で取引され蒐集されてきた貨幣史料などの研究に大きな刺激をもたらした。特に顕著だったのは、次に見るように、西アジア、中央アジアの前イスラーム期貨幣研究への影響で、いまや我々は、現在のアフガニスタンおよびその周辺について、バクトリア語文書とほぼ並行する三世紀から八世紀にかけてどのような政治勢力が消長したのか、その編年をおおまかではあるが明らかにできるようになった。

(2) キダーラ

三世紀、アフガニスタン北部から北インドにおよんでいたクシャーン朝の統治は、まずイラン高原に興ったサーサーン朝ペルシアの圧力をうけ、ヒンドゥークシュ山脈の北側において崩壊した。サーサーン朝のシャープール一世（位二三九－七〇年）はヒンドゥークシュ山脈を南に越えて北西インドにまで遠征したと推定されており、おそらくはそれと関係するであろう浮き彫りが、ヒンドゥークシュ山脈北麓、プリ・フムリのまちに近いラーゲ・ビービーの崖面に存在することが、今世紀初頭に報告された（口絵4）。写真に見えるように馬に乗った王が犀を狩っていると考えられるこの浮き彫りは巨大なもので、サーサーン朝の大成功の記念碑であったのだろうと想定されている。この地域には、クシャノ・サーサーン型と呼ばれる貨幣（金、銀、銅貨）を発行した王が置かれた。彼らはサーサーン朝の地方総督のような立場であったと考えられているが、サーサーン朝とクシャーン朝の両方の特徴を併せ持つ独自の貨幣を発行し、そこに「クシャーン・シャー（クシャーンの王）」と刻んだ。

ヒンドゥークシュの南側でも、クシャーン朝に対する諸勢力の叛乱などによって王朝の支配力は弱り、結果、同王朝は三世紀の後半には衰退した。貨幣研究からは、クシャノ・サーサーンの王の支配は一時ヒンドゥークシュ南麓からガンダーラ方面にまで及んでいたようにみえる。その後、この地域にはサーサーン朝本家が進出したらしい。サーサーン朝貨幣の研究は、前章で述べたように唐代に罽賓と呼ばれることになるカーピシー＝カーブル地域に、四世紀半ば、サーサーン朝の重要な貨幣製造所が置かれていた可能性を示唆している。一九三〇年代、フランス考古学調査団は、カーブルにあるテペ・マラン

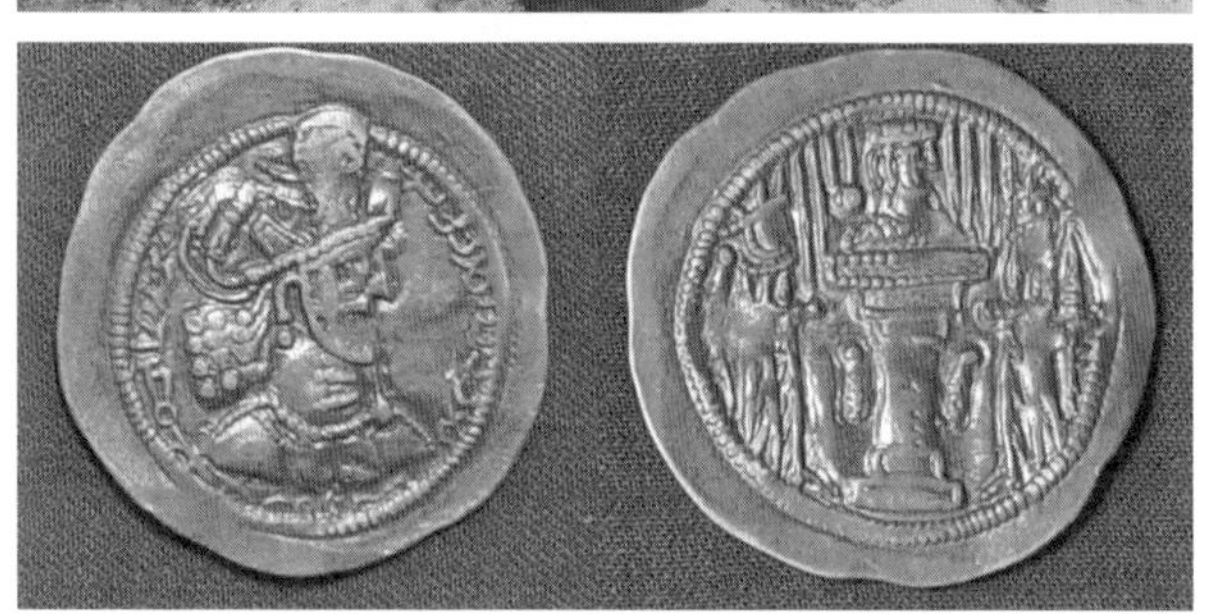

図10　上：テペ・マランジャーン遺跡、下：テペ・マランジャーン出土シャープール二世銀貨

ジャーンという仏教寺院址の壁に埋蔵されていた、四百点近くのサーサーン朝貨幣を発見したが、その大半がシャープール二世（位三〇九－七九年）の銀貨、残りがシャープール二世の後を継いだアルダシール二世（位三七九－八三年）とシャープール三世（位三八三－八八年）のものだった（**図10**）。シャープール二世銀貨を大量に含む埋蔵貨幣が発見されたことは、それらが発見場所から遠くないところで製造され、四世紀の第四四半世紀あたりに埋蔵された可能性を示している、というのが貨幣学者達の見解である。

図11　カシミール・スマスト出土メダリオンおよびその銘文

一方これに並行する時期、キダーラと呼ばれる勢力が北西インドを支配していたことが知られている。漢籍には「寄多羅（きたら）」あるいは「車多羅（しゃたら）」とも写されるキダーラの、正確な由来来歴はわかっていないが、エチエンヌ・ドゥ・ラ・ヴェシエールは、四世紀後半にアルタイ山脈方面から西へ向かっての大規模な民族移動があり、キダーラも、その後を襲うアルハンやエフタルも、そもそもこの集団の一部として到来したのだという仮説を提示している。この集団に属する人々は、貨幣学者達が貨幣研究から「イランのフン Iranian Hun」と呼ぶところのグループと重なり合うが、実際、キダーラの支配者が「クシャーン・シャー」と「フンの王」を同時に名乗る銘文が刻まれた印章が近年発見されており（**図11**）、これはキダーラが、少なくとも政治的にはフンの一員としてクシャーン朝の旧領を支配しようとしていたことを示唆する。漢籍において彼らが「寄多羅月氏」などと称されるのもそれが理由であるのかもしれない。

　キダーラがバクトリアで発行した杯状のディーナール金貨はクシャノ・サーサーン様式に則ったものであり、クシャーン朝→クシャノ・サーサーン→キダーラと支配者が移りかわりながらも、統治文化、の

図12　上：クシャーン金貨、中：クシャノ・サーサーン金貨、下：キダーラ金貨

ようなものは継続されたことを、それは示している（図12）。

（3）アルハンとエフタル

キダーラはもともとバクトリア地方から勢力を伸ばし、五世紀半ばには北西インド、パンジャーブ地方へと拡大したとされる。南におけるその拠点はペシャーワル辺りにあった。彼らはウッディヤーナ（現パキスタン北西部スワート地方）やガンダーラ（同じくペシャーワル周辺）で銀貨を発行し、また世界遺産にも指定されているパキスタン北部のタキシラの地で金貨をつくったことが知られている。一方、サーサーン朝が撤退したカーピシー＝カーブル地域では「アルハン alkhan」という文字を刻む一連の貨幣が発行されるようになる。発行者達のグループもこれにちなんでアルハンと呼ばれるが、彼らはキダーラの後を追うように東へ移動し、北インド中央部へと進出して、グプタ朝の統治を揺るがせた。このアルハン勢力こそが、インドの碑文史料に「白いフン（sveta huna）」と描写され、かつて北インドへ侵攻したエフタル勢力だと考えられてきた者達である。もっともよく知られているのはトラマーナとミヒラクラの親子で、彼らの名に言及する碑文がインド亜大陸でいくつも見つかっており、またその名を刻む貨幣も古くから知られていた。

アルハンの貨幣には発行者と覚しい人物の横顔が描かれるが、そのスタイルは、いわゆるエフタルがヒンドゥークシュ山脈の北側で発行した、サーサーン朝様式のものとは全く異なる（図13）。このことは、それぞれの貨幣を発行した人々が異なる種類の政治集団、軍事集団を形成していたことを強く示唆する。

図13　上：アルハン銀貨、下：「真」エフタル銀貨（バルフ発行？）

特に特徴的なのはアルハンの王達の前頭部が人工的に変形させせられているように見えることである。子供の頃から頭蓋骨に圧力を加えて変形させるという行為はいくつかの地域に見られるが、東ヨーロッパの、いわゆるフン族のものとされる墓から見つかる頭蓋骨にはそのような人工的変形の跡が見えている（**図14**）。ドゥ・ラ・ヴェシエールに従ってこのような風習を、彼の言う大規模な民族移動でユーラシア西方へと広がった集団（＝フン）に共通する要素と見ることができるなら、その意味ではアルハンと、ヨーロッパに現れる「フン」とは同じ文化的背景を持つと考えられる。一方、ヒンドゥークシュ北側のエフタルも、ヨーロッパのフンとの関連が指摘されているので、結局、アルハンとエフタルとは、同じ

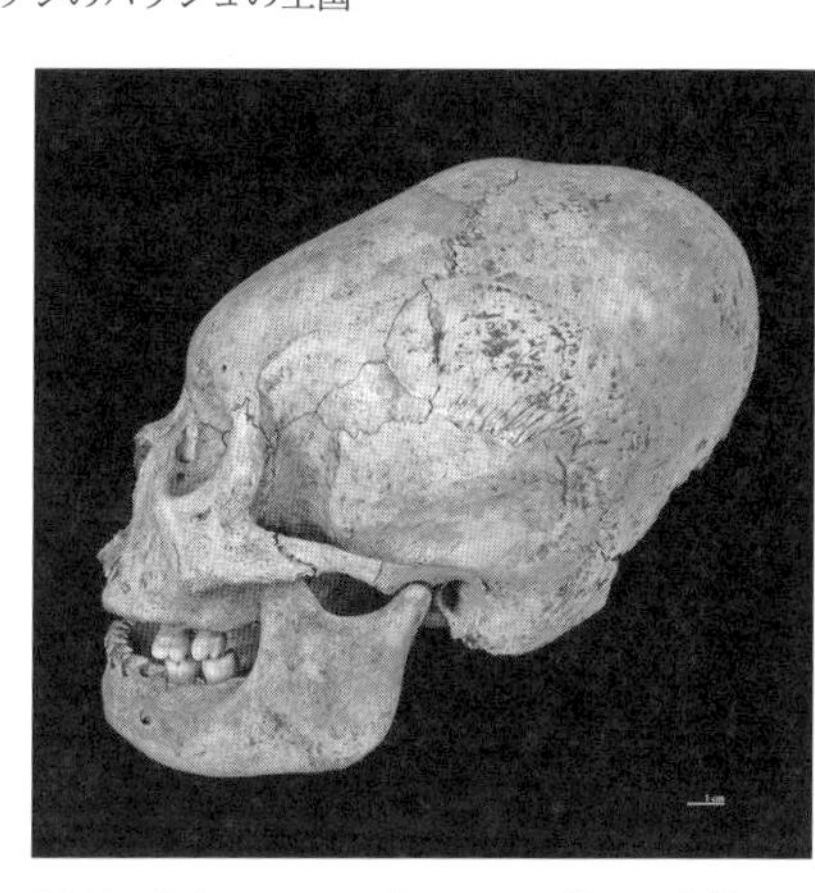

図14　中央ヨーロッパのフンの墓から発見された頭蓋骨

母集団に由来する異なる政体であったことになりそうである。要するにアルタイ方面から移動してきた大集団の一部が早い時期に北西インドへ入り、そこで独自の政治勢力（アルハン）をなし、別の一部はやや遅れてヒンドゥークシュ山脈の北側で新しい政治勢力（エフタル）を形成してサーサーン朝と争った、ということになる。

（４）奉献銅板碑文

バクトリア語文書と並んで前世紀末に世に出て、学術上大きなインパクトを与えたのが、バーミヤーン渓谷に由来するとされる大量の仏教写本である。ブラーフミー文字やカローシュティー文字で書かれた、サンスクリット語もしくはガンダーラ語の写本は、断簡が多いものの総数一万点以上とされる。これらの写本はノルウェーの収蒐家マルティン・スコイエンが所有し、ノルウェーのイェンス・ブロールヴィックや我が国の松田和信らによって研究と出版が続けられているが（**図15**）、同じくスコイエンのコレクションには、アフガニスタンあるいは北西インドのどこかから発見されたとされる、仏教寺院への奉献銅板碑文がある。そこにはその寺院の建立に携わったと覚しい「メハーマ Mehama」という名の王の他に、「ヒンギラ Khingila」、「ジャヴカ Javukha」、「トラマー

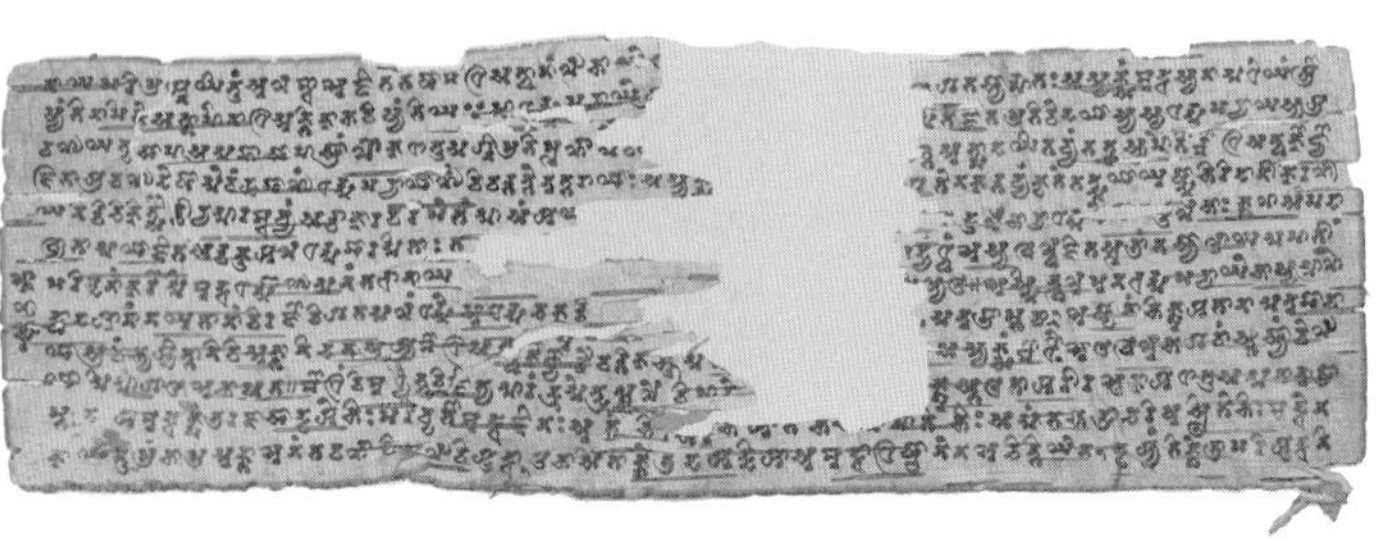

図15　スコイエン・コレクション無量寿経の樺皮写本断簡（6世紀）

ナ Toramana」の三名の名前が刻まれる（**図16**）。これらの名前は、前述のアルハン銘のある貨幣に、発行者の名前として見えている。この碑文を研究したドイツのグドルン・メルツァーは、碑文自体は五世紀末につくられたものではないかとし、これら四人はほぼ同じ時期に北インドから北西インドの各地を統治していたアルハンの王達ではないかと示唆した。このことは実は、前章で言及した『旧唐書』巻一九八罽賓国の条に

顕慶三年、その国の俗を訪ねてみると、王家の始祖は馨孽であり、今の曷擷支にいたる。父から子へと位を伝えて、すでに十二代になる、と言っている。

とあるのと照らし合わせると非常に興味深い。というのも、ここに見える「馨孽（けいげつ）xin-nie」は通常 khingila の音写であると考えられており、この『旧唐書』の記事は、六六〇年頃に罽賓国の王であった人物はヒンギラの十二代後の子孫だと言っていることになるからだ。ヒンギラの在位が五世紀後半から末であるなら、それから一六〇年余で十二代というのは結構ありそうな数字である。そうだとすれば、従来知られていたヒンギ

ラの名を刻むアルハン貨幣と、奉献銅板、および漢籍の記録とが結びつくことになり、この地域の歴史を解明する重要な縦糸が得られることになる。

図16　奉献銅板碑文（部分）

ただし、この奉献銅板がそもそもどこにあったかについては、研究者達の意見は分かれている。メルツァーは、碑文に寺院を建立した場所として見える tāraganika という言葉が、アフガニスタン北部のまちターラカーン（トハーリスターン東部の一都市で、前章で触れた多勒建国にあたるターリカーンとは別のまち）を示すと考え、この銅板はトハーリスターンに建立された仏教寺院のためのものだとした。実は碑文に見えるメハーマに対応するであろう Meyam という名を持つ王がトハーリスターンにいたことが、バクトリア語文書に示されており、それはこの地名比定とうまく合いそうである。しかし問題は、我々がヒンドゥークシュ山脈の北側において、アルハンにかかわるいかなる史料も現在までのところ手にしていないという点にある。それゆえ、実はこの tāraganika とは今のパキスタンのパンジャーブ州にあるソルトレンジ山脈のタラガング（現タラゴン）のことではないか、という説が出され、当時の宗教状況や、アルハンの統治

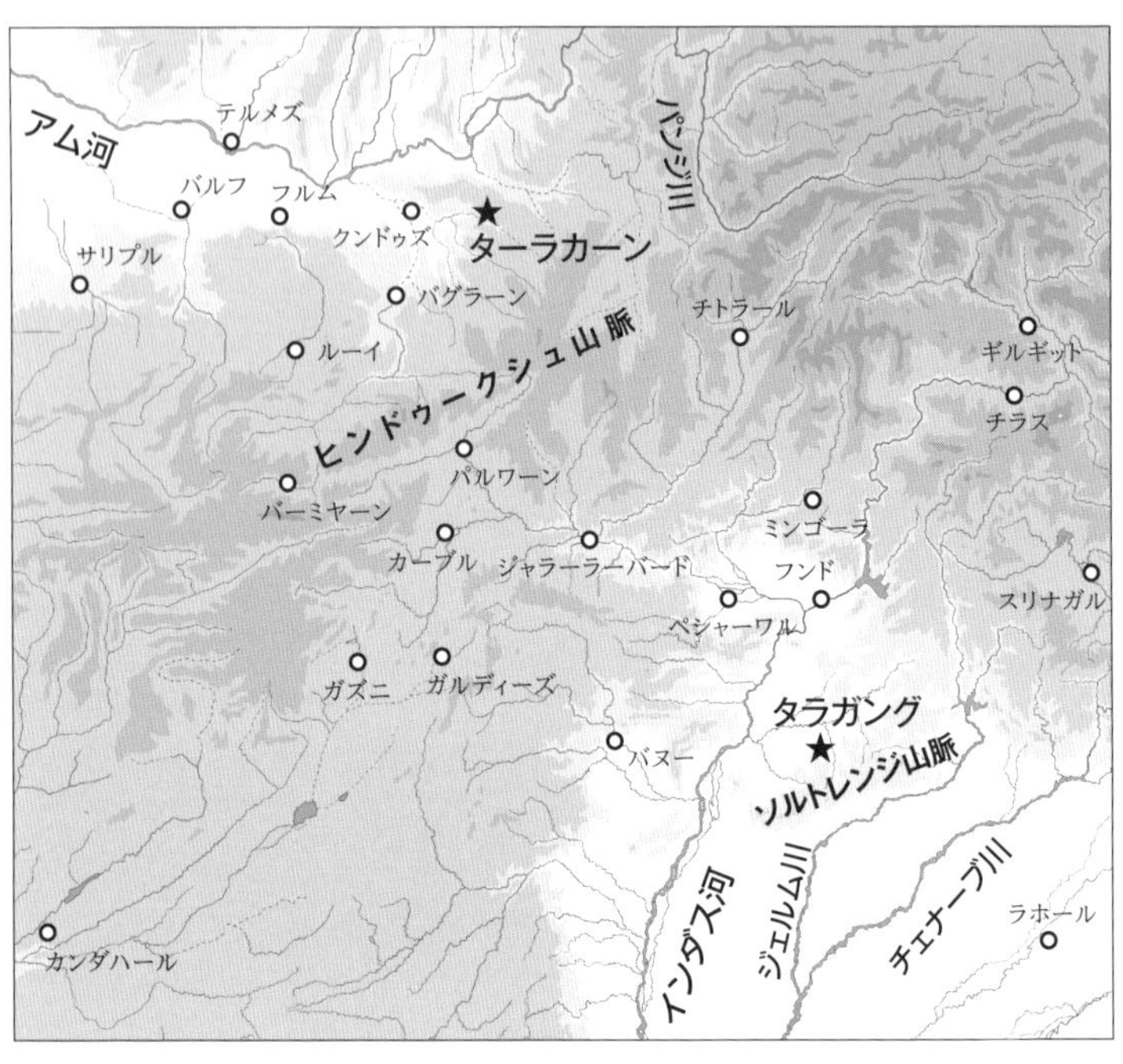

地図10　ターラカーンとタラガングの位置

領域との関連からこれを支持する人々も少なくない。現在のところ結論は出ていないが、私はこれがやはりヒンドゥークシュ北側に由来するものではないか、という感触を持っている（**地図10**）。

（5）ネーザク・シャー貨幣

ところで、ヒンドゥークシュ山脈南麓から東へと移動していった筈のアルハンの王ヒンギラが、七世紀半ばに、再びカーピシーの王の祖先として言及されるのはどのような理由なのだろうか？　それを考えるにはまず五世紀にアルハン勢力が東へ移動した後、ヒンドゥークシュ山脈の南麓、カーピシーやカーブルの情勢がどのようになった

図17　ネーザク・シャー銀貨（カーピシー=カーブル発行？）

のかを見ておく必要がある。

イスラーム時代以前に、東部アフガニスタンで発行された別のユニークな貨幣の一群がある（**図17**）。やはりサーサーン朝貨幣の影響を受けたこの貨幣には、パフラヴィー文字で nyčky MLK' ＜ Nezak Shāh（ネーザク・シャー）と刻まれている。最新の研究によればこの貨幣は四八〇年頃にガズニ周辺で最初発行され、その後、おそらくはアルハン勢力の東への移動でできた空隙に入り込むように、六世紀の早い時期にカーピシー＝カーブル地域でも製造されはじめたらしい。

ちなみに現在知られているネーザク・シャー貨幣の数は、銀貨も銅貨も他の貨幣に比べて大変に多いが、その量の多さは、パンジシール（ヒンドゥークシュ山脈南麓を北東から南西に流れ下るパンジシール川の上流）の銀山や、ここ十年以上にわたって緊急発掘が進められているメス・アイナク（カーブル南方四十キロメートルほどにある遺跡群）の銅山（**口絵3**）など、豊富な埋蔵量を誇る貴金属鉱床によるものと考えられている。

図18　アルハン=ネーザク・クロスオーバー貨幣

（6）罽賓=ヒンギラ王家

これらの貨幣について最初に体系的に研究を行ったのはウィーンの貨幣学者ロベルト・ゲブルである。彼の著書『バクトリアとインドにおけるイラン系フンの歴史に関する資料 *Dokumente zur Geschichte der iranischen Hunnen in Baktrien und Indien*』（一九六七年）は当該分野の金字塔とされるが、アルハン貨幣の存在について最初に指摘したのも彼である。さらにゲブルは六世紀末、アルハンの集団の一部が再び西へ戻り、カーピシー=カーブル地域に移住した可能性を示唆した。その大きな根拠は、ネーザク・シャー貨幣の上に、アルハン貨幣のデザインが重ね打刻されたユニークな貨幣の存在である（**図18**）。この貨幣はアルハン勢力とネーザク勢力の間になんらかの関係があったことを示していると、同じくウィーンの貨幣学者であるミヒャエル・アルラムやクラウス・ヴォンドロヴェッツは考えている。それはアルハンによるネーザク・シャー領土の再征服であったのかも知れないし、あるいはより穏やかな融合であったのかもしれない。いずれにせよ、六六一年に罽賓の王が罽賓=ヒンギラ王の十二代目の子孫であると述べたことの背景を、これは説明してくれそうである。

アルハンとネーザクが混淆してしばらく後、玄奘三蔵がこの地域を訪れた。彼は迦畢試国、すなわちカーピシーの大都城を訪れているが、桑山正進は、玄奘が記録している都市の有り様や周辺の宗教施設の位置関係などから、このとき彼が訪れた都市が、先にのべたベグラーム遺跡に他ならないことを証した。つまり、七世紀の前半、カーブル川沿いにガンダーラまでを支配していた王はカーピシーに居を構えていたのである。七世紀半ばの罽賓王は、半世紀かそこら前に起きたアルハンとネーザクの混淆の結果、ヒンギラの血をひくことになった王だったのであり、当然脩鮮都督府も彼の居処たるカーピシーの都城に置かれたことになる。ただし、城の名前としてあげられている「遏紇」が何を写したものなのかはわからない。

二　突厥勢力の登場

（1）ヒンドゥークシュ南側の突厥

玄奘は六四〇年代半ば、帰路にアフガニスタン東部を経由した際、漕矩吒（ザーブリスターン＝ガズニ）の辺りから北上し、山間を抜けてヒンドゥークシュ山脈をハヴァク（Khavak）峠で越える道（パンジシール川を北東へ遡る道）へと入った（**地図11**）。この途上、「弗栗恃薩儻那」と呼ばれる山地を通過し、そこに突厥の首領がいた、と書き残している。この地名はおそらく今のカーブルの西側から西南の山岳地帯のどこかのことであると考えられる。というのも、ガズニからカーブル、カーピシーを目指して直線距

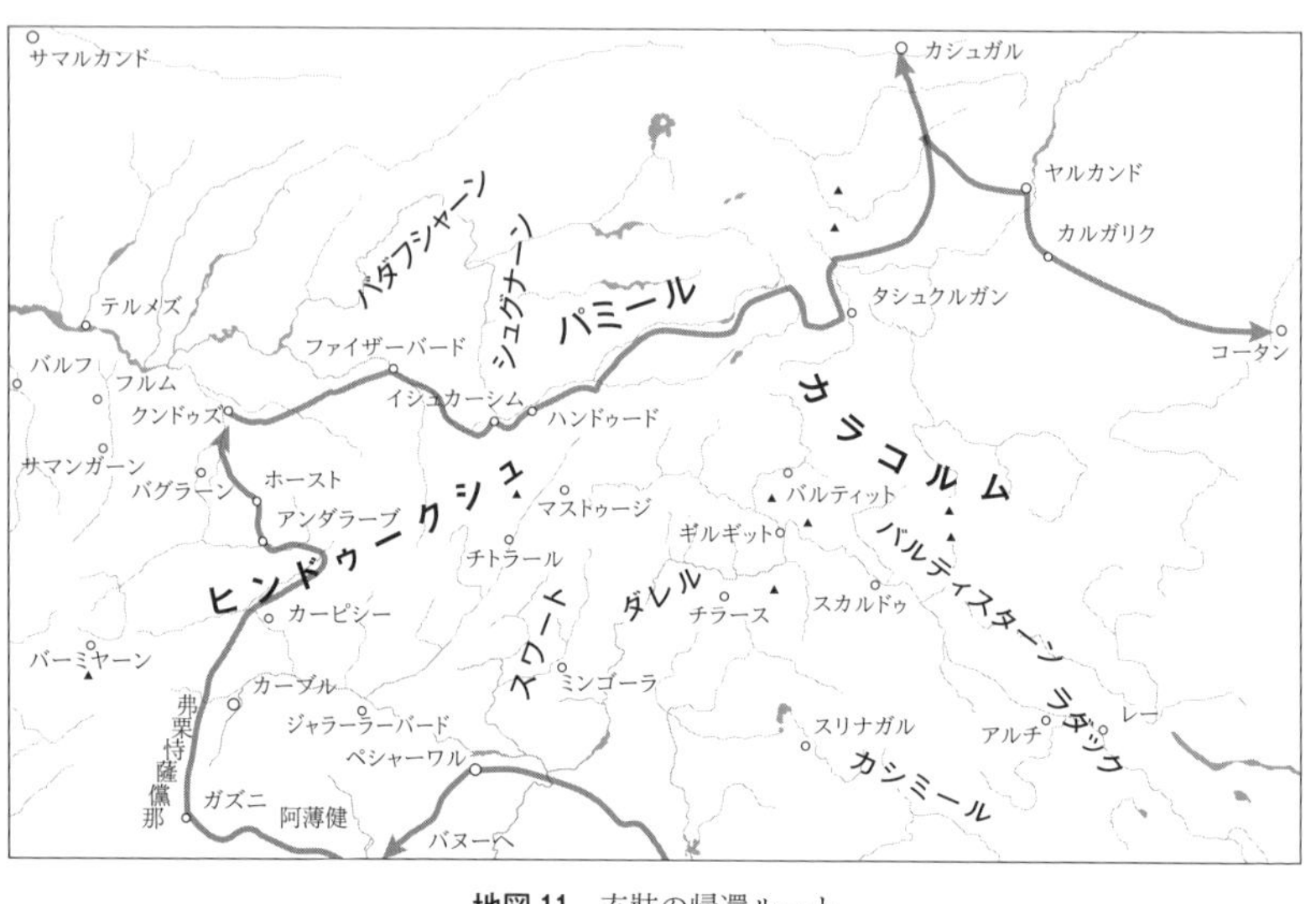

地図 11　玄奘の帰還ルート

離に近いルートを取ると、山岳地帯を通過することはないからである。

玄奘に遅れること八十年ほど、七二〇年代に東インドから北インドを横断し、アフガニスタンからパミールを東に越えて中国に帰還したのが、新羅出身の仏教僧慧超である。彼がガンダーラから東部アフガニスタンに入ったのは七二〇年代初頭だったと考えられる。彼の旅については後で詳しく述べるが、『往五天竺国伝』として知られる旅行記の中で彼は次のように書き記している。

> さらに迦葉弥羅国（カシミール）の西北、山の向こうへ一ヶ月行程行き、建駄羅（ガンダーラ）に着く。ここの王も軍もおしなべて突厥である。住民は胡でバラモンもいる。この国はもともと罽賓王の治下にあった。したがって［今の］突厥王の父は部衆、軍隊を率いて

> その罽賓王に臣従していたが、後に突厥の軍力が強くなると、すぐにその罽賓王を殺して自分が国主となった。そこでこの国は突厥覇王と領域を接することとなった。（『往五天竺国伝研究』三八頁）

> さらにこの覧波（らんぱ）国より進んで［西へ行って］山に入り、八日行程を経て罽賓国に達する。この国も建駄羅王の管轄下にある。この王は夏は罽賓にいる。涼を求めて住むのである。冬は建駄羅に向かう。暖を求めて住むのである。（同四〇頁）

> さらにこの罽賓国より西へ七日行くと、謝颶（しゃうつ）国に達する。そこは社護羅薩他那（しゃごらさつたな）と自称する。住民は胡であるが、王と軍は突厥である。その王は罽賓王の甥である。（同頁）

さきに述べたように、隋唐期の罽賓はカーピシー＝カーブル地域を指すことから、ここで慧超の書き記していることを整理するならば、七二〇年代、この罽賓の王は突厥で、彼らはもともと先の罽賓王に臣従していたのが、力を増して主家を倒して王位を奪ったのであり、その支配領域はカーピシー＝カーブルからガンダーラまで、つまりカーブル川の流域全体を覆っていた。さらに、南方ガズニを含むザーブリスターン地域にあたる謝颶国の王もこの当時、罽賓王の親族で、カーピシー＝カーブルからガズニにかけての地域には突厥、すなわちテュルク系の王家が存在していた、ということである。

(2) アラブ・ムスリムのカーブル征服とカーブル・シャー

このテュルク系の王国については実はアラビア語史料にも言及されている。前述のごとく、サーサーン朝最後の皇帝ヤズデギルド三世はネハーヴァンドの敗戦後、東へと逃れ、最終的にメルヴ近郊で殺されるが、ヤズデギルド三世の後を追って東へと進出したアラブ・ムスリム軍は、現在のアフガニスタン、パキスタン、イランの国境が接するスィースターンの地に到達し、東方進出の拠点を一時、この地に置いた。スィースターン総督に任じられたアブドゥッラー・ブン・サムラは、六六五年、軍を率いてアフガニスタン東部を北上し、カーブルを征服した。ところがその一年後、カーブル・シャー Kābul Shāh がムスリムからカーブルのまちを奪回し、その後カーブル・シャーは反ムスリム勢力の重要な核として活動することとなる。

カーブル・シャーという呼称の後半、「シャー」の部分はペルシア語で「王」を意味する言葉であり、それゆえカーブル・シャーとは「カーブル王」くらいの意味なのだが、この称号の持つ含意はある意味大きい。というのも、上で述べたように七世紀前半、玄奘がこの地を訪れた際、カーピシー=カーブル地域の中心であり、またカーブル川流域を支配する王国の都であったのはカーピシーであり、カーブルではなかった。しかし六六六年以降、常にムスリムの敵として史乗に登場するのは「カーブルの王」なのである。さらに、実はカーピシーという地名はアラビア語やペルシア語などイスラーム側の史料にはまず登場することがない。このこととの背景を説明するもっともシンプルで有効な仮説は、都の交代と王家の交代が一緒に起こったというものである。

先に述べたように、この当時カーピシーの王家はアルハンとネーザク・シャーの系統に連なる者であったが、彼らは七世紀半ばに強大化した突厥に倒され、同時に地域の中心地も、新たな王が拠点としたカーブルに移動した。かくして、七世紀半ばまでの情報を載せる漢籍にもっぱらカーピシーが、七世紀半ば以降の情報を載せるイスラーム史料にカーブルのみが登場することとなったのである。

傍証となる情報は他にもあって、実はイスラーム史料にはカーブルや後述のザーブリスターンの王が「テュルクの軍勢」を率いていたという記述がある。かつては、それらの史料の著者達はテュルクやエフタルなど、ペルシアの向こう側にいた者達について全部混同して「テュルク」と呼んでいた可能性があり、テュルクという「民族名」がそこに現れることに大きな意味は無い、と考えられていたが、右の様に東側の史料と照合すると、実はイスラーム史料の作者達は正しい情報を記載していた可能性が高いとわかるのである。

（3）訶達羅支（かたつらし）と葛達羅支（かつたつらし）

さて、ではこの突厥王とは具体的にどのような者だったのだろうか。この時期、中央アジア西部において突厥と言えば西突厥が真っ先に候補として浮かぶ。前章でも見たとおり、龍朔元年に設置された月支都督府の都督は阿史那氏の王族であったと考えられる。それゆえ、西突厥勢力の一部が山脈を越えて南に入り、自立したと言うのが最もありそうなシナリオで、実際そう考えている研究者も多い。しかし慧超は同時に、ガンダーラの項で突厥王が罽賓王を殺して王位を奪い、結果として「突厥覇王」と境を接することとなった、とする。この突厥覇王が西突厥の葉護であるなら、山南の突厥は西突厥とは異なる集団であった可能性がある。ではどう異なっていたのか。アルハンとエフタルのように同じ母集団から分かれた、異なる政治勢力であったという可能性もあるだろうし、鉄勒諸部のようにそもそも異なるテュルク系集団であった可能性もあるだろう。それを考えるためのデータが、漢籍史料と貨幣とから得られる。

『新唐書』巻二二一下謝颶国伝には次のような記事がある。

> 謝颶は吐火羅の西南にあり、もとは漕矩吒といい、あるいは漕矩（そうく）といったが、顕慶年間に訶達羅支といい、武后の時に今の呼び名（謝颶）にあらためた。東は罽賓と、東北は帆延と、それぞれ四百里離れている。南は婆羅門（ばらもん）（インド）、西は波斯、北は護時健（ごじけん）（グーズガーン）である。その王は鶴悉那（かくしつな）城に住んでいる。その地は七千里ある。また阿娑你（あさに）城に居ることもある。鬱金（うこん）、瞿草（ぐそう）が多く、泉の水で田を潤している。国の中に突厥、罽賓、吐火羅の者が雑居している。罽賓はこの国の子弟を雇って兵力を保ち、大食を防いでいる。景雲の初年（七一〇年）に使者を送って朝貢してきた。その後、遂に罽賓に臣従した。開元八年（七二〇年）、天子は葛達羅支頡利発誓屈爾（かったつらしきつりはつせいくつじ）を冊して王とした。天宝年間に至るまで何度か朝献してきた。

吉田豊の分析によれば、「漕矩吒」（玄奘が『大唐西域記』で用いた形）という名前も、『新唐書』に見える「謝颶」という形も、ともに *žāul のような原音に遡る。これはイスラーム時代に現在のガズニ周辺を示す地域名として用いられた Zābul（istān）＝ザーブリスターンとよく一致する。一方この地は顕慶年間には訶達羅支と呼ばれたが、前章で見た西域十六都督府のうち、條支都督府が置かれた伏宝悉顛城（〈伏宝悉顛城、おそらくザーブリスターン）が訶達羅支国王の居城であったとされることから、漕矩吒や謝颶と同じくガズニとその周辺を指しているのは明らかである。さらに後半に現れる葛達羅支頡利発という称号の後半部は、次にみるようにテュルク語のイルテベルを写したものだが、前半の葛達羅支は訶達羅支と同じものを指しているのだろう。

（4）śrī hitivira kharalāča

さて明らかに漕矩吒や謝颶とは異なる音を写したに違いない訶達羅支／葛達羅支とはなんなのであろうか？　ここで注目すべきは貨幣の銘文である。ゲブルが分類した貨幣の中で、現在シャーヒー（Shāhī）貨幣と総称されるものがある。これは年代的にネーザク・シャー貨幣の後にくるもので、カーブル・シャー発行にかかるものであるが、その中の一つに見える銘文には

śrī hitivira kharalāva pārameśvara śrī vahi tigina devakāritaṃ

とある（**図19**）。二番目に見える hitivira の語をヘルムート・フンバッハはイルテベルのインド語形と考

図 19　ホラーサーン・テギン・シャー銀貨

図 20　図 19 貨幣の銘文の書き起こし

えた。イルテベルは、前述のように西突厥のもとで、ソグディアナから東部アフガニスタンにかけての地域で、小規模の地方王国や都市国家の領主に与えられた称号であった。

さて、謝颶王が名乗った葛達羅支頡利発はこの伝でいけば「葛達羅支のイルテベル」ということになるが、右の貨幣銘文でこれに対応しそうなのが hitivira kharalāva の部分になる。さらに、アラビア語・ペルシア語史料はこの時期のザーブリスターン（＝謝颶）の支配者の称号を *rtbyl*（あるアラビア語の語彙集は rutbīl と母音を付している）と写している。この称号がどんな意味を持つものであるかを巡り、かつてはアラビア文字の点の打ち間違いで、実は zunbīl が正しく、この地域の土着の神であったらしい「ジューン（žūn）」と結びつけて解釈すべきだ、と考えられていた。しかしこれはイルテベルの転訛形だと考えることができる（冒頭の母音が脱落し、r と l の位置が交代している）。

一方 kharalāva という語はゲブルやフンバッハも何を意味するのか明確にはできなかったが、吉田豊はこれが正しくは kharalāča と読まれるべきであると指摘した（ブラフミー文字の va と ča の字形はよく似ている〔図20〕）。そうしてこれをイスラーム時代の史料に見えるハラジュ khalaj という部族集団にあてることを示唆したのである。細かな論証は煩雑なので省略するが、ハラジュはもともとは khalač という名前で、元来 č- の字を持たなかったアラビア語ではこれを j- で写した。一方、バクトリア語文書に χαλοσο（khalas）と見えるのも、この khalaj に同定されている（バクトリア文字〔≒ギリシア文字〕も č- の字を持たず、これを sigma であらわしている）。これらを勘案すると図21のような関係が導き出せる。つまり、漕矩吒→訶達羅支→謝颶の王はハラジュと呼ばれるテュルク系の者であった可能性が非常に高くなるのである。

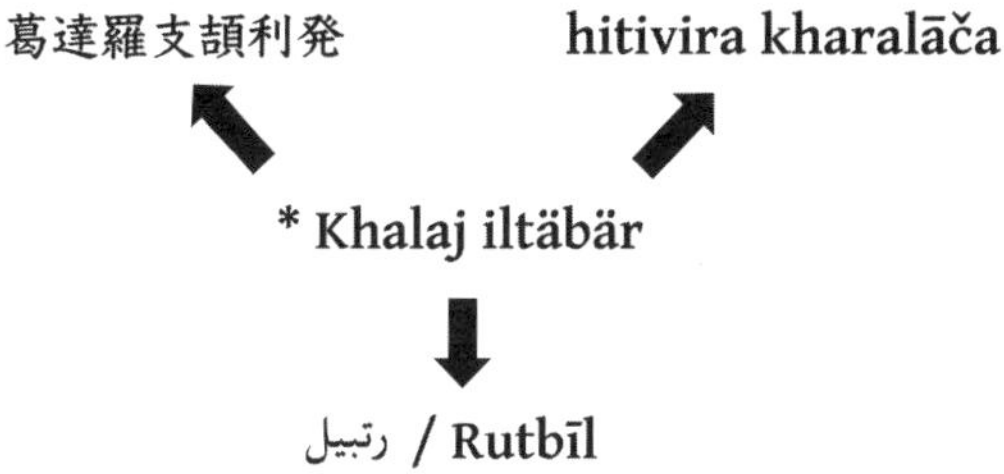

葛達羅支頡利発　　hitivira kharalāča

↖　↗

* Khalaj iltäbär

↓

رتبيل / Rutbīl

図21　ハラジュ・イルテベルの多言語転写

（5）罽賓王の甥

さて、アラビア語年代記であるタバリーの『諸預言者と諸王の歴史』（十世紀成立）は、六八〇年代にカーブル・シャーの王国で兄弟間の後継者争いが生じ、この争いに敗れた王子の一人が南へ奔り、ザーブリスターンで自立して王となったことを示唆する記事を載せている。カーブルで王位を継いだ人物は、漢籍では「烏散特勤灑（うさんとくきんさい）」と呼ばれる。「特勤（通常は特勒と書かれる)」はテギン tegin(テュルク系の言語で「王子」)の音写であり、「灑」はイラン語の「シャー」を写すために用いられる漢字である。これに対応するのが、シャーヒー貨幣に見える Tegin Khorāsān Shāh である。当然「烏散」は khorāsān の音写ということになる。同じく漢籍史料にはこの人物が七三八年に老齢のために譲位したことを唐朝が追認したという記事が見えるので、この王は六八〇年代から七三〇年代くらいまでずっと在位していた可能性が高い。一方、別のアラビア語年代記であるバラーズリーの『諸国征服史』は、ザーブリスターンの王が六九〇年代にアラブ軍との戦いで戦死し、息子が後を継いだことを記録している(花田訳第二巻三九八、四〇〇頁)。

以上のような事実を総合すると、慧超が七二〇年代に「謝颶の突厥王は罽賓王の甥である」と記録していることの意味が明白になる。当時カーブル王は烏散特勤灑/ホラーサーン・テギン・シャーで、ザーブリスターン王はその兄弟の息子だったのである。ザーブリスターン王がハラジュ族であったのなら、それゆえカーブル・シャーもハラジュ族出身でなければならない。実際、『冊府元亀』巻九六四は開元八年(七二〇年)のこととして

九月、使節を送り、葛達羅支頡利発誓屈爾を冊して謝颶王となし、葛達羅支特勒を罽賓王となした。

という記事を載せている。謝颶王も罽賓王もともに葛達羅支(ハラジュ)という冠をいただく称号を唐朝から認められているのである。

(6) 弗栗恃薩儻那

六六六年にアラブ・ムスリム軍からカーブルを奪回し、その後カーピシーの王（アルハン・ネーザク混淆型貨幣の発行者）を倒して王国を奪った突厥は、このようにハラジュ族のテュルクであったと考えられる。このことを傍証するのはやや後の時代に書かれたアラビア語の地理書群である。十世紀前半にイスタフリーという人物が記した地理書『諸道と諸国の書』は、

ハラジュはテュルクの一種で、その昔、インドとスィジスターン（スィースターン）の間、ゴールの裏側に到来した。家畜を飼い、テュルクのような性質、衣服、言葉を用いる。

と記している。ここでスィジスターン／スィースターンとは、前述のように今のアフガニスタン南西部、イランやパキスタンと国境を接する場所で、ヘルマンド川が内陸湖を形成する古くからのオアシスである。地名のスィジスターンとはもともと「サカスターナ Sakasthāna」、すなわち「サカ族の地」と言う意味である。紀元前二世紀頃に中央アジアから南下したサカ族の一部は、アフガニスタン北部からこの地を経由して北西インドや西インドに入り、王国を築いたと考えられるが、インドへ移動しなかった者達がこのオアシスに留まったのであろう。彼らが到来する以前にこの地域を訪れたアレクサンドロス大王の遠征記録ではこの地の中心都市はドランギアナと呼ばれ、現在のまちの名、ザランジュはそれが変化したものだとも言われる。

イスタフリーは、その名が示すとおりイラン南西部イスタフル出身の地理学者で、西から見てスィジスターンとインドの間とは、おおまかに東部アフガニスタンのことだと考えていいだろう。ゴールは現在のアフガニスタンの中央部にある険しい山岳地帯の一部の呼称で（地図1参照）、「裏側」とは、西から見てこのゴールの山岳地の東側、つまりカーブルやガズニの西にそびえる山々のことを指すに違いない。

さて、この辺りにいたテュルクの民について、玄奘も言及していることは先に述べた。すなわち弗栗恃薩儻那の突厥である。弗栗恃薩儻那（fulishisatangna）はおそらく、十三世紀のペルシア語史料がゴールの東側の地名としてあげるWujīristān と同じものであろう。そうであればイスタフリーの言う「ゴールの裏側」と、玄奘の訪れた弗栗恃薩儻那はおおよそ同じ地域だったことになる。つまり、七世紀前半にはすでにヒンドゥークシュ南方の山岳地帯にハラジュ・テュルクの一団が居しており、その後彼らが勢力を伸ばしてカーブルとザーブリスターンにそれぞれ王国を建て、これがムスリムによって、テュルク兵を率いるルトビール（<イルテベル）やカーブル・シャーと認識されたのである。

ところで、六六一年に條支都督府が訶達羅支国「伏」宝瑟顛城に置かれたという漢籍の記録を以上の内容に照らして考えてみると、もう一つ興味深い推測が可能となる。訶達羅支がハラジュで、「伏」宝瑟顛がザーブリスターンであるなら、すでに王名遠が調査を行っていた六五〇年代末の時点で、ハラジュ勢力はザーブリスターンに拠点を持っていたことになるからである。つまりハラジュの勢力拡大のプロセスとしては、①弗栗恃薩儻那（ウリジスターン＝カーブル、ザーブリスターンの西側の山地）→②ザーブリスターン→③カーブルという順番で、六八〇年代にルトビールがザーブリスターンで国を建てたのは、全く新たな征服によるのではなく、もともと彼らの拠点の一つであった城に拠って自立したことになる。

話がややこしくなったので、一度整理をしておこう。

1　七世紀の半ばにアフガニスタン東部から北西インドを支配した王家は、イスラーム史料に「カーブル・シャー」と呼ばれた。

2　七二〇年代、慧超は罽賓＝カーブルの王は、謝颶＝ザーブリスターン／ガズニの王の叔父だと記録。

3　六八〇年代、カーブルから分家し、ザーブリスターンで自立した王は六九〇年代に戦死し、息子が後を継いだ（アラビア語史料）。

以上のことから、七世紀後半のカーブル・シャーは、慧超の示す罽賓の突厥の王と同じものとわかる。

一方、

4　罽賓と謝颶の王は七二〇年、唐から葛達羅支特勤と葛達羅支頡利発に任じられる。

5　葛達羅支頡利発は、貨幣の銘文に見える hitivira khararāča と同じで、もとはおそらく Khalač iltäber。

6　イスラーム史料に、ザーブリスターンの王としてあらわれるルトビールはイルテベルの転訛と考えうる。

以上のことから、七世紀から九世紀にかけて東部アフガニスタンを支配したカーブルとザーブリスターンの王国はともにハラジュ・テュルクの建てたものだったと結論づけられる。

三　ハラジュ族

(1) ハラジュの故地

では、このハラジュとはそもそもどのような者達だったのだろうか。先にひいたイスタフリーは彼らをテュルクの一種とし、言語、風俗もテュルクと共通すると述べている。十三世紀のムハンマド・ブン・ナジーブ・バクラーンも『世界の書』の中で、

ハラジュはテュルクの一部族で、カルルクの境域からザーブリスターンの境域に到来した。ガズニーンの周辺にある平野に居を定めた。その後、気候の暑さのゆえに彼らの肌の色は変化し、黒っぽくなった。言語も変化し、別の言葉になった。

と述べている。これらに基づきマルクヴァルトは、五六八年に、ビザンツから西突厥に対して送られた使節ゼマルコスが残した記録に現れる *Xολιάται* をハラジュと結びつけ、彼らがシル河の東、タラス川の西に住み、ディザブロスすなわち室点蜜可汗の有力な家臣だったと考えた。

九世紀の地理学者イブン・ホルダーズビフはテュルクの諸部族について、

テュルクの住地は次の通りである。トクズグズはテュルク中で最も広大な土地を持ち、それは中国、チベット、カルルクと境を接する。キメク、グズ、J.f.r、ペチェネグ、テュルギシュ、アズキシュ(?)、キプチャク、キルギズ――そこではムスクが産する――そしてカルルクとハラジュ。後者は河のこちら側にいる。

および

タラーズから下ヌーシャジャーンまで三ファルサフ。それからキスラー・バースまで二ファルサフ。そこは暖かい場所で、カルルクがそこで冬営する。その近くにはハラジュの冬営地もある。

と述べている。この記述は、ハラジュがもともとシル河の東にいたが、一部は西に移動して、アム河を越えてきたことを示唆している。さらに十二世紀の地理学者イドリィースィーは、タラーズから東へ向かい、下バルスハーンを越えた辺りにカルルク族の冬営地があり、ハラジュ族の冬営地もその近辺にあると記す。バルスハーンはイシク・クル湖南岸の地名であるから、熱湖としても知られるイシク・クルの近く（イブン・ホルダーズビフが「暖かい場所」とする地）でカルルクやハラジュが冬を過ごしていたのであろう。イスタフリーやナジーブ・バクラーンに拠るなら、アム河を越えて到来したハラジュの一部はさらにヒンドゥークシュ山脈を越えてアフガニスタン東部の山岳地帯に入った。前述の通り、玄奘が七世紀前半に記録した弗栗恃薩儻那の「突厥」はまさにこのハラジュの集団だった。

(2) ハラジュの系統

ところで十世紀の学者フワーリズミー（著明な数学者とは別人）は百科全書『諸学の鍵』の中で次のように述べている。

エフタルはかつて強盛を誇った者達。トハーリスターンの地域を領有した。ハラジュとカンジーナ（kanjīna）のテュルクは彼らの残滓である。

マルクヴァルトやジェラルド・クローソン、エドマンド・ボズワースらは、ハラジュがエフタル部族連合体の一部を形成した民であり、本来はサカ系、あるいはイラン系の部族に由来するが、後にテュルク化したと考えた。その根拠の一つは、フワーリズミーがハラジュとともにあげるカンジーナの存在である。カンジーナは通常、アム河中流域のクメーズ（前章で見た倶蜜国）の民を指すと考えられているが、前述のごとく彼らがプトレマイオスに言及される Kōmēdoi に由来するのであれば、この地域にテュルク系の民が入り込むよりずっと前からそこにいた者達と言うことになるからである。

一方、フワーリズミーがハラジュの母体だとするエフタルがそもそもテュルクなのであり、ハラジュその他、イスラーム時代初期にイラン高原東部からトランスオクシアナに散在していたテュルクはエフタルの直接の子孫だとする説、あるいはイスラーム初期の史料（主にアラビア語）に見える「テュルク」という語はテュルク語を話していたエフタルを指しているのだとする説もある。前述のように、キダーラ、アルハン、エフタルといった諸集団はそのすべてが、四世紀に生じたアルタイ山脈方面からの大規模な民族移動によって、トランスオクシアナやバクトリアに到来した者達を母体とする、というドゥ・ラ・ヴェシエールの仮説を勘案するなら、突厥を含めてこれらの者達が形成した国家（あるいは政体）は、様々な集団を含む連合体であり、中核集団の「民族性」によって連合体全体を語るわけにはいかないという点は頭にいれておいてよい。

(3) ハラジュ語

それでも、ハラジュのテュルク的な側面は言語研究の面から注目された。ロシア出身の著名な東洋学者ウラディミール・ミノルスキーは、一九四〇年「ハラジュのテュルク語方言について The Turkish Dialect of the Khalaj」と題する論文をロンドン大学の『東洋学科紀要 *Bulletin of the School of Oriental Studies*』に発表した。一九一〇年代にテヘランに滞在していたとき、彼はテヘラン南方、サーヴェの西南、コムの西にある、その名も「ハラジスターン（ハラジュの地）」という地域出身の三人の人物に出会った。そして彼らからの情報に基づき、ハラジスターンで話されていたテュルク系の言語に関する最初の

図 22　現在のハラジスターンのひとびと（2005 年）

報告を行ったのである。その後一九六八年春には、ミノルスキーの報告の欠を補うべく、テュルク語言語学者ゲルハルト・デルファーが、ゲッティンゲン大学のチームをハラジスターンに派遣し、言語調査を行って成果を報告した。ちなみに私も二〇〇五年にハラジスターンを訪れる機会を持ったが、そこで聞いた話では大体五千人くらいがこの地に暮らしていて、多くはテヘランやコム、アラークといった都市に出て働いており、言語としてもいわゆるペルシア語を話すものが多いとのことであった（**図22**）。

　ミノルスキーもデルファーも、二十世紀のハラジスターンで話されていた「ハラジュ語」が、テュルク語の極めて古い段階の形を保持していたことに注目した。例えばデルファーは「ハラジュ語」が、母音で始まる単語の前に子音h-を持つという特徴について、それが「テュルク祖語」の段階以降、他のテュルク語において失われたものが、「ハラジュ語」においてのみ保持されたのだと考えた。もしその通りであるならハラジュは古テュルク語が話されていた時代に、なんらかの形で他のテュルク集団と離れ、ある程度の孤立を保っていたことになりそうだが、実際、ハラジュの起源説話を載せるマフムード・アルカーシュガリーの『テュルク語集成 *Dīwān Lughat al-Turk*』（十一世紀）や十四世紀頃成立したと思しい「オグズ可汗伝説」、さらにはモンゴル時代の『歴史集成 *Jāmiʿ al-tawārīkh*』からは、ハラジュが、オグズと総称された当時の主要なテュルク諸部族とやや異なる、あるいは早期に分離した者達であると考えられていたことが読み取れる。ただし、「ハラジュ語」そのものについては、これを単なるアゼリー語の方言だとし、デルファーのように古い時代に遡らせることを認めない説もある。

四　カーブル王フロム・ケサル

(1)「ローマのカエサル」と「リン王国のケサル」

話をカーブルの王国に戻そう。カーブル・シャーの王家が最初にカーブルに拠点を置いた時の王は、バルハ・テギンという人物であったとされる。十一世紀の大学者アルビールーニーが、カーブル・シャーの始祖としてこの人物の名を挙げているのである。先に述べた烏散特勤灑＝ホラーサーン・テギン・シャーはこの後を継いだ人物で、この時の継承争いがザーブリスターンの王国を生んだのであった。ホラーサーン・テギン・シャーが老齢をもって退位した後を継いだのはその息子で、漢籍史料に拂菻罽婆（ふつりんけいば）（＜拂菻罽娑（ふつりんけいしゃ））として登場するが、これは貨幣史料に見えるフロム・ケサル（From Kesar）という銘文の漢字音写だと考えられている（**図23**）。興味深いことにフロム・ケサルというのは「ローマの

図 23　カーブル・シャー・フロム・ケサル銀貨

カエサル」という意味なのだが、なぜこの時期、東部アフガニスタンから北西インドを支配した地方政権の王がこのような大仰な名前を名乗ったのかは不明である。実を言うと彼の父の呼称ホラーサーン・テギン・シャーというのもかなり大げさな名乗りに見える。ホラーサーンとは中世ペルシア語で「陽が昇る場所、東方」を意味する言葉だが、地域名としてはイラン高原の北東を占める広大な地域で、それはイスラーム時代になってもそのまま用いられる。やはりアフガニスタン東部の王に過ぎなかった彼がなぜ「東方の王」とでも訳しうる名前を名乗ったのか。単に野心旺盛だったたのだろうか。

ところでリン（Ling）王国のケサル（Gesar）王という主人公の冒険を語る英雄叙事詩が十一世紀頃からチベットで語られ始める。それはやがて中央アジアにもひろまって現代まで継続している。この「ケサル伝説」についてはロルフ・スタンをはじめ多くの研究者が、叙事詩の内容や語り口、舞台となった地理環境などなど、様々な角度から研究してきた。一九六六年、フンバッハは、バクトリア語の銘文を持つ貨幣にフロム・ケサルの名前を判読し、さらにこれを、チベットの英雄の名と結びつけることを初めて示唆した。近年の研究は、英雄ケサル王について、それが実在の人物もしくは複数の歴史上の人物が融合してできたキャラクターであると考えるようになっているらしいが、少なくともその複合の一部をなしたのが八世紀のカーブルの王ではないか、というのである。さて、そのようなことがあり得るのだろうか。

(2) 于闐国懸記

コータン王国の歴史をチベット語で綴った『于闐国懸記』には次のようにある。

> 次いで、グシャン（Hgu-źan）寺院の建立者であったヴィジャヤ・サングラーマ王は、フロム・ケサル（Hphrom Gesar）王の娘ウロンガ（Hu-roṅ-ga）との間に二人の娘をもうけた。この娘達は出家し、阿羅漢となった。

『于闐国懸記』に記されるコータン王の系譜については、これを漢籍に見えるコータン王達のそれとどう対応させるかと言う点に困難があるが、近年の研究でようやくおおよその道筋が見えてきた。それによればヴィジャヤ・サングラーマ王は漢籍に見える伏闍雄なる人物にあたり、その在位は六七四年から六九二年までだった。一方カーブル王フロム・ケサルは、おそらく七三八年よりやや前に即位し、七四五年には王子勃匐準（原音不明）が後を継いでいる。この間およそ五十年のずれがあって、『于闐国懸記』のHphrom Gesarをカーブルのフロム・ケサルと同定するのは無理なように見える。ただ実際の所、コータン王ヴィジャヤ・サングラーマには、実は同じ名前の息子が居たという記事が、やはり『于闐国懸記』に見えること、およびフロム・ケサルは父王ホラーサーン・テギン・シャーを早いうちから補佐し、副王として働いていたと覚しいこと、さらに漢籍史料に、七二五年にコータン王が秘かに「諸蕃国」と同盟を結んだという記事があることなどを勘案すると、実際にカーブルとコータンの間に婚姻関係が結ばれ、それは七二五年以前、カーブル・シャー王国の副王であったフロム・ケサルと、ヴィジャヤ・サングラーマの同名の息子で、後にヴィジャヤ・ヴィクラマと名前を変えたかも知れないコータン王の間で行われた、と考えることは不可能でもなさそうである。

(3) インダス上流域とカシミール

ということで、両者の間の婚姻もしくは同盟関係が実際に存在したとすると、この二つの国の間の連絡は、インダス河上流域を通ってカラコルム山脈の西端を越えるルートを経由してなされた可能性が高い。このルートは四世紀末に東晋の僧法顕(ほっけん)が辿った道であり、また十世紀のコータン語文書に見えるコータンとカシミールの間のルートと同じものであろう(地図12)。ただし、実際この当時のインダス河上流域がどのような状況にあったのかはよくわからっておらず、ただ、パトラ・シャーヒー(あるいはパロラ・シャーヒー)と呼ばれる国がこのあたりにあって、それが七二二年頃には吐蕃によって征服されたことが知れるのみである。

しかしその一方でカーブル・シャーの王国はカシミールとは密接な関係を持っていたらしい。第三章

地図12　法顕のルートとカラコルム西脈道

で述べるが、七五一年に中国から北西インドへ至り、四十年後に帰国した後、悟空と名乗った僧侶の伝が、『仏説十力経』の序として残っていて、そこでは八世紀半ばのカシミールに「突厥」の王や可敦（ハトゥン＝王妃）、王子らが仏教寺院を建立して寄進したという記録が見える。カーブル・シャー王国が仏教を奉じていたことは慧超の『往五天竺国伝』にも見えるのだが、仏教を通じ、カーブル・シャー王国はカシミールと結びついていた。しかも、カシミールはやはり仏教を通じてコータンと古くから連絡があった。それゆえ、カシミールを仲介として両者が連絡をとりあうことは十分に可能だったと考えられる。そしてフロム・ケサルの名がカラコルム以東へと伝わったとすれば、それもやはりカシミールを経由してのことだったのではなかろうか。

(4) 反アラブ勢力の英雄フロム・ケサル

しかし、単にフロム・ケサルがカシミールやコータンとの間で関係を結んだというだけで、彼の名がチベットの英雄叙事詩の主人公に影響を与えるという事態は起き得るのだろうか。もちろん、可能性はゼロでは無いだろうが、それでもカーブルのフロム・ケサルが、リン王国の英雄ケサル王に名前を受け継がれるだけの存在であった方が納得しやすくはある。そして、実際この時期フロム・ケサルの名声が周辺に鳴り響いていた可能性はあるのだ。

第一に彼の名を刻む銀貨に、彼がアラブと戦って大勝利をおさめたとする銘文をもつものがある。残念ながらいまのところ、フロム・ケサルの軍とアラブ軍が直接対決したことを述べるような文献史料は知られていないが、もしその大勝利があったとすれば、彼はそれによって反アラブ勢力のヒーローとなったに違いない。

このことと関連するのが第二の点である。『冊府元亀』巻九七九には、七二四年に謝䫻の特勤の使節が入朝し、七一〇年に唐と吐蕃の間をとりもつために吐蕃に輿入れした金城公主が、両国の関係悪化を承けて秘かにカシミールに使者を送り援助を求めた、と書かれている。しかしカシミールは独力では吐蕃に対抗できないため、謝䫻に支援を求めた。ここで注目すべきは謝䫻の「特勤」という語である。七二〇年に唐は葛達羅支頡利発を謝䫻王に、葛達羅支特勤を罽賓王に冊封している。それゆえ、七二四年の記事で謝䫻王が特勤と呼ばれるのは奇妙である。これを解決する最もシンプルな方法は、謝䫻と特勤の組み合わせのどちらかが誤りであると考えることである。実際、地理的にもカシミールが支援を求めるべきは、前述のように深い関係にあったカーブル＝罽賓であるべきなのである。先に引いた『新唐書』巻二二一下に、「後、同地（謝颶）は罽賓に臣従した」とあるように、七一〇年代のどこかで謝颶＝ザーブリスターンは、罽賓＝カーブルに服属したと覚しいが、もしかしたらそのことが『冊府元亀』の記事に反映されているのかも知れない。いずれにせよ、このことが示唆するのは、カーブルからザーブリスターンにかけて、東部アフガニスタンの南北を結ぶ協力体制ができあがっていたらしいということである。

同様の関係がヒンドゥークシュ山脈を越えて北にも伸びていたかもしれない。そのことを示唆するのは西暦七〇〇年の紀年を持つバクトリア語文書で、そこには「偉大なるテュルクの王女、クトゥルグ・タパグルグ・ビルゲ・セヴュグの王妃、ハラジュの王女、カダグスタンの女主人」と形容される女性が登場する。カダグスタンとはヒンドゥークシュ山脈の北側、現在のバグラーン近辺にあったと考えられるワルヌと同じ場所ではないかと考えられている。ここはサーサーン朝時代、トハーリスターン統治の中心であり、おそらく前章で述べた太汗都督府が置かれたのもここであっただろう。そこにいたハラジュの王女とは、ハラジュ族のもとからエフタルの王家に嫁いだ女性だったと考えるのが自然であろう。八世紀初頭、エフタルのもとへ王女を嫁がせたハラジュ族として最もありそうなのはカーブル・シャーである。そうであるなら、山をまたいでカーブルとカダグスタンの間にも婚姻と、おそらくはなんらかの同盟関係が結ばれていたことになる。こうしてカーブル・シャーは、南北および東方に向けて同盟／提携相手を拡大していき、ついにはタリム盆地南西辺にまでその関係を広げたのであった。

そうであるなら、かく形成された反アラブ・ムスリム同盟の中核の位置をカーブル・シャー王国は占めていたことになる。詳しくは後述するが、七〇八年、トハーリスターンでアラブに対して叛旗を翻したネーザク・タルハーンは、叛乱に先立って自らの財貨や妻女をカーブルに送っている。このことは、カーブル・シャーが、アラブに抵抗する人々の盟主のように見なされていたことの顕われなのかもしれない。そしてフロム・ケサルが老齢の父王のかわりにそのような対外政策を担っていたとすれば、彼の名が当時最も有名で有力な王としてアジアのこの辺りで記憶され、チベットの英雄王ケサルの名として数世紀後に再び現れた、というのはありうる話である。

ただし、カーブルを中心としたこのような同盟関係がどれほど存続したのかはわからない。少なくともヒンドゥークシュ山脈北麓は八世紀中頃にムスリムによって攻略されたし、コータンは八世紀末には再度吐蕃に征服された。それでもカーブルはしばらくの間、中央アジアにおける有力な勢力の一つと見られていたことは、次章で見るように、タラス河畔の戦いにいたる一連の動きの中に観察することができる。ただその前に、カーブルに王国を築いたハラジュ族のその後の運命について簡単に見ておこう。

五　その後のハラジュ族

ハラジュのカーブル・シャー王国は九世紀前半に、インド系の王家に王座を奪われた。それ以降、この地域をおさめた王達は、それ以前（テュルク・シャー）と区別するためにヒンドゥー・シャーとも呼ばれる。しかしハラジュの部族集団はその後もアフガニスタン東部に居住し続けた。十世紀にこの地に成立したガズナ朝はハラジュの部族集団を軍のうちに抱えていた。その後、ハラジュの部族集団はゴール朝の拡大にも参与してインドへ侵入した。一一九一年、ゴール朝のムイッズ・アッディーンがインドの連合軍に敗れたタラーインの戦いで、重傷を負ったムイッズ・アッディーンを戦場から助け出したのは「ハラジュの勇士」であったとする史料もある。また彼らの一部は遠く東インド、ベンガルにまで到達した。

一方アフガニスタンに留まっていたハラジュの集団は、ゴール朝がホラズム・シャー朝に滅ぼされた際に後者の軍に加わったらしい。一二二〇年、モンゴル軍がサマルカンドを包囲した際、ホラズム・シャー・ムハンマドとともにまちに立て籠もっていた人々の中にハラジュの名前が見える。アフガニスタン東部に留まっていたと覚しいハラジュ集団の中からは、一二九〇年にデリーにハラジー朝（ハルジー朝）を開いたジャラール・アッディーン・フィールーズシャー・ハラジーが出た。その後百年ほどしてマルワーに現れたマフムード・シャー・ハラジーの王家は一五三一年まで存続した。

一方西方に向けて移住した者達もいた。すでに十世紀、ハラジュはバスターム（現在のイラン・イスラーム共和国シャールード）やケルマーンにも居住していた。十三世紀のナジーブ・バクラーンはハラジュの一団が、今のイランとトルクメニスタンの国境をなしているキョペダウ（コペトダグ）山脈近辺にいたと述べる。さらにティムール朝時代には現代のハラジスターンにあたる、サーヴェ近辺にハラジュの集団が存在していたとの記録があることから、かなり早い時期から彼らはイラン高原西部にまで到達して

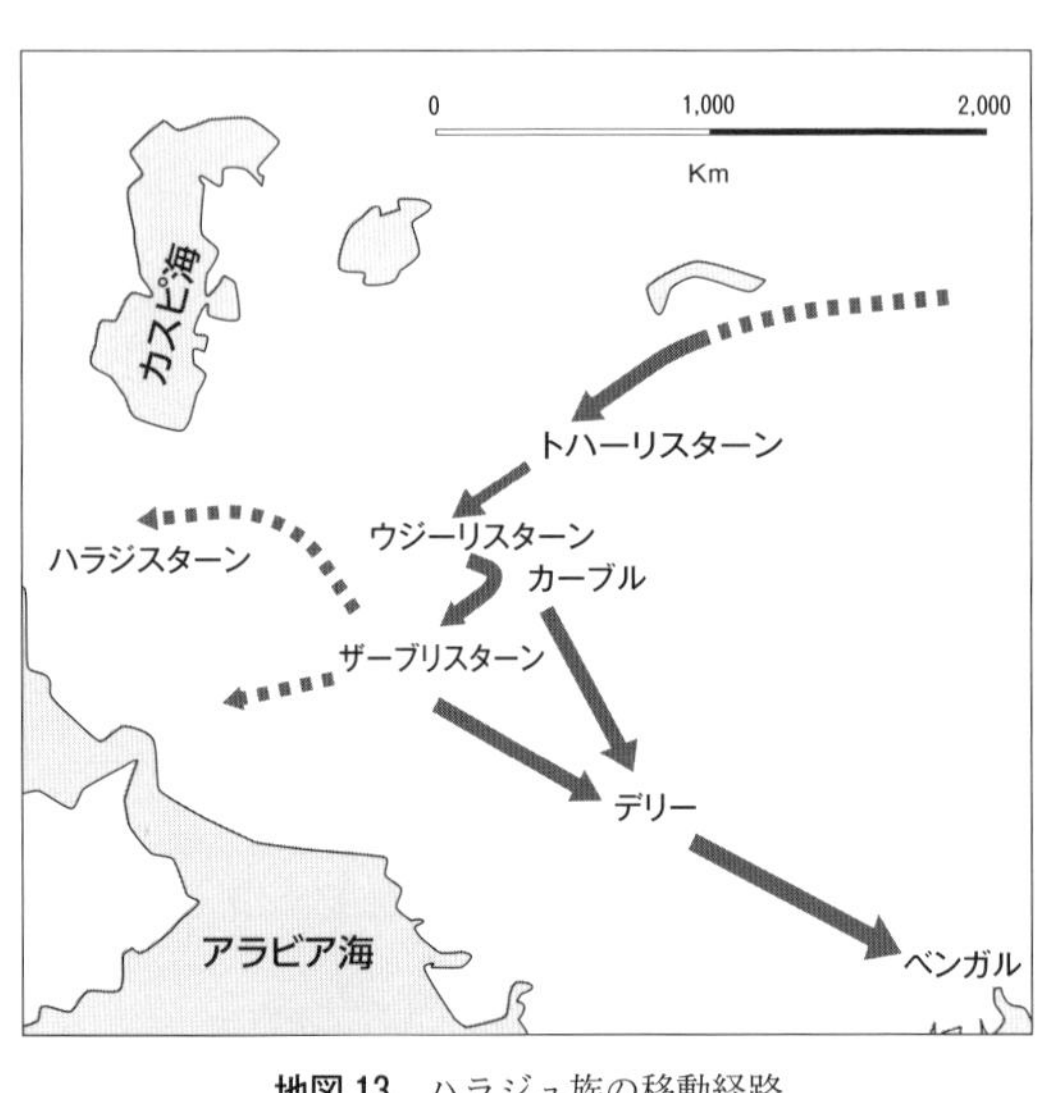

地図13　ハラジュ族の移動経路

いたのであろう（**地図13**）。

ちなみに、アフガニスタンに留まったハラジュ族が現代のギルザイ部族になったのだ、という語源説も古くから信じられてきている。ギルザイは現在のアフガニスタンにおける多数派であるパシュトゥーン族を構成する最も大きな部族単位の一つで、アフガニスタン王国時代には様々な局面で政治を左右してきた。このギルザイ（Ghilzai, Ghilji, Gharzai）の名がそもそもハラジュ（Khalaj, Khalji, Khilji）から変化したのだという考えはすでに十七世紀には見られるという。ミノルスキーはハラジュからガルザイ／ギルザイへの名前の変化は十分あり得るとしているが、もしそうだとすると、ハラジュ族は、浮き沈みはあるものの、七世紀から一三〇〇年近く現在のアフガニスタン地域の歴史に大きな役割を果たしてきたことになる。

ただし、ハラジュ族の歴史がこのように辿れるとしても、そのことは彼らがある種の部族的アイデンティティーを持ち続けてきたことを意味するものではない。先に見たように、もし彼らの祖がもともとはテュルク系ではなかったのが、中央アジアにおいてテュルク化し、さらにはアフガニスタンにおいてギルザイに変わったとするならば、その歴史こそが、居処を変え周囲と交わり変化するような集団に、近代的ナショナリティーやエスニシティーの概念を適用して考えようとする前世紀的歴史学に対する反証となるのではなかろうか。もちろん、ある集団が時代を超えて同一の名称を名乗ったとすれば、そこになんらかの歴史的意識や歴史的イメージが反映されている可能性はゼロでは無い。それでもエフタルなのかアルハンなのかテュルクなのか、と問うことは、それぞれの集団がどのような環境の中で活動し、周囲とどのようにかかわり合ったのかというコンテキストを抜きにするなら、あまり意味がないように思われる。

以上、本章で述べた内容は少々入り組んでいて、スッと理解するのは難しいかも知れないが、章の最初に設定した「謎」に引きつけてまとめるなら以下のようになるだろう。

① 脩鮮、條支都督府とはカーブル川流域を支配していたカーピシー王国（アルハン勢力と融合したネーザク・シャー貨幣の発行者たる王家）と、それに仕えつつ、カーブル西方の山岳地帯から勢力を伸張させつつあったハラジュ・テュルク勢力を、唐が追認する形で、カーピシーと（おそらくは）ザーブリスターンに設置された都督府であった。

② 二つの都督府が置かれた直後、この地域には大きな政治変動が生じた。すなわちハラジュ・テュルクの勢力が力を伸ばし、いわゆるカーブル・シャー王国を建ててカーピシー王国の領地を奪う。

一方カーブルから逃れたカーブル・シャーの王子はザーブリスターンに拠って自立し、ルトビールの王国を建てた。同じハラジュ族が建てた二つの王国はその後北進あるいは南下をはかるアラブ・ムスリムの軍勢と戦い、抵抗した重要な政治勢力となった。この二つの王国が滅ぼされた後、ハラジュ族はアフガニスタンに留まってガズナ朝やゴール朝に加わり、北インドへと進出し、あるいはイラン高原西部へと移住し、ハラジスターンと呼ばれる居留地をつくった。

これらは、漢籍、アラビア語史料など既存の叙述史料と、一九八〇年まで行われていたアフガニスタンにおける考古調査、近年大きく発展した同地域の貨幣に関する研究成果、および一九九〇年代に知られるようになったバクトリア語文書群の内容などを組み合わせることで明らかになった事柄であるが、アフガニスタンからは最近さらにいくつかの史料が発見されており、同地域の古代・中世史の研究は一層進むと期待される。

インターミッション
——慧超の旅——

扉絵2　ゴールバンド渓谷フォンドゥキスターン仏教寺院遺跡で発見された菩薩坐像（七世紀末～八世紀初）

一　パミール以東　突厥のその後

（1）吐蕃の台頭

　標高五千メートルを超えるチベット高原に明確な形での政治勢力が現れたのがいつのことなのか正確に知るのは難しいが、記録に登場するのはいわゆる吐蕃帝国の時代である。岩尾一史による簡にして要を得た解説によれば、六三〇年代、吐蕃帝国初代の王ソンツェン・ガンポはチベット高原中央部をゆるやかに統合し、軍勢をまとめて今の青海（せいかい）にあった吐谷渾（とよくこん）を攻めた。このときは吐谷渾の後ろ盾であった唐に敗北するが、その後、唐への外交交渉がみのり、文成公主（ぶんせいこうしゅ）を迎えて唐と姻戚関係を結び、さらにはチベット内の統治基盤にも成功した。しかしタリム盆地においては東突厥を滅ぼし、さらには前述のように六五〇年代末に西突厥をも討った唐の勢力はパミールの西にも及び、中央アジアの半分以上の領域に唐の影響力が行使されるようになった。唐は、クチャ、カラシャフル、カシュガル、コータンに駐留軍を置いた。さらに旧西突厥領には崑陵、濛池の両都督府が置かれ、またパミール以西には西域十六都督府が置かれたのである。

　しかしながら、唐の西域支配がこれで完全に安定したというわけでは決してなかった。西域十六都督府が置かれた翌年の六六二年、早くも継往絶可汗が唐の蘇海政（そかいせい）と結んで興昔亡可汗を謀殺するという事件が起き、さらに弩失畢部の一つ弓月部は、吐蕃と結んで蘇海政を討とうとした。この時登場した吐蕃こそが、その後の中央アジアの歴史の一方の主役となっていくのである。吐蕃はその後まもなくコータンを征服し、同地の民を率いて六七〇年にはクチャの安西都護府を攻撃した。唐は吐蕃の攻勢に遭って安西都護府を西州（トルファン）に戻し、安西四鎮を一時放棄せざるを得なかった。その後、唐と吐蕃は四鎮をめぐって二十年にわたる抗争を繰り広げることになる。

（2）突厥第二可汗国

六九二年、唐と吐蕃の間のこの抗争には一旦区切りがつく。王孝傑、西州都督唐休璟、および突騎施の阿史那忠節らに率いられた唐軍は、吐蕃が抑えていた四鎮を奪回することに成功した。突騎施は烏孫の後裔とも言われ、西突厥時代には咄陸五部のひとつとされていた。阿史那賀魯の乱が潰えた後、継往絶可汗阿史那歩真の子、阿史那斛瑟羅の統治に不満を持った西突厥遺民たちは突騎施の首領烏質勒のもとを頼った。これが突騎施自立の始まりで、烏質勒はそれまでチュー川とイリ川の間にあった突騎施の拠点を砕葉（スイヤーブ）に移した。つまり突騎施は西突厥の可汗の王庭とほぼ同じ場所に拠点を持ったことになり、これがその後の突騎施の西方進出に地理的優位性をもたらしたのである。

一方この頃唐の北側でも新たな動きが生じていた。六三〇年に唐に滅ぼされた東突厥の遺民たちを中心とする東突厥復興の動きである。六八二年、阿史那氏一門の骨咄禄が、阿史徳元珍（トニュクク）の支援を受けて唐に叛旗を翻し、突厥の国を復興させ、翌年には漠南の単于都護府を陥落させた。その後、モンゴリア方面の鉄勒諸部族をも併合し、骨咄勒はイルテリシュ可汗と名乗った。六九一年にイルテリシュ可汗の後を継いだ黙啜（カプガン可汗）は、ほぼ同じ頃、唐王室を倒して即位した則天武后との間で講和と敵対を繰り返しつつ、自らの勢力を強めた。七〇九年、カプガン可汗は烏質勒の後を継いでいた突騎施の娑葛と遮弩の兄弟を捕らえて殺したが、残された突騎施の民は車鼻施啜であった蘇禄のもとに集い、蘇禄は可汗を名乗ることになった。ちなみに「車鼻施／チャヴィシュ」は「車鼻」とも書かれ、突厥の官号である。原語は古代テュルク語のčavïšあるいはソグド語のčapišと考えられ、「将軍」を意味すると言う。一方「啜／チョル（čor）」も、やはり突厥の官号であるとされるが、特に西突厥の咄陸部に属する部族集団において用いられていた。

カプガン可汗自身は、積極的拡大策によって周辺の諸部族の恨みを買い、七一六年に敵対部族の奇襲を受けて殺された。彼の後は、その息子イネル可汗を推す勢力と、イルテリシュ可汗の息子黙棘連をいただく勢力の間で後継争いが起き、黙棘連の弟闕特勤（キョル・テギン）の活躍により後者が勝利した。黙棘連はビルゲ可汗として即位し、キョル・テギンが左賢王として軍を指揮、トニュククが宰相として政務を司る体制となった。ビルゲ可汗らは唐との関係を回復させ、また絹馬交易を盛んにすることで政治的にも経済的にも安定をもたらした。彼と弟キョル・テギン、および宰相トニュククの活躍を記したのが有名な突厥碑文だが、この碑文の漢文面は唐の玄宗皇帝の御製御書である（図24）。

この、いわゆる突厥第二可汗国の活動がパミール以西にどのような影響を及ぼしたのかはあまりはっきりとはわからない。クタイバ・ブン・ムスリムによるトランスオクシアナ征服（後述）の間、ソグディアナの勢力は「テュルク」の援助を受け、さらに唐にまで援軍要請の書状を送っているが、ここに見える「テュルク」が第二可汗国の軍を指すという見解が昔からある。というのもキョル・テギン碑文には、彼が西方「真珠河（シル河）」を越えて「鉄門（37頁参照）」にまで遠征したと記されているからである。九世紀アラブの歴史家ヤアクービーは七一二年頃のこととして、クタイバは弟アブドゥッラフマーンをサマルカンド総督に任命したが、サマルカンドの民がアブドゥッラフマーンに従わず、テュルクの王である「ハーカーン」も敵対的に行動した、と記している。ここで「ハーカーン」と呼ばれるのがビルゲ可汗であれば話は簡単なのだが、突騎施の蘇禄も可汗と称したこと、あるいはそもそもムスリム側で「ハーカーン」がどんな存在と認識されていたのかはっきりとわからないなど、不確定要素があまりに

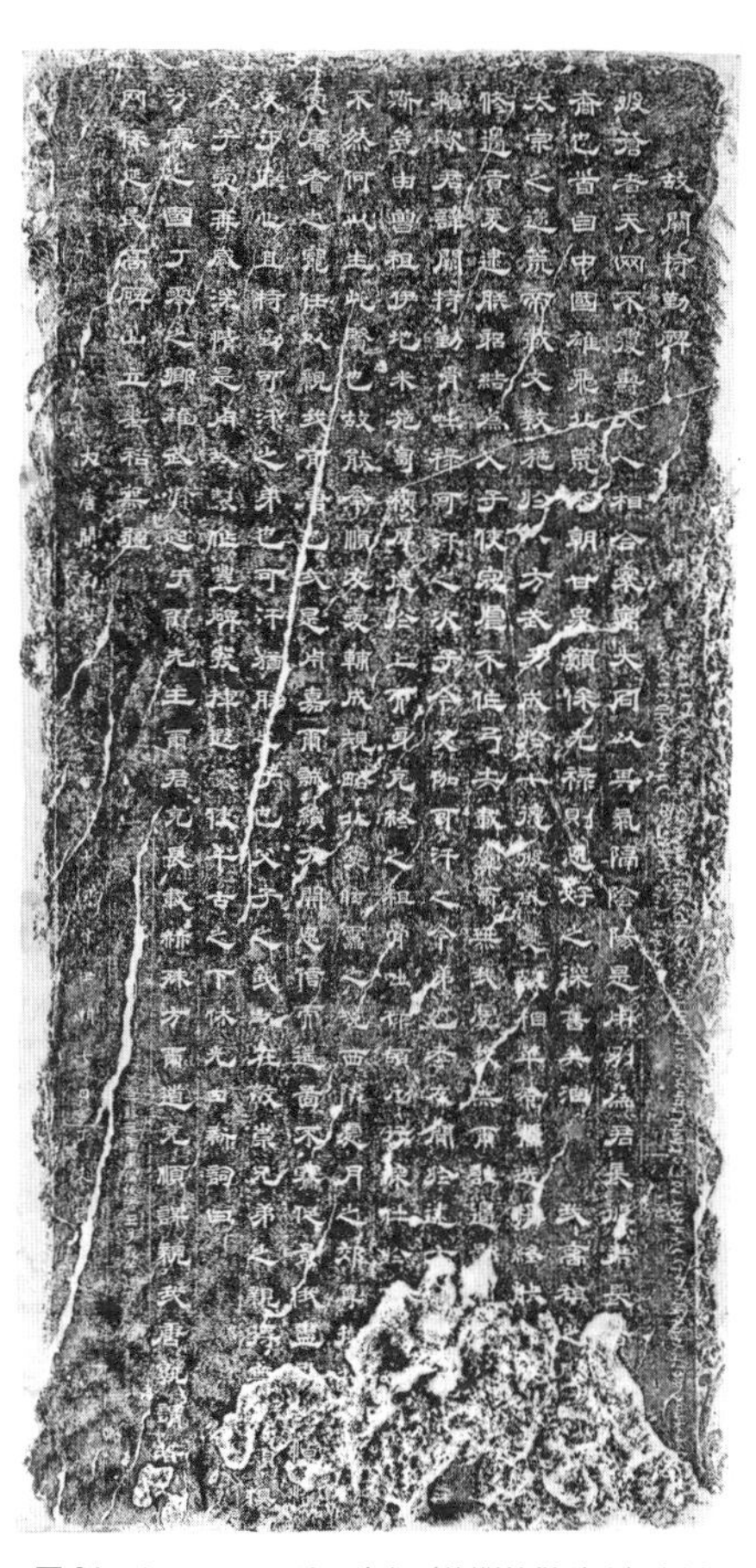

図24　キョル・テギン碑文（故闕特勤碑文）拓本

も多い。

突厥第二可汗国はビルゲ可汗が七三四年に死去した後、急速に傾いた。突厥に服していたウイグルやカルルク、バスミルといった諸部族が力を伸ばし、七四五年、突厥の白眉可汗(はくびかがん)を殺害したことで、可汗国は滅亡した。

(3) 突騎施可汗蘇禄

前述のように、カプガン可汗によって討たれた突騎施の民を率いたのは車鼻施啜の蘇禄で、彼は七一六年(開元四年)に可汗を名乗ったという。当初、唐は蘇禄を懐柔しようとしたがうまくいかず、同じ年にはやくも突騎施と唐の軍勢は衝突した。『資治通鑑』巻二一一は、突騎施が大食、吐蕃と協力して四鎮を攻めようとし、鉢換(はつかん)、大石(だいせき)の城を包囲したが、カルルク族の兵がこれを迎撃した、と記す。鉢換は現在のアクスにあたり、クチャに置かれていた安西都護府から約二五〇キロの距離であった。そここそ離れているようにも見えるが、間に何も遮るもののない両所の「近さ」を、唐が危険視したのは当然であろう。その後も蘇禄は、唐、アラブ、吐蕃といったパミール高原東西の大勢力と、時に和し、時に戦いながら勢力を伸ばしていった。

七二〇年代になると突騎施はソグディアナ方面へと積極的に進出し、同地に駐留していたアラブ・ムスリム軍を圧倒して退却を余儀なくさせた。次に見るように七一五年にクタイバ・ブン・ムスリムが誅され、トランスオクシアナにおけるアラブ・ムスリムの勢いが弱まったのを機に、ソグディアナ諸国が唐に救援を求めて使節を送ったことが中国側の記録に残っているが、前嶋信次は同様の要請は突騎施に対しても行われ、蘇禄の南下はこれによるのであろうとし、七二〇～二一年にテュルクのハーカーン「クール・スール Kūr-ṣūl」が軍を率いてソグディアナに入り、アラブ・ムスリムに叛いた同地の軍勢を助けた、というタバリーの年代記の記事が、蘇禄のソグディアナ派兵のもっとも古い記録とみている。ちなみに「クール・スール」はおそらくキョル・チョルのことで、これは漢字で「闕啜」あるいは「屈律啜」とも書かれ、突厥の官号の一つとして『旧唐書』『新唐書』『通典』などに載せられている。キョルは元来「池、湖」の意だが、転じて「深い湖のような叡智を湛えた」という美称となったらしい。蘇禄は前述のように啜／チョルであったので、ここに見える「クール・スール」が蘇禄を指していた可能性は高い。

七二四年、ホラーサーン総督ムスリム・ブン・サイードが軍をフェルガーナに進めると、蘇禄は出陣した。突騎施軍接近の報にアラブ軍は急ぎ退却を始め、夜も日もなく西を目指した。退却を始めて九日後、アラブ軍はシル河に到達したが、そこで彼らの前方がシャーシュ（現在のタシュケント）、フェルガーナの軍勢によって塞がれているのを知った。前後を挟み撃ちにされ、飢えと渇きに苦しんでいたアラブ・ムスリム軍は大きな損害を出しながらも包囲を突破し、ホジャンドに到った。この大敗戦はイスラーム史料に「渇きの日 yawm al-ʿaṭash」として特記され、トランスオクシアナからのアラブ・ムスリム軍ほぼ全面的撤退の引き金を引いた出来事と考えられている。その後も蘇禄はアム河以北のアラブ・ムスリム軍を駆逐し続けた。一方、ホラーサーン北東部では、ハーリス・ブン・スライジュが、七三四年、ウマイヤ朝に叛いた。ハーリスはもとはアラブ・ムスリム軍の勇敢な戦士であったが、アラブ軍によるホラーサーン北東部の収奪に反対し、同地域の反ウマイヤ朝勢力を率いて叛乱を起こしたのであった。ハーリスは蘇禄率いる突騎施軍とも共闘し、その結果、トハーリスターン、フッタル、ナサフ（現在のウズベキスタン共和国カルシー）、さらにはソグディアナ諸国も自立し、わずかにブハラとチャガーニヤーンがアラブの支配下に残るのみとなった。

七三六年、あらたにホラーサーン総督の任に就いたアサド・ブン・アブドゥッラーは、軍勢を率いてバルフを奪回し、ハーリスはアム河北岸に逃れた。アサドは河北の状況に迅速に対応すべく、ホラーサーン総督府をメルヴからバルフに移し、さらに渡河してフッタルを攻めたため、フッタル王は蘇禄に援軍を求めた。蘇禄は即座に南下し、アム河を南に渡って逃れようとしたアサド軍を追撃、ハーリスをも陣営に加えて自らアム河を越えてバルフ攻略を目指した。吐火羅葉護、シャーシュ、フッタル、ウストルーシャナ（ソグディアナとフェルガーナに挟まれた地域）の軍も加え総勢三万の軍でバルフを目指した蘇禄に対し、アサドもこれを迎え撃とうとした。このとき蘇禄はなぜか直接バルフを目指さず、グーズガーン方面に迂回するルートを取ったため、ウマイヤ朝軍と突騎施軍はグーズガーンのハーリスターンの地で遭遇し、会戦に及んだ。七三七年のことだった。グーズガーン王の支援を受けたアサドは、ここにおいて突騎施軍を大いに打ち破り、蘇禄はわずかな手勢とともに落ちのびた。その後、突騎施勢力は二度とパミール以西に現れることがなく、結果としてこのハーリスターンにおける戦いは、ムスリム軍のホラーサーン、トランスオクシアナ支配を決定づけた一戦となったのである。

（4）唐と突騎施

その後、突騎施内部では黄姓と黒姓の間の抗争が激化した。史料によれば黄姓とは、かつて突厥第二可汗国のカプガン可汗に殺された娑葛の部族に属する者達、黒姓とは蘇禄の出身母体の集団だという。確かに娑葛と遮弩が殺されたことで突騎施の可汗の系統は烏質勒の系統から蘇禄の系統に遷ったのであり、突騎施内部に、烏質勒／娑葛系集団と蘇禄系集団の二つが有力なものとして存在していたことは想像に難くない。蘇禄がハーリスターンの戦いに敗れて本拠に戻った後、黄姓の莫賀達干は都摩度と謀って蘇禄を襲い殺してしまった。しかし莫賀達干と都摩度もすぐに袂をわかち、後者は蘇禄の子骨啜を立てて吐火仙可汗として莫賀達干と対立した。莫賀達干は唐に扶けを求め、黒姓をタラス城に攻めた。このとき、シャーシュやナサフの王も莫賀達干に助力したと言う。吐火仙とその親族は捕らえられ、長安に送られた。この一連の内訌を通じて、唐は再びスイヤーブ方面に影響力を及ぼし、傀儡として阿史那懐道の子昕を十姓可汗として立てた。莫賀達干はこれを不服とし、唐によって送り込まれた阿史那昕を殺害した。これに対して唐は黒姓側からあらためて可汗を立てるなど、突騎施の力を弱めるべく様々に介入を行った。結果として突騎施内部の黄姓黒姓間の争いはその後もしばらくのあいだ継続した。

ところで、七五一年にタラス河畔の戦いで捕虜となった杜環（『通典』の編者杜佑の甥）が帰国後に著した『経行記』は、スイヤーブの西側は石国、すなわちシャーシュの治めるところで、「怛羅斯城」がその要であったと記している。上に述べたようにシャーシュはかつて唐とともに黄姓突騎施の莫賀達干を扶けてタラス城に黒姓を討ったのであるが、一連の突騎施の内訌に介入することでその領地を遠くスイヤーブ方面にまで伸ばしていたと覚しい。莫賀達干とシャーシュの友好関係はその後も存続したが、唐が叛いた莫賀達干に対抗して黒姓を支援するようになると、シャーシュと唐の関係も良好なものではなくなったと考えられる。最終的にタラス河畔の戦いの引き金をひく、高仙芝（こうせんし）のシャーシュ討伐（次章参照）の背景のひとつはここにあった、と前嶋は指摘している。つまり唐が突厥、吐蕃、突騎施といった強大な勢力の力を削り、懐柔し、時に武力を行使してタリム盆地西辺からパミール以西に影響力を及ぼしていた中で、もう一方のプレーヤーであったソグディアナの都市国家群も否応なしにこの唐の外交戦略に巻き込まれていったのである。

二　パミール以西　アラブ・ムスリムの中央アジア征服

(1) 第一次内乱と第二次内乱

目を西方に転じよう。七世紀初頭にアラビア半島から興り、東西に向けて拡大を始めたムスリムの征服戦争のこと、六五六年にカリフ、ウスマーンが殺された後、カリフの位を巡る内乱が起きたことは先に触れたが、対立した二つの陣営を代表したのが、ハーシム家のアリー（預言者ムハンマドの従兄弟にして娘婿）とウマイヤ家のムアーウィアであった。この争いはアリーがハーリジー派に暗殺されたことでムアーウィアの勝利に終わり、その後、カリフの地位がウマイヤ家の内部で継承されていく王朝システムが成立した。しかしながらそのシステムの真の確立までにはもう一つの内乱を経ねばならなかった。

ムアーウィアが六八〇年に死去すると、後を継いだのは息子ヤズィードであったが、彼のカリフ位継承は正当なものとは認められない、という異議にのっかるかたちで、メッカの地からクーファに招かれたのが、アリーの息子フサインであった。そもそもクーファは第一次内乱時以降ずっとアリーを支持する勢力（「シーア・アリー」＝「アリー党」、後のシーア派）による反ウマイヤ家活動の拠点であった。そこにアリーの息子が合流すれば、ウマイヤ家の統治を脅かす騒動が生じると考えたヤズィードとその周辺は、フサイン一行にメディナに戻るよう勧告するため一隊を派遣した。このウマイヤ家の部隊とフサイン一行が遭遇したのがカルバラーの地であり、両者の間に生じた小競り合いはあっという間に武器を取っての戦い、というよりも、ウマイヤ家の戦闘部隊によるフサイン一行の殺戮という事態へと至った。六八〇年十月、いわゆる「カルバラーの悲劇」である。

ヤズィードはその三年後に死去するが、彼が指名し、父の後を継いだムアーウィア二世の即位の正当性には父の時よりもさらに多くの異論が出され、特にクライシュ族ズバイル家のアブドゥッラー・ブン・アッズバイルがメッカにおいて自らカリフを名乗ったことにより、イスラーム共同体は二つに分裂することとなった（なお、実際には第三極としてクーファではアリー党を率いたムフタールが自立した）。結局ウマイヤ家の中の別系統であるマルワーン家のアブドゥル・マリク一世が即位して事態を収拾し、メッカのアブドゥッラー・ブン・アッズバイルも、アブドゥル・マリクの腹心ハッジャージュ・ブン・ユースフによって包囲され降伏した。

嶋田襄平はこの二つの内乱の本質について、第一次内乱では「預言者亡き後のイスラーム共同体にカリフが必要かどうか」が争われ、第二次内乱では、カリフの存在は既に自明化しており、「誰がカリフに相応しいのか」が争われたのだと鋭く指摘しているが、それだけに第二次内乱を曲がりなりにも勝ち抜いたウマイヤ家にとって、内乱の後始末をどのようにつけるかは非常に重要だった。アブドゥル・マリクとハッジャージュが採ったのは「外部に敵を作る」という方策だった。ムスリムの大征服はムアーウィアの時代すでにイラン高原東部、アゼルバイジャン方面、シリア、エジプトへと及んでいたが、内乱の間、一度は屈服した地域でも反ムスリム活動は活発化し、征服地が失われたところも見られた。これに対応し、かつ共通の敵を共同体の外部につくって内部をまとめあげ、しかも不満分子を兵力としてイスラーム世界の縁辺部に送り出すことで、中央部の危険性を減じるため、ウマイヤ朝はウスマーン時代に一旦終結していた大征服活動を再開したのであった。

(2) 東方の叛乱

イラン高原東方、いわゆるホラーサーン地方はヤズデギルド三世が殺された後、メルヴのマルズバーン(サーサーン朝の「辺境伯」)であったマーホーエ・スーリーがムスリム軍に降伏し、さらにアフナフ・ブン・カイス率いるアラブ軍はメルヴ・アッルード、グーズガーン、ターラカーン、ファールヤーブなど、現在のアフガニスタン北西部の都市を次々と攻略し、アフガニスタン北部の中心都市バルフにまで到達した(六五三年)。しかしこれらは恒久的支配につながるような軍事征服と言うよりは、略奪遠征としての性格が強く、これらの地域は第一次内乱が始まるとすぐに離反した。ムアーウィアのカリフ時代、東方総督ズィヤード・ブン・アビーヒは東方への進出を再開し、今度はアム河を北に越えてソグディアナにまで軍を進めた。しかし第二次内乱の勃発によってムスリム軍の攻勢は終わりを告げ、ヘラート（現在のアフガニスタン第二の都市）以東の地域、都市、部族集団は次々と叛乱を起こした。内乱終結後、ハッジャージュはまず東方遠征で実績をおさめていたアズド族出身の将軍ムハッラブ・ブン・アビー・スフラに叛乱鎮圧を委ねた。

ムハッラブは失われていたザンムの渡河地（52頁参照）を回復するなどの成果を挙げたが七〇二年に死去した。ムハッラブの息子ヤズィードが後を継いで任にあたったが、折悪しく南方スィースターンにおいて、南アラビアのキンダ族の有力者であったアブドゥッラフマーン・ブン・アルアシュアスが叛乱を起こし、軍を率いてイラクを目指すなど、東方の情勢は悪化した。これに呼応してホラーサーン北東部ではネーザク・タルハーンと呼ばれる土豪を中心とし、アム河北岸のチャガーニヤーン王ティーシュ、アラブに叛いた将軍サービト、フライスらが加わった一大叛乱が起きる。さらにこの叛乱には第一章で触れたヤズデギルドの遺児ペーローズ（卑路斯）の息子泥涅師（ナルセー？）も加わっていたとされ、そのことはサーサーン朝ゆかりの人々を糾合する効果を持った可能性がある。

ハッジャージュはヤズィードにはこの大反乱をおさめる力がないと考え、当時イラン高原北部のレイ（現在のテヘラン市郊外）の総督を務めていたクタイバ・ブン・ムスリムを抜擢してホラーサーン総督とし、東方の平定を託した。クタイバ抜擢の理由は色々と議論されてきたが、彼がバーヒリー族というあまり有力でない部族の出身で、それゆえ東方のアラブ軍内ですでに大きな問題となりつつあった有力部族間の対立に、ある程度中立でいられると期待された、という点は重要であろう。事実クタイバはホラーサーンで雇い入れたマワーリー（非アラブ改宗者、詳しくは後述）集団を自軍の中核とするようになっていく。部族間対立に汲々とするアラブ人正規兵の戦士としてのポテンシャルにクタイバが期待しなくなったことのあらわれなのであろう。

(3) クタイバ・ブン・ムスリム

いずれにせよクタイバの行動は素早く、七〇五年にはメルヴ・アッルードやターラカーンを立て続けに攻め落とし、そのままバルフを包囲陥落させてアラブ軍の士気を大いに高めた。一方叛乱軍の側にも不協和音が生じ始めていた。特に重大だったのはチャガーニヤーン王ティーシュと、アーハルーン、シューマーン（現在のタジキスタン共和国ドシャンベ周辺の地域の名前）の王の間の不和で、クタイバはこれにつけこんでティーシュを寝返らせることに成功した。さらにネーザク・タルハーンとも講和を結び、叛乱を一気に終結させたのであった。

アム河以南（トハーリスターン）を一応平定した後、クタイバはトランスオクシアナ遠征を敢行し、三年をかけてブハラを攻略した。ところがこの間、一度はアラブに降っていたネーザク・タルハーンが、バルフとアフガニスタン北西部の勢力を糾合して再度叛乱を起こした。吐火羅葉護もこれに加わって叛乱軍の勢力は増した。クタイバはすぐにこれに対応し、弟アブドゥッラフマーンを送ってバルフを陥落させ（七一〇年）、叛乱の首魁であったネーザク・タルハーンはヒンドゥークシュ山脈北麓に逃げ込んだ

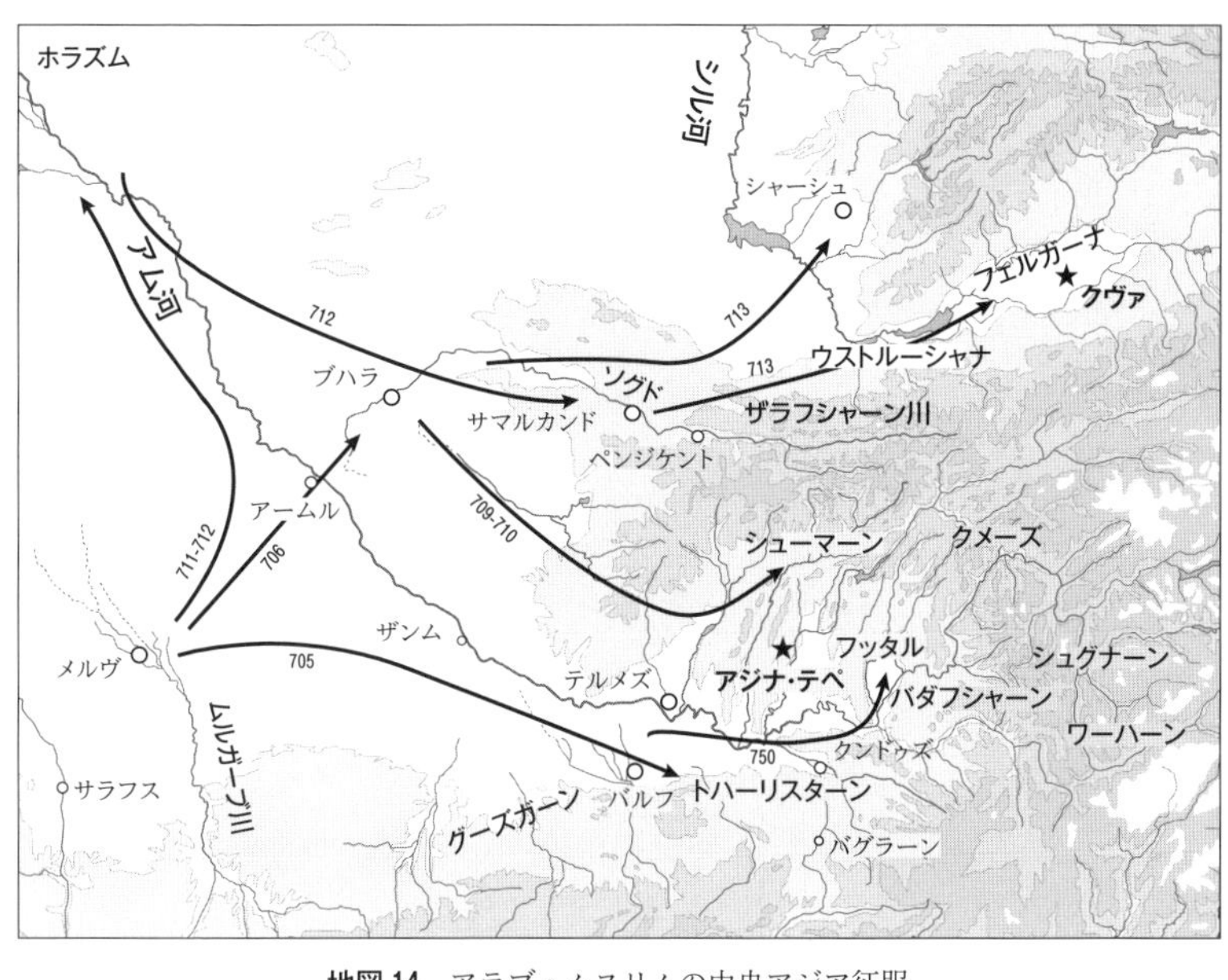

地図 14　アラブ・ムスリムの中央アジア征服

ところを包囲され、捕らえられて処刑された。吐火羅葉護はダマスクスに送られ、投獄された。

こうしてトハーリスターン支配をより確かなものとしたクタイバは再度アム河を越え、ソグディアナの中心地サマルカンドの攻略にとりかかった。サマルカンド王グーラク（烏勒伽）はアラブ軍にまちを逐われるが、シャーシュ、フェルガーナおよび「テュルク」（前述の如く突厥第二可汗国かもしれない）の軍の援助を得て、サマルカンドに拠るアラブに対する抗戦体制を構築した。

クタイバがトランスオクシアナ攻略を進めていた七一四年、彼を見いだし、後ろ盾となってくれていたハッジャージュが死去した。さらに翌年にはカリフ、ワリードも死去し、後を継いだカリフ、スライマーンはもともとハッジャージュ系の将軍達と折り合いが悪かった。クタイバと並んでハッジャージュに見いだされ、インダス河下流域（現在のパキスタン南部）を征服したムハンマド・ブン・アルカースィムもダマスクスに召還され投獄された。フェルガーナ盆地（後述）の内部に攻め込んでいたクタイバは、カリフに叛旗を翻すことを決するが、早くにスライマーン側と通じていたアラブ部族集団がクタイバを見捨て、逆に彼を包囲して殺害した（七一五年）。いまでもクタイバの墓とされるものがフェルガーナには残っている（**地図14**）。

クタイバの死後もしばらくはアラブ・ムスリム軍はトランスオクシアナを支配下に置いていた。右に述べたソグディアナの王グーラクは開元七年（七一九年）に唐に書状を送ってきたが、そこには、六年前には「異密屈底波（＝アミール・クタイバ）」率いるアラブ軍をどうにか食い止めたが、その後もアラブの圧力は強く、城郭都市国家が包囲攻撃を受けているので、どうか援軍を送って欲しい、という旨が記されている。しかし七二〇年代に入ると、前述の突騎施が蘇禄可汗のもと勢力を拡大し、ムスリム軍をトランスオクシアナから駆逐する、という状況となった。

三　慧超『往五天竺国伝』

（1）慧超の旅

すでに第二章で先取りして少し述べてしまったけれど、中央アジアがこのような状況であった七二〇

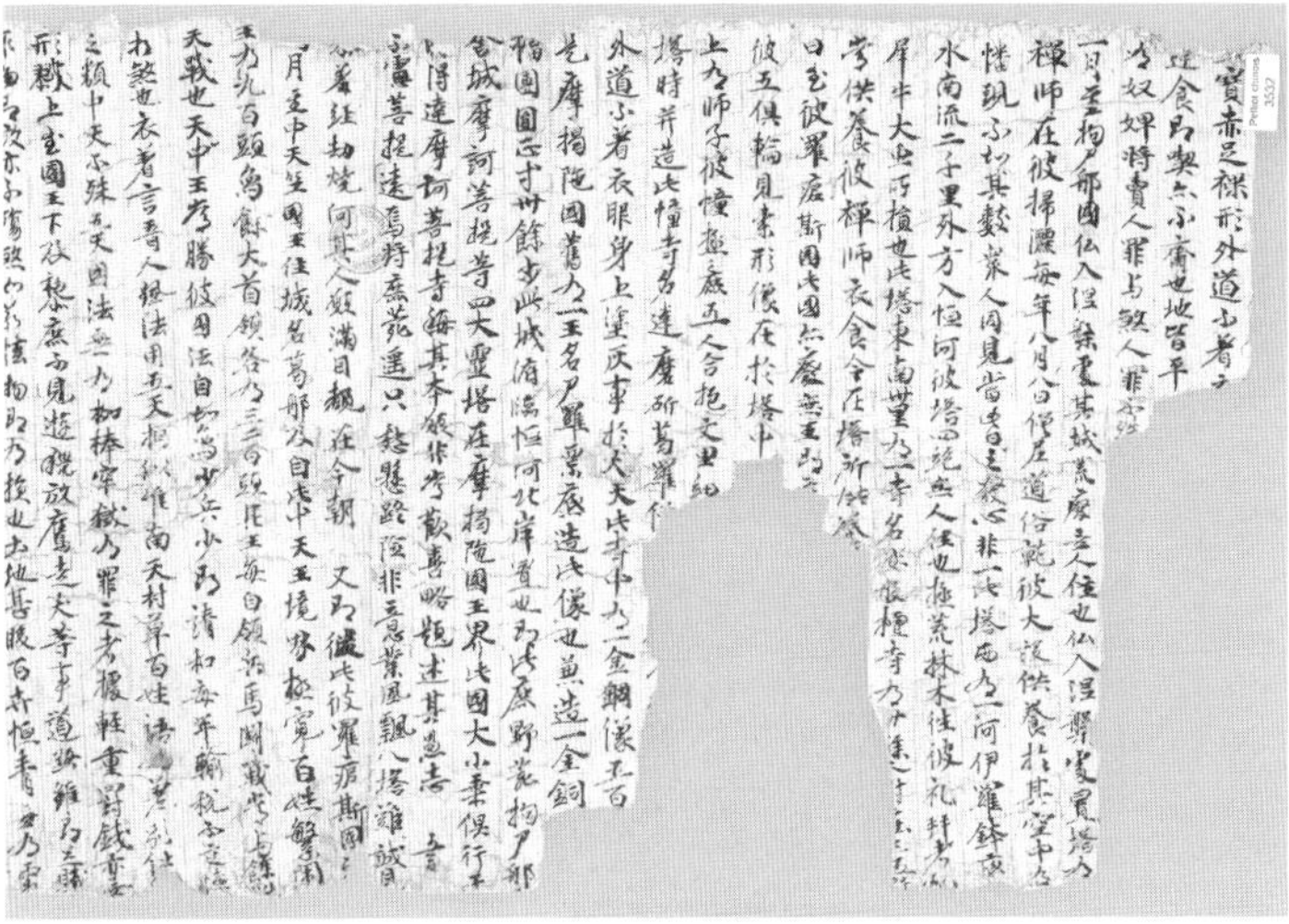

図 25　往五天竺国伝断簡

年代に、インドから中央アジアを経て中国へ戻った新羅の僧、慧超が著した『往五天竺国伝』という旅行記がある。九世紀初頭に『一切経音義』（漢訳大蔵経中の難解語や梵語からの音写語、翻音語などを解説した書物）百巻を完成させた慧琳が、最終巻に『往五天竺国伝』の音釈義解を付したことから、その存在は知られていたものの、肝心の書物自体は失われたと考えられていた。フランスの大東洋学者ポール・ペリオは、敦煌から発見された首尾を欠く写本の中に、この『往五天竺国伝』にあたる書物のあることを発見した。この写本はパリの国立文書館におさめられており（**図25**）、そこからつくられた影印本がペリオと羽田亨共編の『燉煌遺書』の第一巻に「慧超往五天竺国伝残巻」として公表された。それ以前から羅振玉や藤田豊八らによる注釈も発表され、影印本の刊行後はヴァルター・フックスのドイツ語訳（一九三九年）、定方晟の日本語訳（一九七一年）、ジャン・ユンファらによる英訳（一九八四年）などが公刊された。さらに、第二章で述べたように、中央アジア方面から新しい史料が発見され始めると、慧超のこの旅行記の意義が再評価され、桑山正進は一九九二年、校訂テキスト、現代語訳、および考古学、言語学、歴史学、貨幣学等の成果を踏まえた注釈からなる『慧超往五天竺国伝研究』を刊行した。ここで記していることも大半がこの桑山の編著に多くを負うている（ちなみに二〇一二年には、『往五天竺国伝』の新しい英訳も出版されている）。

もともとの写本が首尾を欠いているため、慧超がいつ頃、なんのために旅に出て、どこからインドに入ったのか、はっきりとはわからない。ただ、残巻の記述が拘戸那国（クシナガラ）から始まって、北インドを西に向かって行くので、おそらく彼は海路にて東インドに入ったのだろう。一方テキストの後半で慧超が安西に到着したのが開元十五年の十一月上旬（七二七年十二月）だったと書かれていることを手掛かりに、桑山は慧超の旅程と旅行日時を以下のように推測している。

◆七二〇年以前　東インドに上陸した後、ガンジス、ヤムナー両河沿いの仏迹を巡礼

◆七二〇年頃　当時の北インドの中心であったカナウジに滞在

◆七二五〜二六年　インダス河とカーブル川の合流点に近いフンドに到り、そこからさらに西に向かってカーブルに到達

◆七二六年末〜七二七年初　ヒンドゥークシュ山脈を越えてトハーリスターンに出、ワーハーンからパミールを越えてカシュガルに到達

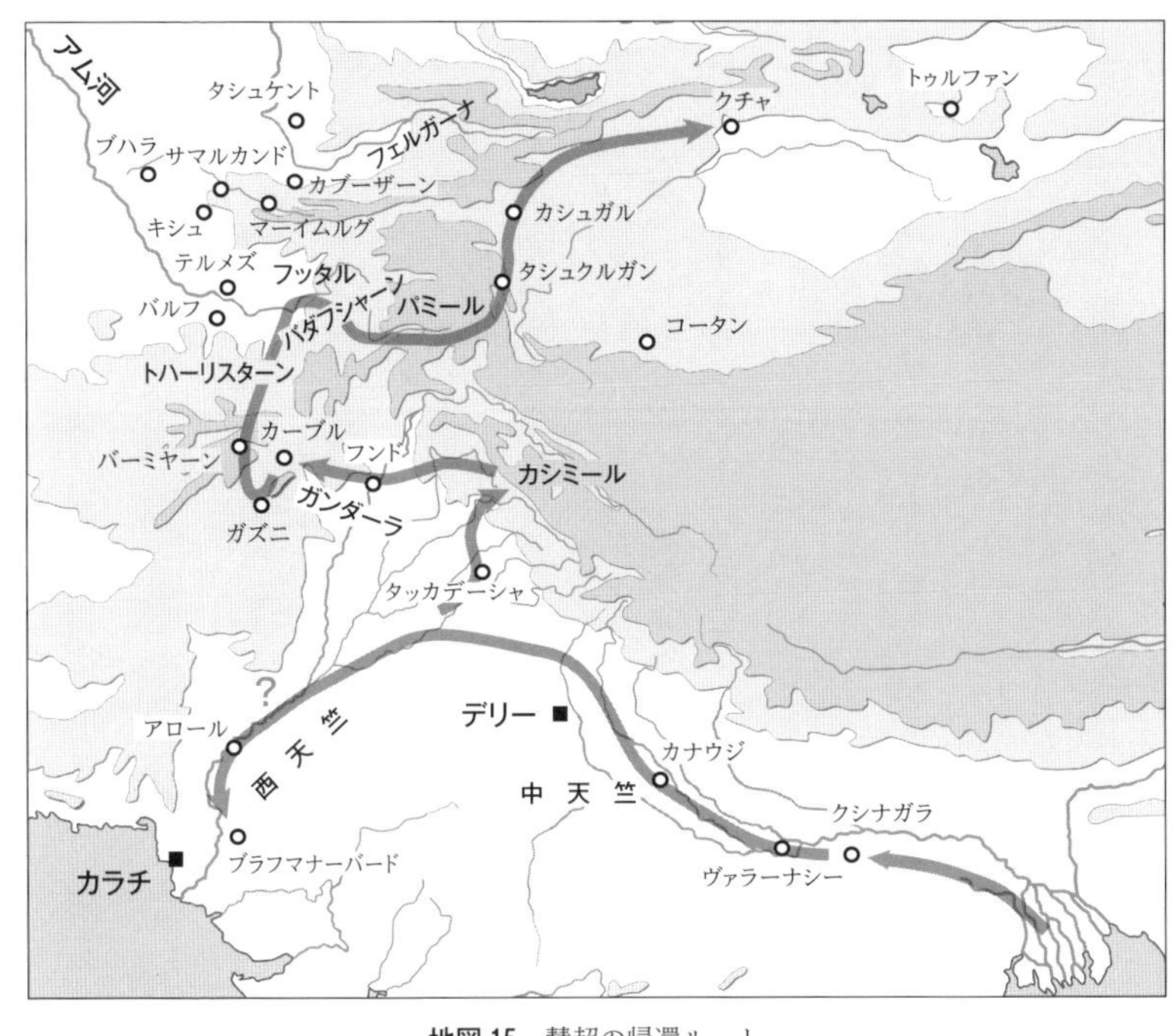

地図15　慧超の帰還ルート

◆ 七二七年十二月　クチャ（安西）
　に到着。

『往五天竺国伝』にはインドから中央アジアにかけて三十七の国の名前があがっているが、右の旅程から考えて、伝聞情報を記したに過ぎない国は、蘇跋那具怛羅（スヴァルナゴートラ）、大勃律（バルティスターン）、楊同、娑播慈、吐蕃、小勃律（ギルギット）、拘衛（チトラール）、波斯、大寔、小拂臨、大拂臨、胡国、跋賀那、骨咄、突厥、識匿（シュグナーン）の諸国で、さらに南天竺も西天竺も伝聞国かもしれないという（**地図15**）。

一方慧超が旅した頃、アラブ・ムスリムの征服の手はソグディアナ、トハーリスターン、あるいはインダス河下流域（スィンド）に伸びており、『往五天竺国伝』中にも大竈（＝大食、アラブ）の来侵によって半国がすでに失われたという記述がいくつか見られる。

（2）西天竺国

慧超はクシナガラから波羅痆斯（ヴァラーナシー＝ベナレス）を経て、中天竺のみやこ（カナウジ）に到った。そのあと、南天竺と西天竺、つまり南インドと西インドについての記述をするのだが、先に述べたように彼が実際南インドや西インドを訪れたのかどうかは定かではない。それでも西天竺について「現在は大寔に侵略されて、国土の半分を既に失っている」と記している。

前述の如く、第二次内乱をおさめたあと、カリフ、アブドゥル・マリクとイラク総督ハッジャージュ・ブン・ユースフは、ウマイヤ朝内の危険分子を排除すべく、第二次大征服活動を開始した。その一環として若い将軍ムハンマド・ブン・アルカースィムは軍を率いてインダス河下流域のスィンド地方に向かった。七一二年、河口に近い一大貿易港ダイブルを征服したムスリム軍は、そこから北上し、ニールーン（現在のハイデラバード近郊）、セヴェスターン（セフワーン）などを征服した後、スィンドの中心地の一つであったブラフマナーバードを包囲し陥落させた。ブラフマナーバードは、ハイデラバードの北北東八〇キロほどのところ、インダス河本流の東側にあったまちで、その後、ムスリムのスィンド支配の拠点マンスーラがその地に建設された。

ブラフマナーバードから北上したムスリム軍は、スィンドのもう一つの中心地アロール（現サッカル

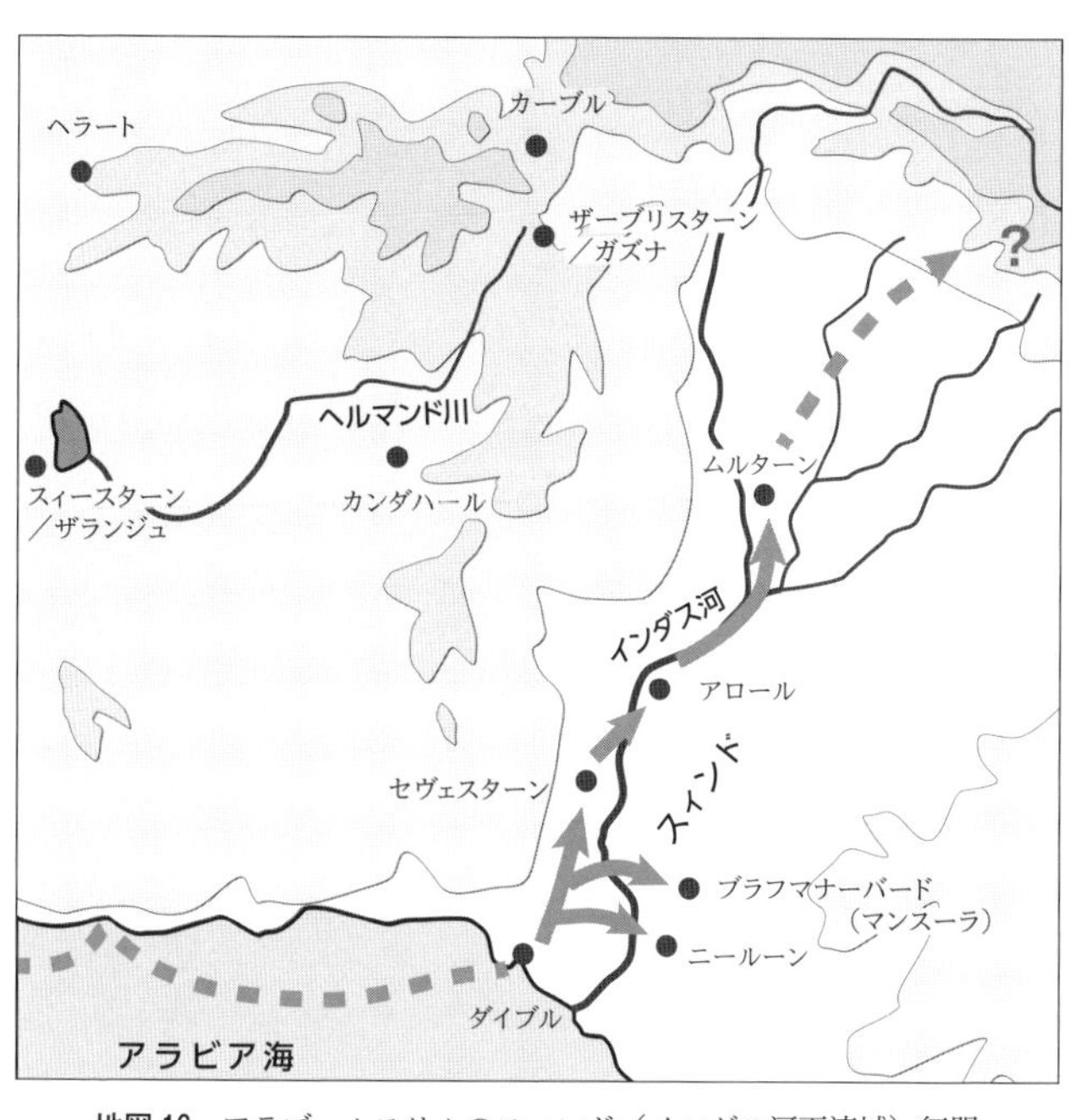

地図16　アラブ・ムスリムのスィンド（インダス河下流域）征服

近郊）をも征服し、七一三年にはさらに北に進んでムルターンをも攻略した。慧超の言う西天竺がスィンドにあたるとするなら、国土の半分どころか、主要なまちのほとんどがムスリム軍に制圧されたことになる（**地図16**）。

しかしながら七一五年にカリフ、スライマーンが即位すると、前述のごとくハッジャージュに連なる人々が次々と粛清され、ムハンマド・ブン・アルカースィムも捕らえられてダマスクスに送還され、獄死した。その後、滅ぼされたスィンド王国の王子によってブラフマナーバードが奪回されるなど、ムスリムの統治はなかなか落ち着かなかったが、ちょうど慧超が訪れた、もしくは周辺を通過した七二〇年代半ばには、総督ジュナイド・ブン・アブドゥッラフマーンのもとムスリムは再び拡大に転じ、ラージプターナ方面にまで進出したとされる。ただ、その後はこのスィンドのムスリム王国は顕著な拡大を見せることがなく、最終的には四つの小政権に分裂し、十一世紀にガズナ朝によって征服されるまで存続していた。

ところで、この西天竺と並んで慧超は「新頭故羅国（しんとうこら）」という場所について、やはりアラブの侵略で、国土の半分を失っていると記している。地名の前半の新頭は「スィンド」を音写していそうで、もしそうなら右の、アラブのスィンド征服の話をなぜか繰り返していることになるのだが、一方でこの国は、吒社国（たくしゃ）（タッカデーシャ＝シアルコト）と迦葉彌羅（カシミール）の間に言及され、あきらかに北インド、特にパンジャーブ北部から山を越えてカシミール盆地に入る途中にあった場所と思われる。八世紀前半のアラブの征服がこの地域に本格的に及んだという明確な記録がなく、慧超の勘違いなのか、あるいは我々の知らないアラブ・ムスリム軍の活動が当時北西インドにおいて行われていたか、どちらかなのだろう。

(3) 吐火羅国の王

さて、次に慧超がアラブに言及するのは、吐火羅国すなわちトハーリスターンの条においてである。

さらにこの犯引国より北へ二十日行くと、吐火羅国の王がいるまちに達する。名前を縛底耶という。現在大寔の軍がそこに駐屯している。その王は追い立てられ、東方一月行程まで逃げ、蒲特山にいる。いま大窪の管轄下にある（『往五天竺国伝研究』四一頁）。

「犯引(はんいん)」は第一章で見た「帆延」と同じくバーミヤーンである。ヒンドゥークシュ山脈西端近くに位置するこの山間のまちから北へ向かい、二十日で到達する縛底耶(ばくていや)が、現在のアフガニスタン北部マザーリ・シャリフ近郊にある古都バルフを指すのであれば、七〇五年のクタイバ・ブン・ムスリムによるバルフ再征服（前節参照）とこの慧超の記述は符合する（ただし、後のイスラーム時代の史料ではバーミヤーンとバルフの間を一週間程度とするものがおおい）。ここに見える吐火羅国の王というのも実際に誰であったのか正確には知りがたい。先に述べたように、七一〇年代に叛乱に敗れ捕らえられた吐火羅葉護はダマスクスに送致された。一方この葉護の弟、僕羅(ぼくら)は唐に逃れ、そこで皇帝に対して上表文をあらわしたことが記録に残っている（開元六年／七一八年）。彼がその後そのまま唐に留まったのかどうかは不明だが、同じく唐の記録では八世紀半ばまで吐火羅葉護から唐王朝への使者が送られてきているので、阿史那氏の一族の誰かがアフガニスタン北部にあって吐火羅葉護の地位についていたのであろう。そうであるなら、ここで吐火羅王と呼ばれるのに、吐火羅葉護以上にふさわしい人物はいない筈である。彼が逃れていた蒱特山というのはアフガニスタン北東部の山岳地帯バダフシャーンの音写である。この険しい山岳地帯は現在でも交通の便が悪く、しばしば自然災害にも見舞われる地域であるが、はやくも一九五四年にバダフシャーンのファイザーバードに入った京都大学人文科学研究所の岩村忍は、その旅の記録を名著『アフガニスタン紀行』として世に送ったのであった（**図26**）。

図 26　上：バダフシャーン、コクチャ河、下：バダフシャーン、ファイザーバード

（4）胡国

慧超は吐火羅国の次に波斯と大寔、小拂臨、大拂臨といった国々について記しているが、波斯＝ペルシアも大寔＝アラビア半島も、さらには小拂臨、大拂臨（おそらくシリアからアナトリア半島、すなわちビザンツ帝国の領土）ももちろん彼の旅程には含まれないので、これらは伝聞情報による記述と見なしてよいだろう。

これらに次いで彼が記すのが胡国、跋賀那国、骨咄国、突厥、胡蜜（こみつ）国、識匿国である。

大寔国から東はすべて胡の国である。すなわち、安国、曹国、史国、石騾国、米国、康国などであ

地図 17　ソグディアナとその周辺

る。それぞれ王を有してはいるが、おしなべて大寔の管轄下にある（同書四三頁）。

安国、曹国、史国、石騾(せきら)国、米国、康国は、順にブハラ、カブーザーン、キシュ、一つ飛んでマイムルグ、サマルカンドにそれぞれあたる（**地図17**）。すなわちソグディアナの国々である。石騾については、これを石(せき)国の誤写と見てシャーシュ／タシュケントにあてるのは、後述の如くこの時期以降シャーシュが果たす役割の重要性を勘案するなら、非常に魅力的な考えではある。さて、慧超自身は実は帰路にソグディアナを訪れてはいないのだが、彼はこれらの国々が「それぞれ王を有してはいるが、おしなべて大寔の管轄下にある」と記している。先に述べたように彼が旅をした七二〇年代にはすでにこれらの地域は突騎施の圧力を受けて、アラブ・ムスリムの支配から逃れていた筈なので、ここで彼が記すのは旅の途中で聞いた七一〇年代末までの同地の状況なのかもしれない。

(5) 河北の王と河南の王

胡国に次いで慧超は跋賀那国について記している。

さらに康国より東は跋賀那国である。二人の王がいる。縛叉大河がその中央を西に流れている。河の南側の王は大寔に属し、河の北側の王は突厥の管轄下にある（同頁）。

跋賀那はフェルガーナの音写で、現在もこれはウズベキスタン共和国東部の州名として残っている。縛叉大河はシル河のことで、東から西に流れるこの河の上流沿いに形成された盆地がフェルガーナである。そうして慧超はこの河の南側と北側に二人の王がいると記している。『新唐書』巻二二一下には

寧遠はもと抜汗那（フェルガーナ）で、あるいは鏺汗という。元魏のときには破洛那と言った。都より八千里である。居は西鞬城にあり、真珠河（シル河）の北である。大きな城は六、小さな城は百ある。人は多く長生きである。その王は魏の時代から晋の時代まで、位を受け継いで絶えることがなかった。〈中略〉貞観年間、王の契苾は西突厥の瞰莫賀咄によって殺され、阿瑟那鼠匿がその城を奪った。鼠匿が死ぬと、子の遏波之は契苾の兄の子阿了参を立てて王とし、呼悶城にて治め

させた。渇波之は渇塞城にて治めた。顕慶初、渇波之は使者を送って朝貢してきた。高宗は手厚く慰撫し、諭した。顕慶三年、渇塞城を休循州都督府とし、阿了参に刺史の位を授けた。この年より朝貢してきた。

とある。呼悶城はフェルガーナ盆地の入り口に位置するホジャンドに、渇塞城はカーサーンに比定されているので（地図17参照）、貞観年間にフェルガーナを攻めた西突厥によって土着の王が殺され、シル河の北は突厥系の王家がカーサーンを拠点としておさめ、土着の王の子孫はホジャンド、すなわち河南に置かれて、突厥王家の宗主権のもと統治を行っていた、という状況だったことがわかる。一方『資治通鑑』巻二一一は開元三年十一月（七一五年十二月）の記事として

抜汗那は昔の烏孫である。［唐に］服従してきて久しい。吐蕃は大食とともに阿了達を立てて王とし、これを攻めてきた。抜汗那王軍は敗れ、王は逃れて安西に助けを求めた。［張］孝嵩は都護の呂休璟に言った。「これを救わなかったら、西域に号令することはできません。」そこで近傍にあった軍隊の兵万余人を率いて亀茲の西数千里に出、数百の城を落として長駆進撃した。この月、連城に阿了達を攻めた。孝嵩は自ら鎧を纏い、士卒を統率してすばやく攻めた。捕虜とした者、討ち取った者千余りにのぼった。阿了達は数騎とともに山中に逃げ込んだ。孝嵩は諸国に通告を出し、西域に威勢を誇った。大食、康居、大宛、罽賓などの八つの国が使者を送って降伏してきた。

と伝える。後述するように、河南の王阿了達は七一〇年代前半にアラブによって立てられた傀儡王であったが、七一五年にクタイバが死去した後、唐の軍勢がこれを攻め、敗走させたのである。当然、アラブがフェルガーナに築いた地歩はこれによって崩されたであろう。つまりここでも慧超は十年ほども前の状況を伝聞で記録していると言うことがわかるのである。

(6) 骨咄国

跋賀那国に次いで慧超は骨咄国の名を挙げる。骨咄は前述の如くイスラーム時代の史料にはフッタル、フッタラーンとしてあらわれる地名で、タジキスタン南西部、ワフシュ川とパンジ川の間に広がる地域であった。慧超は

> さらに跋賀那国の東に一つの国があり、骨咄国という。ここの王はもともとは突厥の出である。この地方の住民は半ば胡、半ば突厥である。〈中略〉この国は大寔の管轄下にある(『往五天竺国伝研究』四三－四四頁)。

と記している。この地域にムスリムが本格的に進出するのは一般的に七三七年のアサド・ブン・アブドゥッラーの遠征以降なのだが、バラーズリーの『諸国征服史』は、ムハッラブ・ブン・アビー・スフラがホラーサーン総督に任じられていた間にフッタルを攻め、征服したと伝えている。バラーズリーに

よればムハッラブが総督に任じられたのは六九八年のことで、フッタル征服はそれからムハッラブが死ぬ七〇二年までの間に行われたことになる。前述のようにこの間ムハッラブはアム河の渡河地を回復したりもしているのでフッタル遠征を行う余裕があったのかどうかは不明だが、慧超の時代に先立つアラブのフッタル征服の記録としてはこれくらいしか見当たらない。ただ、次に述べるように慧超自身はアム河の左岸を東へ進み、パミールを越えたらしいので、フッタル自体を通過しておらず、情報が正確かどうかは留保せねばならない。

図27　パンジ川上流（かつての護密国）Vrangの仏塔址（2011年）

(7) パミールおよびその東

実際の旅程に戻り、慧超は吐火羅から東へ七日進んで、胡蜜王の住むまちに至った。胡蜜は護密で、パンジ川のさらに上流ワーハーンを指す。前述のように、ワーハーンはパンジ川の最上流部をなすワーハーン川流域の名称であるが、ここでの胡蜜／ワーハーンは、現在のワーハーンよりもやや広く、パンジ川をもう少し下った、現在のイシュカーシムあたりまでを含む地域を指すと覚しい（**図27**）。慧超はここでも、この国が大寔／大食の管轄下にあると記しているが、ウマイヤ朝時代にこのあたりまでもアラ

図28　タジキスタン共和国ゴルノ・バダフシャーン自治州州都ハーログ（2011年）

ブ軍が到達したという明確な記録は他にない。それどころか、七四〇年代末にはこの地域は唐の影響下にあって後述の高仙芝の遠征軍の活動の舞台となったのである。慧超はこの地を実際に通過している（そうしないとパミールを渉れない）ので、聞き間違いと言うこともないのだろうが、なにか情報が混乱しているのかも知れない。

この胡蜜国の次に識匿国の名が挙がっている。識匿はシュグナーンで、現在のタジキスタン共和国ゴルノ・バダフシャーン自治州の州都ハーログ周辺の歴史的地名である（**図28**）。もし、胡蜜王の住むまちというのがイシュカーシムであるのなら、慧超はトハーリスターンから東に向かうのに、パンジ川沿いの道を通らず、バダフシャーンを横断し、イシュカーシム辺りに直接出たことになり、識匿についても伝聞国ということになるのかもしれない。ちなみに識匿については慧超はアラブの存在を言わない。

ここからパミール高原を渉って慧超はタシュクルガンに出、カシュガル、クチャを経由し、焉耆（いまのカラシャフル）に到達するのだが、残念ながら『往五天竺国伝』写本は以下を欠いているため、その後の彼の足取りはわからない（図29）。

それでも、慧超の旅行記は、不明な点が多い七世紀末から八世紀前半の北西インド、中央アジア西部についての貴重な記録であり、またほぼ同時代にアラブ・ムスリムの東方進出について記録しているという意味でも重要である。

図29　パミール高原（2011年）

以上、漢籍やアラビア語史料に見える唐、吐蕃、突厥、突騎施、ソグディアナ、フェルガーナ、アラブ・ムスリムの活動、および七二〇年代の旅の記録である『往五天竺国伝』をてがかりに、七世紀から八世紀にいたる中央アジアの状況を概観した。言うまでも無く、そこには、中央アジアだけでなく、東西アジアを襲った激動へとつながる様々な要因があるのだが、その詳細は第二部で述べることとしたい。

第二部　八世紀中葉

扉絵3　伝ガルディーズ出土大理石ガネーシャ像（八世紀半ば）

第三章　七五一年　タラス河畔の戦いと悟空の旅

慧超が比較的安定していた政治状況の中で旅したのに比して、八世紀半ばにインドへ旅し、七九〇年頃に唐に帰着した仏教僧悟空の旅は、八世紀半ば以降の中央アジアの大激変の中で行われたものであり、その旅の記録ともなっている漢訳仏典『仏説十力経』の序文は短くはあるが、大変貴重なものとして評価されてきた。

天宝九載（七五〇年）、罽賓国からの使節が唐の長安へと到達した。記録に拠れば七世紀から八世紀にかけて、トランスオクシアナや現在のアフガニスタンにあったと覚しい国々からはほぼ毎年のように使節が唐に送られてきている。その背後にあったのは、東進を続けるアラブ・ムスリム勢力に対する警戒と、これに対抗して唐からの援助を求める動きだったのだろう。翌天宝十載（七五一年）、唐は返礼使節団を罽賓に向けて送り出したが、この使節団のメンバーであった車奉朝（しゃほうちょう）という官吏は、使節団の帰国後も一人インドに留まってカシミールで戒を受けて仏教僧となり、その後四十年近くインドに滞在した。後に彼は長安にもどり、あらためて得度して悟空という名を与えられた。言うまでもなく使節団が長安を出発した七五一年とは、唐とアッバース朝の間でタラス河畔の戦いが戦われた年であり、まさにその年に中央アジアから北インドへの旅を行った悟空達の旅の記録が貴重なのはそのゆえである。実はこの使節団はいささか興味深い旅程を採っており、また旅行期間の面でもやや特異である。この点は後ほど、本章の「謎」として提示することとして、旅の記録を吟味する前に、まず八世紀前半の中央アジアとイスラーム世界をめぐる状況を確認しておくほうがいいだろう。ただ、実はタラス河畔の戦いにいたる状況についてはすでに前嶋信次の高名な論文「タラス戦考」において詳細に論じられている。それを見てもらうのが一番いいのだけれど、一方でいくつか新たに知られるようになった事柄もあるので、それらも加えて以下ちょっとしたおさらいをしてみよう。

一　アッバース革命

(1) ウマイヤ朝＝アラブ帝国の動揺

六九二年、アブドゥル・マリク一世のもと第二次内乱を収拾して以降しばらくの間、ウマイヤ朝は黄金時代を迎えたと言ってよい。戦いを勝ち抜いたウマイヤ家のカリフは、広大な「帝国」に君臨する「帝王」としての性格を強めていった。その一つのあらわれは、アブドゥル・マリク時代に行われた貨幣改革である。実は七世紀末までムスリムたちは既存の貨幣を再加工して使用していた。ウマイヤ朝の領域においてそれまで通用していた最も信用度の高い貨幣はビザンツのものと、サーサーン朝のものであり、ムスリムはそれらの貨幣の金型を用い、そこに暫定的にアラビア文字を刻むという、アラブ・ビザンツ式貨幣、アラブ・サーサーン式貨幣と呼ばれるものを用いていた。しかしアブドゥル・マリクはまずビザンツのソリドゥス金貨をムスリム独自のディーナール金貨に変えた。それまでのソリドゥスにはキリ

図30 カリフ、アブドゥル・マリク１世発行アラブ・ビザンツ金貨

ストの姿が刻まれていたが、新しいディーナール貨では当初これをカリフの立ち姿に置き換えた。しかし偶像を禁じるイスラームの戒めのゆえにすぐにこの図像は取り去られ、その後長く続く、クルアーンの章句や信仰告白の文字のみが刻まれる貨幣へと置き換えられた。一方銀本位制をとっていたかつてのサーサーン朝領では、あらたにディルハム銀貨が発行されることとなった（**図30**）。

また、現在のヨルダンの荒野には七世紀末から八世紀前半に建造されたカリフやその一族のための別荘と覚しき遺跡が残っているが、その中でも有名なクサイル・アムラ遺跡は、興味深いことにローマ帝国の伝統を引く浴場を備えた建物で、内部の壁には様々な人物像（中には半裸や全裸の女性像もある）が描かれている（**図31**）。この、イスラーム的には色々と具合が悪そうな建築物と装飾を造らせたのが正確に誰なのかはわかっていないが、後に第十代カリフとなるヒシャームが皇太子時代に建てたとも言われていて、明らかにそこには、一般の民（この場合は一般のムスリム）からは隔絶し、特殊な（権）力を持つ王としてのウマイヤ朝カリフ一族のあり方が反映されていると言ってよい。つまり彼らは一般の民ができないこと、やってはならないと思われていたことができてしまう、特別な存在＝帝王だったのである。

　実際、ウマイヤ朝はこのヒシャーム治世（七二四～七四三年）が最盛期であったという評価もある。しかしながら、それから十年もたたないうちにウマイヤ朝は倒されてしまう。クライシュ族の一家系であったアッバース家の主導によるウマイヤ朝打倒運動は、結果としてイスラーム帝国の支配権が革まったという意味でアッバース革命と呼び慣わされているが、そのような運動自体は、第二次内乱が収拾された直後から胎動していたのである。今から一世紀ほど前、ユリウス・ヴェルハウゼンはウマイヤ朝を、アラブ部族による征服国家ととらえ、ウマイヤ朝の政治的支配層を形成したアラブ部族民の複雑な内訌が、ウマイヤ朝を解体した大きな要因だと考えた。ウマイヤ朝からアッバース朝への移行が「アラブ帝国からイスラーム帝国への移行」であったとするこの説は、嶋田襄平ら、後の研究者達に受け継がれた。そこにおいては、ウマイヤ朝期に進んだ様々な社会変化の結果として、アラブによる非アラブ支配という構造を持ったウマイヤ朝から、ムスリムであればアラブと非アラブとを問わず社会参画が可能なアッバース朝への移

図31　ヨルダン、クサイル・アムラ遺跡内部のフレスコ画

行が生じたのだとされるが、その具体的な顕れがいわゆるマワーリー問題である。

当初、アラブ人ムスリムの大征服によって成立した政体であるところのウマイヤ朝は、あくまでアラブによる非アラブの支配という構造を基本としていた。非アラブの民はたとえイスラームに改宗しようとも、社会的権利に実質的な制限をうけ、完全な自由民として活動できたわけではなかった。それを端的に示すのがいわゆるマワーリーと呼ばれる社会的保護・被保護システムである。非アラブの民は、改宗してムスリムとなる場合、アラブ人ムスリムに保護者（パトロン）となってもらい、その保護のもとでイスラームに改宗する。彼は通常そのままパトロンたるアラブ人ムスリムの被保護者として社会に参加を認められる。当初は征服貴族たるアラブ人ムスリムのもとで限られた人々がマワーリーとなり、その他の非アラブは非ムスリムとして被征服社会のマジョリティーを形成していたが、やがて改宗者の数が増え、さらにマワーリーが社会的にも政治・軍事的にも重要な役割を果たし始めると、彼らの権利拡大への要求と、アラブ人ムスリムへの不満は増大した。このことは、ムスリムの第一次大征服と第二次大征服の際の軍事力を比較すると明確に見えてくる。すなわち、正統カリフ時代の大征服を実際に戦ったのは、アラビア半島から流出したアラブ人正規兵（ムカーティラ）であり、彼らは征服地において戦利品を得、さらに征服貴族として特権的地位を享受した。一方第二次内乱を経て再開されたウマイヤ朝時代の大征服においては、かつてムカーティラの一族はすでに戦士としての能力を喪失しており、北アフリカやイベリア半島においてはベルベル人が、イラン高原東部や中央アジアにおいてはイラン系のマワーリーが軍の主力を担うこととなった。当初ムカーティラの特権的地位の裏付けとなった、彼らが自らの血を流して勝ち取った成果を、今度はマワーリー達が要求できる環境が整ったのであり、アッバース革命にはイラン系のマワーリーも相当数参加していたとされる。

(2) アッバース家の教宣活動

アラブ帝国からイスラーム帝国へ、という議論は、その明快さと、それが初期イスラーム社会の拡大と変質を見事に言い当てているという感覚とから支持された。アッバース革命も、アラブからペルシアへ、ムカーティラからマワーリーへ、あるいは部族代表としてのカリフから神権的カリフへ、といったわかりやすい二分法を用いて説かれたりもしてきた。しかしながら前世紀後半以降に発表されたアッバース革命に関する詳細な研究は、ことがそれほど単純なものではなかったことを明らかにしている。

そもそもアッバース家のムハンマド・ブン・アリーがクーファのハーシム派（過激傾向にあったシーア派）と手を結んだところからこの反ウマイヤ運動は実質的に始まったのである。ムハンマドはアリー家のアブー・ハーシムからイマーム（イスラーム共同体の指導者）の位を秘かに受け継いだのだ、という伝承まであるほどである。しかしながら言うまでもなく、当時のクーファのシーア派はあくまでアラブであって、ずっと後の時代のようにイラン／ペルシアとは結びつかない。さらに後で詳しく述べるようにウマイヤ朝打倒の駆動力となったのはホラーサーン軍だったのだが、実際にその中核にあったのはホラーサーンやその中心地メルヴに移住し、現地の社会と融合し始めていたアラブであったのであり、イラン系マワーリーにもそれに加わる者たちがいたものの、決して主力というわけではなかった。またカリフ権のあり方についてもすでにアブドゥル・マリク以降ウマイヤ朝において変質が始まっていたのであり、先に述べたようなヒシャームの別荘の事例などはそれをよく示している。

いずれにせよ、シーア派のネットワークを利用できるようになったアッバース家は、さらにウマイヤ朝の統治に不満、反感を持つ様々なグループを巻き込むべくプロパガンダを行った。アラビア語でダアワ（daʿwa 教宣）と呼ばれる宣伝活動である。その結果、上にあげたようなホラーサーンのアラブ移民達、イラン系のマワーリー、シーア派、はては非ムスリムの者達の一部までもがこの運動になんらかの形で関与するようになっていった。ここでアッバース家は、巧妙にも運動のゴールとして「預言者の家系のうち相応しい者をカリフに」とだけ主張し、具体的な名前を秘匿した。それぞれのグループは、自分たちの目指す理想の共同体とそのリーダーとを想定して戦った。結果としてウマイヤ朝が倒れた後、カリフの座に就いたのはアッバース家だったのだが、そのことはアッバース朝初期における重大な内部危機を引き起こすこととなる（詳しくは次章で）。

（3）アブー・ムスリムの挙兵

アッバース家がシーア派、とくにハーシム派の人々の活動と結びついたことはもう一つの重要な要素をこの運動にもたらした。すなわちハーシム派はクーファの本拠地とは別にすでにホラーサーンに重要な活動拠点を持っていたのであり、結果としてアッバース家の運動もホラーサーンと深く結びつくようになっていった。アッバース家の教宣も、ハーシム派の活動にならい、各地に自分たちの活動をひろめるための教宣員（ダーイー＝ダアワを行う者）を派遣し、アッバース運動への参加者を募らせるという方式で進められたが、東方における重要な拠点と見なされたのが当時のホラーサーンの中心地メルヴだった（図32）。そしてアッバース家のムハンマドの後を継いだイブラーヒームによって七四五年、この地に送り込まれたのがアブー・ムスリムだった。

図32　トルクメニスタン共和国メルヴ遺跡ギャウル・カラ（2007年）

後で見るように、アブー・ムスリムは初期イスラーム史上で最も謎を帯びた人物の一人とされ、ホラーサーンで挙兵する前の彼の前歴はほとんど知れない。しかしイブラーヒームから旗印を授けられた彼は、メルヴやその他のホラーサーンの勢力を糾合し、七四七年、反ウマイヤ家の黒い旗をかかげたのであった。ちなみにアッバース家が黒い旗を自分たちのものとして選んだ理由はいくつか挙げられている。一つは預言者ムハンマドが黒い旗を掲げて戦ったのであって、黒旗は預言者の後を継いだカリフ達が戦う際の旗印として相応しいというもの、あるいはウマイヤ家がムアーウィヤの旗印であった白旗を王朝の色として用いていたので、これに対抗して黒い旗を掲げたというもの、さらには初期イスラーム時代の終末論の中に、救世主（アラビア語でマフディー、メシアのこと）は東方から黒い旗とともに現れるという説があり、これに乗っかったというもの、などである。ちなみにこの黒い旗はIS／Islamic Stateが採用したことで現代の人々には知られているが、それ以前にも黒旗は様々なジハード主義運動の旗印として採用されてきた。

なんにせよ、この黒い旗印を掲げた軍勢は瞬く間にホラーサーンをおさえ、西の方、ウマイヤ家の本拠であるシリアを目指した。七五〇年一月二十五日、ウマイヤ朝最後のカリフ、マルワーン二世率いる軍は、モスルの南でチグリス河に合流する大ザーブ川岸で、イブラーヒームの叔父アブドゥッラー・ブン・アリー率いるアッバース家の軍を迎え撃ったが敗北した。マルワーン二世は逃げのびた先、上エジプトにおいて捕捉され、殺された。かくしてウマイヤ朝は滅び（その後、ウマイヤ家のアブドゥッラフマーンによってイベリア半島で復興する）、アッバース家の頭領であったアブー・アルアッバース・アルサッファーフがカリフとなって、新しい王朝が始まったのである。

先に述べたように、「預言者の家系の者のうち最も相応しい者をイマームに」というアッバース家の教宣は、反ウマイヤ家という目的は共有するものの、活動の原理、目的を異にする様々な集団が運動に参加することを可能としたが、いざアッバース家がカリフの位を占めてしまうと、当然これに対する不満が噴出することとなる。その口火を切ったのは、ブハラのまちでシャリーク・ブン・シャイフ・アルマフリーが七五一年に起こした叛乱である。シャリークはアッバース革命運動に参加していた人物だったが、アリー家の者をイマームとすることを求めてアッバース家に叛き、三万の兵を集めたという。当時メルヴに駐留していたアッバース家の総督、革命の立役者アブー・ムスリムは、叛乱を鎮圧するために遅滞なくズィヤード・ブン・サーリフに一軍をつけてブハラに送った。ズィヤードは期待通りにシャリークの叛乱を鎮圧し、トランスオクシアナのさらなる治安維持のためアブー・ムスリムの命を受けてブハラに駐屯した。このズィヤード率いる軍勢こそが七五一年にタラス河畔にて高仙芝の唐軍と激突することになるのであるが、その前に東方の状況を確認しておこう。

二　唐と吐蕃

先に見たように、唐が突騎施の助力を得て安西四鎮を奪回して後しばらくの間、唐と吐蕃の間に大きな抗争は起きなかったのだが、それは吐蕃内部の様々な問題の故であろう、と森安孝夫（もりやすたかお）は述べている。唐の側からも宥和策が講じられ、七一〇年、吐蕃の求めに応じて皇族の李守礼（りしゅれい）の娘を皇帝中宗の養女とし、金城公主（きんじょうこうしゅ）として吐蕃のティデツクツェンに入嫁させた。かくして吐蕃との関係が一応落ち着いたことを背景に、唐は新たにタリム盆地における有力プレーヤーとなった突騎施に傾注できるようになった。しかし蘇禄の死後、唐が黄姓黒姓の内訌に乗じて突騎施の力を削ぐと、再びタリム盆地における抗争は唐と吐蕃の間で戦われることとなる。西側で目立つのは、吐蕃がタリム盆地西南に出ることを目指してインダス河上流域、カラコルム山脈、パミール方面へと徐々に勢力を張っていったことである。漢籍に登場する勃律（ぼつりつ）国は現在のパキスタン北部のギルギット周辺からその東側のバルティスターン地方にかけての地域を指すが、この場所は吐蕃がタリム盆地西南隅から北へ出るための出入り口となっていた。

七二二年、吐蕃は小勃律に攻撃をしかけたとされるが、この時点で勃律は大小二国に分かれていたらしい（小勃律がギルギット、大勃律がバルティスターン）。この時は小勃律と唐の連合軍が勝利をおさめたが、チベット高原からの西北への出口に蓋をする位置にあった小勃律はこれ以後しばらくの間、唐と吐蕃の対立の焦点となった。蘇禄可汗が殺された頃、吐蕃はインダス上流域、パミール南麓地域へと進出し、二十カ国余りを臣属させた、と漢籍史料は述べる。吐蕃がこれらの地域を確保することは唐のタリム盆地支配をゆるがせる大問題で、幾度か安西都護府からこの方面へ向けて遠征軍が送られた。しかしどれも成果を挙げることができなかったため、七四七年に勅命によってパミール方面に送られたのが、安西副都護であった将軍高仙芝である。

（1）高仙芝のパミール遠征

高仙芝はもとは高句麗の人で、見目が良く、騎射にすぐれ、勇猛果敢であった。幼くして父とともに安西に行き、二十歳そこそこで将軍に任じられた。彼は安西節度使の田仁琬、蓋嘉運に仕えたが重きをおかれなかった。しかしその後、夫蒙霊詧によって抜擢され、安西副都護、四鎮都知兵馬使に任じられ、七四七年には玄宗の勅命によって行営節度使となった。彼は小勃律から吐蕃の影響力を排除すべく、一万余の騎歩兵を率いて安西都護府から撥換城、握瑟徳、疏勒を経て葱嶺守捉にいたり、そこから播密川を経て、特勒満川すなわち五識匿国に到達した。

撥換城は鉢換と同じで今のアクス、握瑟徳は据史徳、据瑟徳とも書かれ、現在の巴楚県トクズサライ

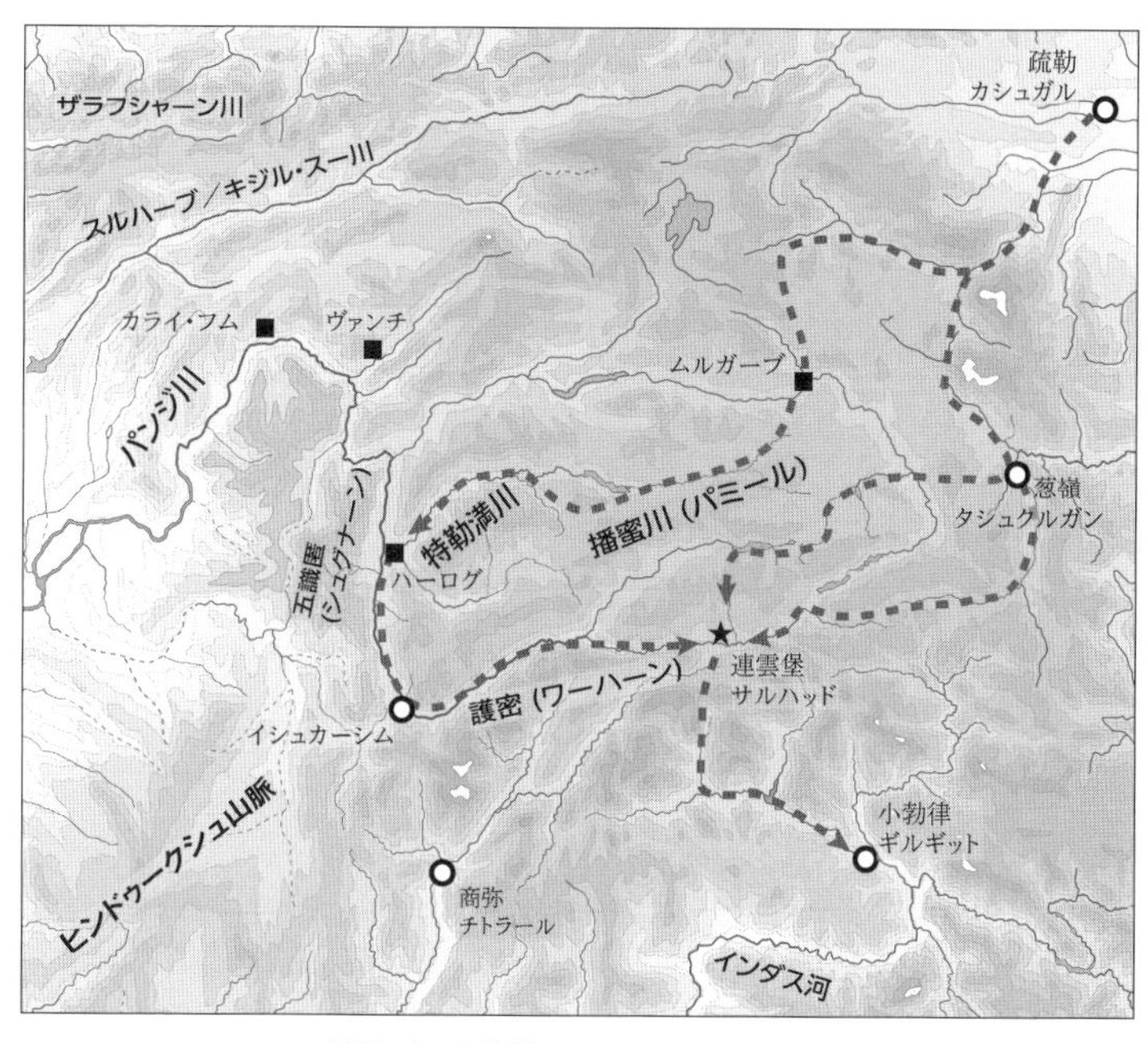

地図18　高仙芝軍のパミール遠征進路

遺跡、疏勒はカシュガルで、葱嶺守捉はタシュクルガンに置かれた軍事基地であった。そこからパミール高原に入り、播密川はパミール、特勒満川／五識匿は前述のごとくシュグナーンと呼ばれた現在のハーログ周辺の地域である。高仙芝はこの地で自軍を三つに分割した。カシュガルの趙崇玼（ちょうすうし）率いる一軍は「北谷道」から、撥換の賈崇瓘（かすうかん）率いる一軍は「赤佛道（せきふつどう）」から、そうして高仙芝と監軍の辺令誠（へんれいせい）は護密すなわちワーハーンから進入し、三軍は連雲堡（れんうんほ）で合流することと定められた。オーレル・スタインは連雲堡を、ワーハーン回廊中のサルハッドにあて、その後の研究者もおおよそこれに従っているが、そうであるなら唐軍はこのサルハッドとシュグナーンの間を三つのルートを通って進軍したことになる（**地図18**）。王小甫（おうしょうほ）は「北谷道」はワーハーン川北岸を通る道、護密道はワーハーン川南岸を通る道、「赤佛（堂）道」はワーハーンの西にあるハンドゥードから南東に山を越え、南からワーハーン回廊に入るルートではないかと示唆している。

連雲堡およびその周辺の守兵は一万を数えたが、唐軍はこれを降し、そこからボロギル、ダルコト両峠を越えて小勃律／ギルギットへと進軍した。すでにこの時小勃律王の妃は吐蕃からの公主で、また王国の有力者達も多く吐蕃についていたのだが、高仙芝は吐蕃に味方していた大首領達を斬り、公主を捕らえた。そのうえで小勃律と大勃律を結ぶ橋を落とし、吐蕃との連絡路を断った。仙芝はその後小勃律王と公主を連雲堡で待っていた辺令誠に託し、自身は安西都護府に凱旋した。しかしながら戦勝報告を勝手に長安に送ったことから安西都護夫蒙霊詧の怒りを買ってしまう。霊詧は仙芝を「高麗奴」と呼んで罵り、今にも惨殺しそうな勢いとなった。辺令誠はこの状況を長安に報告し、仙芝への配慮を求めた。その結果、高仙芝は鴻臚卿（こうろけい）兼御史中丞（けんぎょしちゅうじょう）に任ぜられ、夫蒙霊詧に代わって四鎮節度使に任じられたのである。

（2）フェルガーナとシャーシュ

さて、唐との抗争と並行して吐蕃は西方にも注意を払っていた。それが、シャーシュと並んでタラス河畔の戦いの引き金をひくことになるフェルガーナである。フェルガーナはパミール以西の地域から東にむかって突き出したコブのような姿で、古代より中国と関係が深かった。八世紀前半、フェルガーナ盆地を貫いて西に流れるシル河の北と南が異なる王家によって統治されていたこと、七一五年以降に、吐蕃がアラブと結んで河北の王を攻め、安西都護府の軍がこれを撃退したことは、先に述べたとおりである。

ところで十三世紀のイブン・アルアスィールによるアラビア語年代記『完史』は、タラス河畔の戦いの契機として、次のような話を伝えている。フェルガーナのイフシード Ikhshīd とシャーシュ王が不和となり、イフシードは中国皇帝に支援を求め、中国軍はこれに応えてシャーシュ王を攻めて降伏させた。これを聞いたアッバース朝のホラーサーン総督アブー・ムスリムは、ズィヤード・ブン・サーリフを派遣して中国軍を討とうとし、両者はタラス河畔で会戦に及んだのだ、と。この話を漢籍から知れるタイムラインと比較してみると、顕著なのは唐が石国すなわちシャーシュを攻めたという点で、『新唐書』巻二二一下石国伝は「安西節度使の高仙芝は、藩臣が礼を欠いているといって石国を弾劾し、これを征伐したいと請願した」とし、『資治通鑑』巻二一六は天宝九載（七五〇年）に、安西節度使高仙芝が、石国と講和するとみせかけて、これを急襲し、王や家臣達を捕虜とし、人民を殺し、大量の財貨を奪った、と記している。さらに石国王は長安に連行され、そこにおいて処刑された。『資治通鑑』は続けて次のように記している。

高仙芝が石国王を捕虜にすると、［石国の］王子は脱出して西域諸国（諸胡）のもとを訪ね、高仙芝がいかに詐術を用い、貪欲に財貨を漁ったかを事細かに説明した。諸国はみな怒り、秘かに大食をさそって四鎮を攻めようとした。高仙芝はこのことを聞きつけ、蕃漢の兵三万を率いて西に進軍すること七百里にして怛羅斯(タラス)城にいたった。

つまり、高仙芝の非道な為(な)しように恨みをもったシャーシュの王子がトランスオクシアナの諸都市国家を口説いて廻り、反唐の機運を高め、さらにアラブ軍をも味方に引き入れた、というのである。タラス河畔で高仙芝麾下の三万と会戦したのは、このアラブ軍で、それは、ブハラにおけるシャリークの叛乱を鎮圧しそのまま駐留していたズィヤード・ブン・サーリフ軍だったのである。

唐によるシャーシュ討伐の背景に、シャーシュが黄姓突騎施に味方し、唐と反目しつつ、突騎施の内訌に乗じてタラスあたりまで支配下におさめていたという状況が存在したのだ、と前嶋信次が推測していることは先に述べた。長安に送られたシャーシュの王は処刑されたというのだから、唐はこれをもってソグディアナの都市国家に対する見せしめとしたのかもしれない。

三　タラス河畔の戦い

(1) 戦いの推移

かくしてタラスに向かった唐軍と、これを迎え撃つべくブハラから東行したアッバース朝軍は、タラス河畔にて会戦に至るのだが、不思議な事にこの戦いそのものについてムスリム側の史料の記述は豊富ではない。アラビア語史料では、前述のイブン・アルアスィールの年代記以前には、九世紀のイブン・タイフールの『バグダードの書』に、アブー・ムスリムに派遣されてズィヤードが中国に遠征した際、という形で間接的に言及されているくらいである。一方漢籍にはもう少し詳しい情報が見える。すなわち、先に引いた『資治通鑑』巻二一六の文章の直後に

> ……西へ七百里進んで怛羅斯城に入り、大食軍と遭遇した。対峙すること五日で、葛羅禄族が裏切り、大食と手を組んで唐軍を挟み撃ちにした。高仙芝は大敗し、兵士はほとんど死亡して、わずか数千を残すのみだった。右威衛将軍の李嗣業は高仙芝に夜陰に乗じて脱出することをすすめた。しかし道は危険で、抜汗那の兵が前方にあって道を塞いでいた。嗣業は先駆けし、大きな棍棒を揮ってその者達と馬とを打ち倒した。そのおかげで高仙芝はそこを通過することができたが、将も兵も犠牲になった。別の将軍である汧州の段秀実は嗣業の声を聞き、それを罵って言った。『敵を避けて先に逃げ出すのは勇なき者のしわざであり、自分を守るために兵達を棄てるのは仁ではない。幸運にも逃げられたとしても、恥じるところはないのか』と。嗣業はその手をとって感謝し、その場に留まって追撃してきた敵兵を撃退した。そうして散らばっていた兵士達をまとめ、戦場を脱出することができたのである。安西に戻って仙芝に言って、秀実に都知兵馬使を兼職させ、自身の代官とした。

図 33　カザフスタン共和国タラス近郊のタラス川（2003 年）

とある。前嶋信次は他の漢籍の記述と照合し、まず先に唐軍がタラス城を攻囲したが、そこにアラブ軍が到着したので、唐軍は包囲を解き、野戦が行われたのだと推測している。前章で見たように、この時タラス城はシャーシュの守備兵が押さえていたと考えられ、高仙芝がまずこの城を包囲し降そうとしたとしても不思議はない。現在タラス川沿いにはカザフスタン側とキルギズ側のそれぞれにタラスというまちがあり（カザフ側はかつてはジャムブールと呼ばれていた）、両者の間は直線距離で八十キロメートル余の距離である。実際の戦場がどこだったのかは明確にはわからないが、シャーシュ勢力の拠点が置かれていたこと、天山北路からキルギズ山脈北麓を通る交通路の存在を考えると、おそらくはこの二つのまちの間、タラス川の河谷がある程度開けていて野戦が可能な場所だったのだろう（**図33**）。カルルク族はもともとイリ川の東側で暮らしていた遊牧部族だが、この時どのような経緯で唐軍に合力していたのかはわからない。ただ八世紀後半以降、タリム盆地がウイグルと吐蕃の抗争の場となるに及び、カル

図34　イシク・クル湖南岸マンジュルゥ・アタの聖地（2012年）

ルク族はその住地を西に向かって移していったと覚しい。第二章で引いた通り、イブン・ホルダーズビフの『諸道と諸国の書』はカルルクの冬営地をイシク・クル湖南岸に置いている（図34）。また八四〇年にウイグルがキルギスに討たれ、一部が西へ逃れた際、カルルクと合流してカラ・ハン朝の原型となったのではないかとも考えられている。ただしカラ・ハン朝の起源については、漢籍の記述を重視する日本や中国の研究者に対し、ヨーロッパの研究者達は伝統的にカルルク族やヤグマ族を中心とする集団がカラ・ハン朝の母体となったという説を支持しており、はっきりとした結論は出ていない。

(2) 戦いの結果

かくして唐軍は壊滅的敗北を蒙ったのだが、そのことはその後の中央アジア史にどのような影響をもたらしたのだろうか。かつてはタラス河畔の戦いを、唐とアッバース朝というユーラシア大陸東西のスーパーパワーが中央アジアにおいて覇権を争った大会戦であった、とするような説明もあった。ヨーロッパにおいては未だにそのような理解に基づいた言説も見られたりする。しかし前嶋は、主に①この大敗戦にもかかわらず指揮官高仙芝は厳しい咎めを受けたわけでもなく、要職にあり続けた。②勝利をおさめたアッバース朝側でもこの事件が詳細に史書に語られることもなく、さらにはタラス以東へのさらなる進出もなされなかった、という二つの点から、タラス河畔の戦いは、唐とアッバース朝の間の一大決戦というようなものではなく、パミールの東西で勢力を伸ばしつつあった両王朝の勢力圏がたまたまその辺りで接触したために生じた偶発的衝突だったと考えた。この見解は大いに説得力をもち、その後、少なくとも専門家の間では受け入れられてきた。ただ最近、中央アジア史家ユーリ・カレーフは、実はアッバース朝、というよりはアブー・ムスリムは、タラス戦後さらなる東方進出を現実的に準備していたとする研究を発表した。彼によれば、アブー・ムスリムはタラス河畔での勝利後、サイード・ブン・フマイドという将軍が率いる一軍をタラスに駐屯させ、そこでタリム盆地方面への侵攻の準備をしていた。この作戦は結局実行されなかったが、それは、わずか三年後にアブー・ムスリムが処刑されてしまったためであった。

このアブー・ムスリム処刑という事件は近年、その後の西アジア史に大きな影響を与えた出来事として捉え直されつつある。これとほぼ同時期に東で生じた大事件が安史の乱であり、この二つの事件こそがその後の中央アジア史の行方を定めることとなったと言えるが、そのことは次章において詳しく述べるとして、その前に、本章冒頭で述べたところの、タラス河畔の戦いと同じ年に行われた唐の使節団の罽賓への旅の詳細を確認してみよう。

四　悟空の旅

(1) 返礼使節団

タラス河畔の戦いがあった七五一年、総勢四十名からなる使節団が長安を出発した。使節団の団長は張韜光（ちょうとうこう）という人物で、内侍省内侍伯賜緋魚袋（ないじしょうないじはくひしぎょたい）だったというから、かなり高位の宦官だった。正史で見る限り、他には天宝九載（七五〇年）、楊貴妃が玄宗皇帝の機嫌を損ねて宮中から出されたとき、玄宗と貴妃の間で伝言を運んだという記事が『旧唐書』に見えるのみである。この使節団が前年に長安にやってきた罽賓国からの使節への返礼使であったこと、唐代の罽賓国がアフガニスタン東部からパキスタン北部にかけて、カーブル川流域を支配したハラジュの王国の領域をおおよそ指していたことは先に述べた。

この使節団の一員車奉朝は、もとは京兆（けいちょう）の雲陽（うんよう）（現在の陝西省涇陽（こうよう）県雲陽付近）の人で、出身の郷は青龍（せいりゅう）、里は嚮義（きょうぎ）であった。北魏の拓跋（たくばつ）氏の血を引くとされている。彼は、使節団の一員としてインドに赴いた際、病に罹り、使節団と共に中国に戻ることがかなわなかった。そこでそのままインドに留まって仏教を学んで出家した。彼はその後、仏迹を訪ねてインドを広く旅し、結局長安への帰還は出発から四十年も経った七九〇年のことだった。彼が持ち帰って翻訳された経典『仏説十力経』の序に見える悟空の略伝は早くから研究者の関心を惹き、十九世紀末にはスタインがこれをもとに当時のカシミールの様相を描き、シルヴァン・レヴィやエドゥアール・シャヴァンヌもほぼ同じ頃にこの伝のフランス語訳を刊行した。日本でも小野勝年や桑山正進がこの伝をとりあげ、その旅のルートを検討している。この使節団のインドへの旅の最も興味深い点の一つは、彼らがタラス河畔の戦いがなされたまさにその年に長安を出発し中央アジアを旅しているという点である。彼らの旅はどのようにしてなされ、それはこの地域を取り囲む大状況とどのように関係したのであろうか。使節団の採った経路、旅行期間、さらにその旅行経路が示唆する歴史地理的環境を、本章で検討すべき「謎」としよう。

(2) 長安から罽賓へ

長安を発った使節団は「安西都護府」、「疏勒」、「葱山」、「楊興嶺」、「播蜜川」、「五赤匿（式匿）」、「護蜜」、「狗緯」、「葛藍」、「藍波」、「孽和」、「烏仗那（烏長、烏纏）」、「茫誐勃」、「高頭城」、「摩但」、「信度城」を経て「乾陀羅」に到達した。安西都護府はクチャに置かれ、疏勒はカシュガルであるから一行は天山南路沿いに進んだのである。

葱山あるいは葱嶺は、漢籍史料では伝統的にパミールに至る山岳地帯を指すが、前述の如くこの頃、タシュクルガンに葱嶺守捉が置かれていたことから、このまちを指すのかもしれない。楊興嶺については残念ながら特定できない。高仙芝のパミール遠征の節で述べたように、播蜜川から五式匿を経たと言うことは、現在のパミール高原を横断し、グント川がパンジ川に合流する場所（シュグナーン）へと向かったことを意味する。

その次の「護蜜」は前述の如くワーハーン（現在のワーハーン回廊より広い地域）を指す。「狗緯」は別に「倶位（くい）」とも写されるが、『新唐書』巻二二一下によれば、「商弥（しょうみ）」あるいは「賒弥（しみ）」と同じ場所だという。商弥／賒弥は桑山正進によると、パンジ川／アム河水系から分水嶺を南に越えたクナール川流域のチトラールにあたる。ただし王小甫はこの狗緯をチトラールの北東にあるマストゥージにあて、その次の使節団が通過した葛藍を、クナール Kunār の音写とみている。

葛藍の次に一行が訪れた藍波は、濫波、藍婆とも書かれるが、カーブルの東にある現在のラグマーン（古くはラムガーン）にあたる。かつて玄奘はカーピシーから東へ向かったとき、ここラグマーンから北インドが始まるのだ、と記した。現在のラグマーンの中心地、メフタル・ラームはカーブル川の支流であるアリーシャングとアリンガル両河川が合流する場所にあり、水系としてはクナール川とは異なるが、クナール川の河口とは四十キロメートルほどしか離れていない。ここから烏仗那すなわちウッディヤーナ／スワートにいたる間にあった孽和の場所は未詳だが、王小甫らは、この二つの地の間にあって歴史的に非常に重要な地域であったナガラハーラ／ジャラーラーバードにこれがあたるのではないかと考えている。

ウッディヤーナから先、使節団の足取りはかなり確かであるが、個々の地名には同定が難しいものもある。小野は茫誐勃をスワートの中心都市ミンゴーラに、摩但をペシャーワル北東のマルダーンにあてている。高頭城はよくわからないが、信度城はペシャーワルかと思われる。乾陀羅がガンダーラであるのは間違いないが、この当時、ガンダーラの中心地はカーブル川がインダスに合流する地点のやや北東にあるフンドで、古くはウダカハンダ（ウダバーンダプラ）、イスラーム時代にはワイハンドと呼ばれた

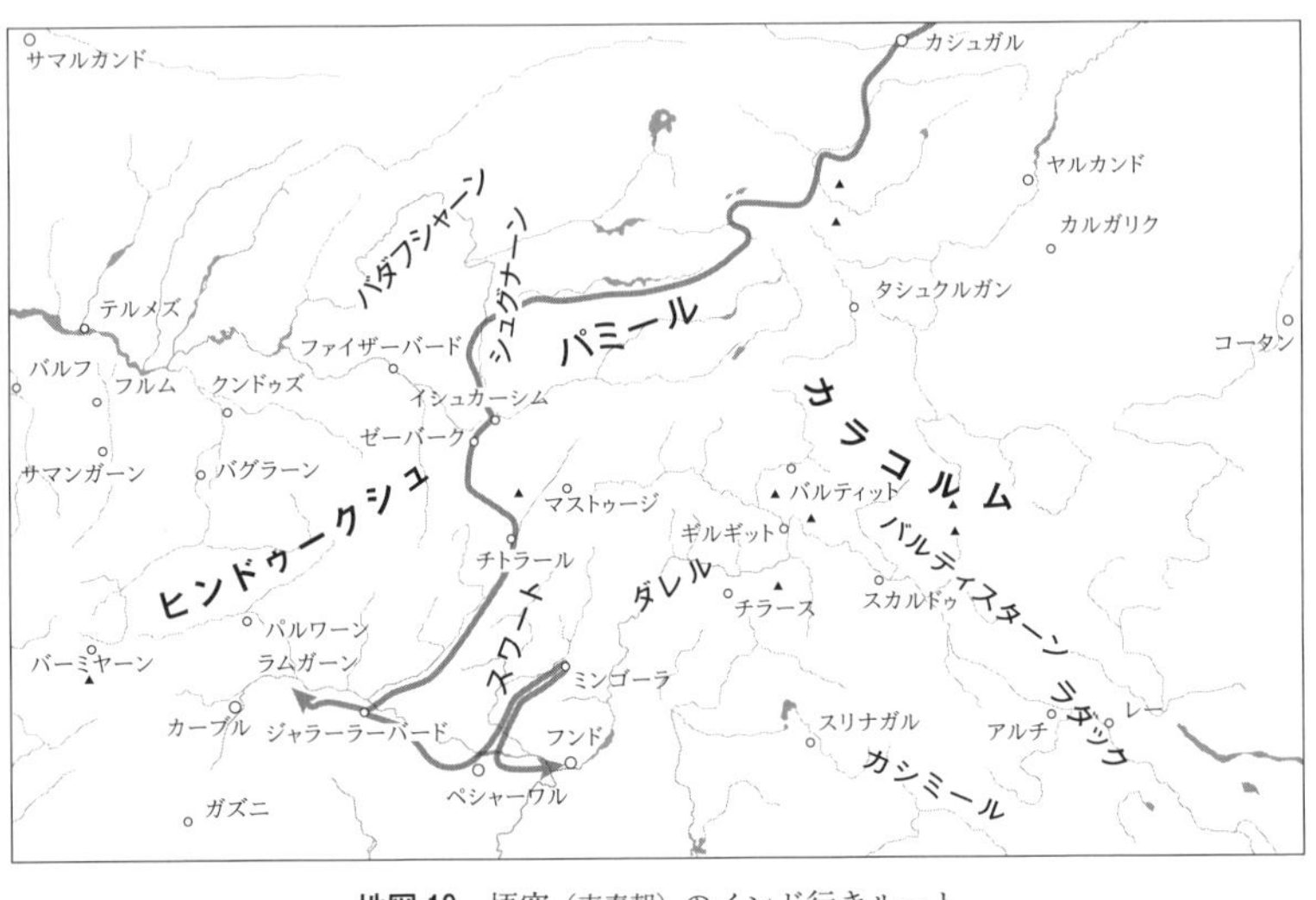

地図19　悟空（車奉朝）のインド行きルート

まちであった。というわけで、使節団はウッディアーナ地方から南下してペシャーワルにいたり、そこから東に向かってフンドに到着したのである（**地図19**）。

（3）ヒンドゥークシュ中央ルート

一方、ウッディアーナに至る前、中央アジアから山岳地帯を越えて南アジアに入るまでの使節団の想定されるルートはなかなか興味深い。古代から中世にかけて中央アジアと北西インドを結んだルートについて、桑山正進は、漢籍史料や考古学調査の成果、自然地理の分析等を通じて、それが六世紀半ばを境に、カラコルム山脈西端を抜ける道から、ヒンドゥークシュ山脈西端を経由する道へと大きく変化したことを明らかにした。ちなみに、カラコルム山脈は広義のヒマラヤ山脈の一部をなすが、ヒマラヤ本体の西に位置し、北西部でヒンドゥークシュ山脈と接している。それゆえ、カラコルム山脈の西端は、実際にはヒンドゥークシュ山脈の東側にあたる。一方ヒンドゥークシュ山脈はパキスタンの北部からアフガニスタンの中央部にかけて西に延びる山脈で、現在のアフガニスタンの中央部にあるいくつもの山脈をもこれに含めて言うこともあるが、狭義のヒンドゥークシュ山脈はバーミヤーンのあたりを西の端とする（地図2参照）。

さて、桑山に拠れば法顕（ほっけん）が旅した五世紀初めにはコータンもしくはカシュガルからヤルカンドを経由し、カラコルムの西端を越えてインダス川最上流域に出、ヤスィン渓谷、ギルギット、ダレルを南下してガンダーラに至るというルートが用いられた（地図11参照）。しかし七世紀初めに玄奘がとったルートは、クチャから天山を北に越え、スイヤーブを経由して大きくトランスオクシアナ、ソグディアナをまわり、アフガニスタン北部に南下してヒンドゥークシュ山脈を越え、バーミヤーンから北西インドに入るというものであった（地図4参照）。この間、ちょうど五五〇年代を境に、中国とインドの間を往復する仏教僧のルートが変化しており、桑山はこれを、六世紀半ば西突厥によってエフタル遊牧連合体が崩壊するという事件と結びつけて考察している。実際、インダス川上流で発見された岩壁線刻銘文や壁画などが六世紀半ばを境に減少すること、さらにはパキスタン北部のスワートで長年発掘調査を続けるイタリア隊が、やはり六世紀以降スワート渓谷における建築活動の低下を観察していることなど、桑山の仮説と適合する事実がその後も報告されている。もちろん、このことはインダス川最上流からカラコルム山脈西端を越えるルート（ちなみに現在のカラコルム・ハイウェイもこのあたりを通る）が全く使われなくなったことを意味するのではけっしてない。そもそも交通路という複雑な現象をどの角度から捉えて評

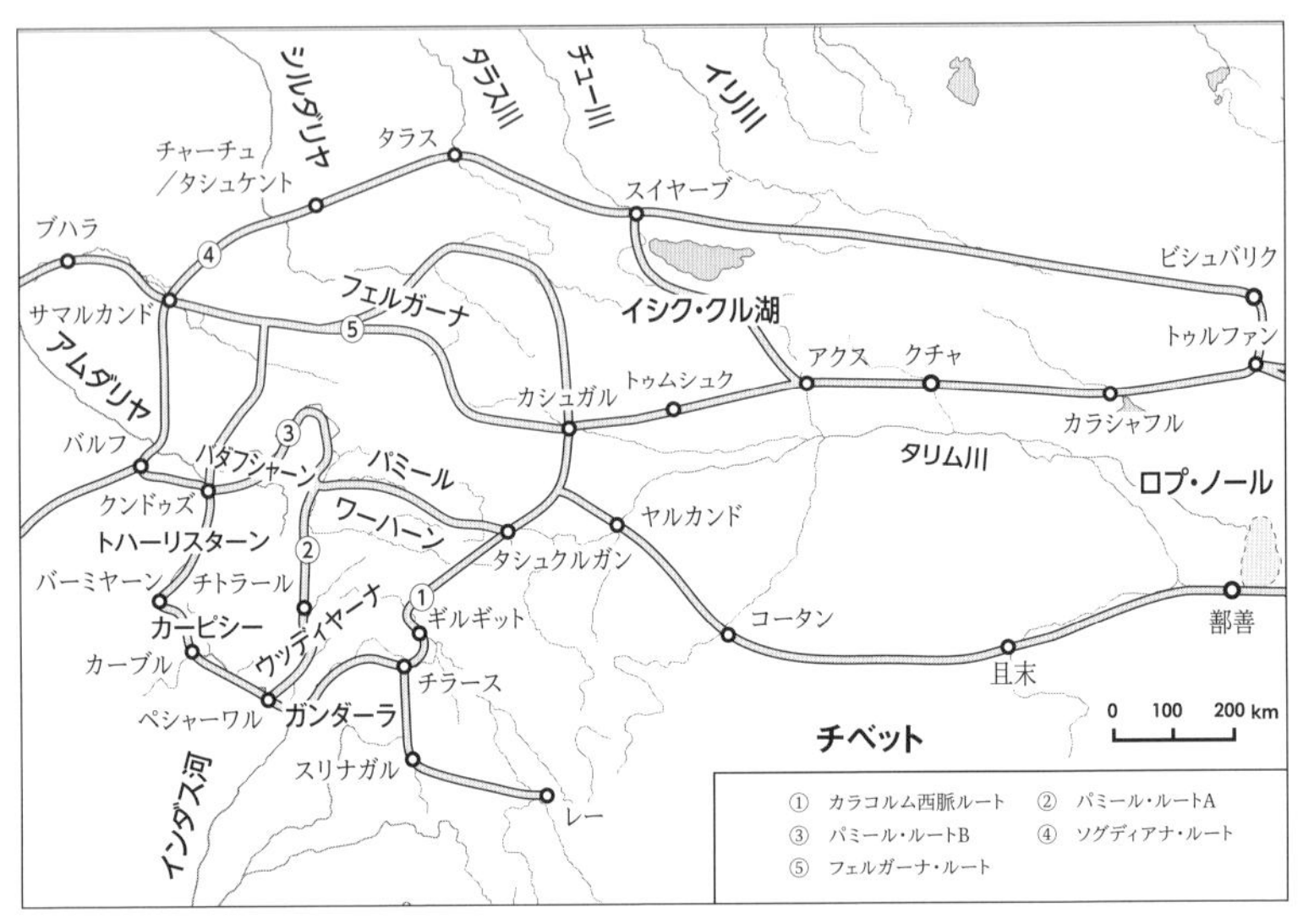

地図 20 インドと中国を結ぶルート

価するかという点は、現代でも簡単な問題ではない。ただ、この当時について言えばやはり交通量、ボリュームという点で大きな変化が生じていたように見えるのは間違いない（**地図20**）。

ところで、張韜光使節団がこの時使ったルートは、法顕のものとも、玄奘のものとも異なる。先に述べた地名比定がおおよそ間違っていないとすれば、それは、タリム盆地からパミール高原を越えて西に出、そこからヒンドゥークシュ山脈中央部を越えて、クナール川流域を南下し、カーブル川流域に出るという、いわばヒンドゥークシュ中央ルートである。実はこれとほぼ同じルートを通ったと思われるのが、六世紀前半、北魏からエフタルに対して送られた使節の宋雲（そううん）である。宋雲が辿ったルートは『洛陽伽藍記（らくようがらんき）』によれば以下のようなものだったらしい。

洛陽→吐谷渾→鄯善（ぜんぜん）→于闐→朱駒波（しゅくは）→葱嶺→漢盤陀（かんばんだ）→鉢和（はつわ）→嚈噠（えんたつ）→波知（はち）→賒弥（しみ）→葱嶺→烏場（うじょう）→乾陀羅

すなわち、北魏の都洛陽を出立した宋雲らは、当時青海近辺を支配していた吐谷渾の領土を通過し、タリム盆地南側を于闐＝コータンに進んだ。その次に訪れた朱駒波は現在のカルガリクにあてられている。そこからパミール方面に向けて山に入り到達した漢盤陀は、タシュクルガンにあたる。タシュクルガンからパミール高原を西に越え、一行は鉢和にいたる。鉢和は、ワーハーン川の流域にあたる。ただ、先にも述べたように、漢籍のワーハーンは、いわゆるワーハーン回廊のみならず、もう少し西側、ハンドゥードやイシュカーシムあたりまでを含む地域を指す場合があるので、タシュクルガンからパミール高原をあがり、パミール川沿いに高原を下ってワーハーン川との合流地点に出たというルートがとられたのかもしれない。嚈噠とはエフタルの音写とされているが、第一章で述べたとおり六世紀前半、エフタル勢力の拠点はアフガニスタン北部のバグラーン近辺にあった。その地でエフタルの王と会見したあと、宋雲らは再び東に戻り、波知にいたる。これはおそらくは現在のアフガン・バダフシャーンの山深く、ゼーバークのまちがあるあたりを指し、そこから次に訪れた賒弥は、前述のごとくチトラールと考えられるので、彼らはおそらくドーラ峠（標高四三〇〇メートル）を越えてクナール川水系に出たと思われる。そこから再び雪山を越えて到達した烏場はウッディヤーナ、つまり現在のスワートである。そこから南下して宋雲らは乾陀羅すなわちガンダーラにいたって「嚈噠特勤（エフタル・テギン）」と会見する。

このエフタルのテギンは、これまでずっと、トラマーナ王の息子ミヒラクラだと考えられてきた。確かに、彼がヤショーダルマン率いるインド連合軍に敗れてカシミールに逃れた時期から考えてもその可能性はある。しかし近年の貨幣研究からは、ミヒラクラはアルハン勢力の支配者（前掲）であったと考えられるので、なぜこのとき宋雲が彼らを嚈噠と表記したのか、その理由はよくわからない。もしかしたらエフタルとアルハンが同族であることを宋雲は知っていたのかも知れないが。

（4）タリム盆地と北西インド

このように七五一年に張韜光の使節団が用いたルートは、二百年以上前に宋雲が用いたルートと重なる。しかし、七世紀前半の玄奘の往路復路、八世紀前半の慧超の復路はどれも、バーミヤーンを経由してヒンドゥークシュ山脈の西端を越えるものであり、慧超の約二十年後に旅をした張韜光使節団がその同じルートを通らなかったのには何か理由がありそうである。

ここで、八世紀以前のタリム盆地と北西インドを結ぶルートのヴァリエーションを整理しておこう。

① カラコルム西脈ルート　法顕や智猛（ちみょう）、曇無竭（どんむかつ）（ともに五世紀前半）らが通ったルート

② パミール・ルートA　宋雲や張韜光使節団が用いたルートで、タリム盆地から西に向かう場合、パミール高原を越え、それからヒンドゥークシュの中央部を越えるのでこう呼んでおく。

③ パミール・ルートB　玄奘の帰路、慧超の帰路に用いられたルートで、ヒンドゥークシュの西端を越え、アフガニスタン北部からパンジ川を遡り、パミール高原を越えてタシュクルガンに出る

ルート。同じくパミール高原を経由するのでこう呼ぶ。

この三つに加えて歴史的にパミールの東西を結んできたルートとして、

④ ソグディアナ・ルート　玄奘が往路、スイヤーブからシャーシュ、イスビージャーブを経由し、北からソグディアナへ入り、アフガニスタン北部からヒンドゥークシュ山脈西部を越えインドに入ったルート。

⑤ フェルガーナ・ルート　古来よりパミールの東西を結んだルート。カシュガルから北西に向かい、ナリン川沿いに北からフェルガーナ盆地に入るルートはよく知られているが、もう一つカシュガルからまっすぐ西に向かい、キジルスー川上流に入ってサリタシュから北にアライタウ山脈を越え、オシュに出てフェルガーナに入るルートもある。前漢の武帝の時代、張騫（ちょうけん）が大月氏（だいげっし）をフェルガーナに訪れた時のルートはこれであったと考えられている。フェルガーナから西に向かえばソグディアナへ、あるいはホジャンドから南に山を二つ越えると、現在のドシャンベに出て、アム河北岸に至る。そこから河を渡ればアフガニスタン北部で、ヒンドゥークシュを越えてインドに入ることができる。

地図20に示したように、これらのルートはそれぞれが独立したものではなく、交通路のネットワークの中でどの組み合わせでどこからどこまで旅するのかという選択肢の中で、歴史上最もよく知られているもの、といったところなのだが、試みに七五一年前後、これら五つのルートの周辺がどうなっていたかを検証してみよう。

（5）各ルートの状況

まず第一にカラコルム山脈の西端を通ってインダス河上流域に出るルートだが、前述のように七四〇年代、この地域は吐蕃と唐の抗争の舞台となっていた。特に使節団の旅の数年前に行われた高仙芝のパミール遠征の経路を見ると、タシュクルガンからパミール高原を抜け、パンジ川流域に出て、そこからさらに西に向かうルートは唐軍が通行可能な道だったが、ワーハーン川流域から勃律（ギルギット、バルティスターン）は吐蕃と唐の係争地域だったことがわかる。

第二に玄奘、慧超らのパミール・ルートBだが、パミール高原の西側はアラブ・ムスリムとソグディアナの都市国家群および突騎施が七三〇年代まで激しく争っていた。突騎施勢力が撤退してすぐに、アッバース革命運動が開始され、イスラーム世界東方には新たな秩序が確立されていく。特にこのパミール・ルートBにとって重要だったのは七五〇年から五一年にかけて行われたらしい、アブー・ダーウド・ハーリド・ブン・イブラーヒームのフッタル遠征である。タバリーの年代記には次のような記録がある。

また、アブー・ムスリムはアブー・ダーウドをオクサスからフッタルへと派遣した。同地の王ハナシュ・ブン・スブルは抵抗しなかったが、フッタルのディフカーンの主立った者達は王のところへやってきて、そのうちのいくらかの者は王を引き連れて籠城し、別の者達は街道や峠、砦に立て籠もった。アブー・ダーウドがハナシュに圧力をかけると、ハナシュは夜半ディフカーンやシャーキリーヤに伴われて脱出した。そしてフェルガーナへ逃れ、そこからテュルクの地へ、最後は中国王のところへ逃げ延びた。アブー・ダーウドは敵達のうち捕虜とした者を引き連れて渡河し、バルフへ戻った。そして捕虜達をアブー・ムスリムのもとへ送った。

フッタルあるいはフッタラーンは、アム河をはさんでバダフシャーンと正対する位置にあり、アフガニスタン北部から東方パミール高原方面に向かうルートを扼する重要な場所であった。バダフシャーンは、現代ではパンジ川中流の両岸にまたがる地名で、川の左岸はアフガン・バダフシャーン、右岸はタジキスタンのゴルノ・バダフシャーン自治区であるが、もともとは川の左岸の山岳地帯のみを指していた。ちなみにこの地で採掘されるラピスラズリ（和名は瑠璃）は紀元前のメソポタミア文明やインダス文明の時代から、極めて貴重な宝石として工芸品等に用いられた。また、引用文中の「ディフカーン」とは「大土地所有者」あるいは「土豪」を意味するペルシア語である。

フッタルを脱出し最後は中国王のところまで逃げ延びたというフッタル王であるが、実は『冊府元亀』巻九六五に、天宝十一載正月（七五二年一〜二月）に「骨咄王羅全節（らぜんせつ）を冊して葉護と為す」という記述がある。時期的に見て、この骨咄王がフッタルにいたとは考えにくいので、この人物こそがタバリーの言うフッタル王ハナシュにあたるのかもしれない。いずれにせよ、七五〇年から五一年にかけて、パミール・ルートBの西の出口にあたる地域にすでにアラブ・ムスリムの支配が及んでいたのである。

第四のソグディアナ・ルートについては、前述のごとく八世紀前半のクタイバの征服以後、突騎施の反撃を挟みはするものの、アラブの支配は着実にこの地に根付いていった。同じくフェルガーナ盆地も七一〇年代にはクタイバの征服をうけていたし、そもそもフェルガーナの西のソグディアナ、あるいは南のアム河北岸もともにムスリムの蚕食を受けていた。

つまり、唐の公式使節団としての張韜光の一行が七五一年に選択することができたルートは、実はパミール・ルートAだけだったのである。小勃律＝ギルギットを通過する道は唐と吐蕃の間の戦場だっただろう。タラス方面を迂回する道は、タラスに置かれていたアッバース朝の守備隊が押さえていたし、この道もフェルガーナを経由する道も、その先にあるソグディアナやアム河北岸がアラブの征服を受けていた。これに対して、張韜光らがたどったパミール・ルートAにあたる道は、当時かろうじて唐の影響力がおよぶところであった。そのことは、使節団の旅の二年前、天宝九載（七五〇年）の高仙芝による朅師（けっし）国討伐の経緯からもわかる。

この討伐遠征は天宝八載末に吐火羅葉護が唐に使節を送ってきたことに応えてなされた。吐火羅葉護は、彼の国と境を接する朅師国が吐蕃と手を結んで攻めてこようとしているので、これを討伐して欲しいと望んできたのである。この請求をうけ、高仙芝は軍を率いて朅師国を攻め、その王勃特没（ぼっとくぼつ）を虜にし、兄の素迦（そか）を王として立てた、と『資治通鑑』は述べる。慧超の『往五天竺国伝』に拠れば七二〇年代後半、吐火羅葉護はアラブ軍に逐われてバダフシャーンに逃れていた。そのままこの葉護がパンジ川の上流域をさすバダフシャーンに留まっていたとすれば彼はそこから唐に使者を送ってきたことになる。吐火羅葉護を脅かした朅師国（あるいは羯師国）というのがどこにあたるのかについては、これをパキスタンとアフガニスタンの国境に近い、クナール川沿いのチトラールにあてる説、チトラール上流のマストゥージにあてる説、あるいはさらに西の、いわゆるカーフィリスターンにあてる説などがある。英領インド軍軍人にして言語学者でもあったヘンリー・ラヴァーティーによれば、クナール川の中流から上流にかけてはカーシュカルと呼ばれており、チトラール近辺はカーシュカル・パーイーン（下カーシュカル）、マストゥージ付近はカーシュカル・バーラー（上カーシュカル）と言ったらしい。竭師／羯師がこの地名と関係するなら、我々はその場所としてクナール川中上流域を想定して良かろう。特に前述のようにチトラールは漢籍に賒弥、商弥、狗衛など別の名前で言及されているので、ここでいう竭師はマストゥージにあたると考えてよいだろう。

さらに同じ年の八月から九月、護密（ワーハーン）王羅真檀なる人物が唐に来朝してきている。このことと、先に述べた七四七年の高仙芝のパミール遠征のルートとを組み合わせるなら、七五一年頃、パミールからシュグナーン、バダフシャーン、パンジ川上流、ワーハーン、およびヒンドゥークシュの南東麓、クナール川上流域にかけての地域は、唐に与する支配者達によって治められていたことがわかる。

(6) バダフシャーンの開元通宝

このこととやや関連するかも知れない貨幣が一点知られている。ドイツのチュービンゲン大学は初期イスラーム時代にイラン東部からトランスオクシアナ、アフガニスタンにおいて発行された貨幣の一大コレクションを所蔵しているが、その中に、唐の開元通宝の裏面にアラビア文字を刻んだものがある

図35　バダフシャーン発行開元通宝

（図35）。表面には漢字で「開元通宝」とあり、裏面のアラビア語銘文には Muḥammad rasūl Allāh ḍuriba bi Badakhshāna（ムハンマドは使徒である。バダフシャーンで製造された）とある。バダフシャーンは前述の通り、パンジ川中流域左岸の山岳地帯を指す。中国の開元通宝の金型を用いた貨幣はソグディアナやアム河北岸で七世紀から発行されていたことが知られるが、このバダフシャーン開元通宝もその流れを汲むものであろう。貨幣は残念ながら製造年を欠いているが、この貨幣を研究したフローリアン・シュヴァルツは、八世紀前半のものではないかと示唆しており、前代にこの地域に及んだ中国文化の影響の最後の段階を示すものと言えよう。

　いずれにせよ、中央アジア東部における唐と吐蕃の抗争、中央アジア西部におけるアラブ・ムスリムの進出とアッバース革命、といった大きな政治・軍事的事件の影響を受けて、張韜光使節団は、八世紀前半までの通例とやや異なり、パミールを西に越えてから再度標高四千メートル級の峠を越えてクナール川流域に出るという、二百年以上前に宋雲らが通ったのとほぼ同じルートを辿らざるを得なかったのである。そのルートは、東進するムスリム勢力と、北西へと向かう吐蕃の勢力範囲の狭間を縫うように存在しており、逆に言えば当時の両勢力の境界線がおおよそ

京都大学和漢聯句研究会 編

曼殊院蔵 和漢聯句作品集成

天台宗の門跡寺院、曼殊院に所蔵される和漢聯句作品のすべてを翻字、時代順に編成。文明11年(一四七九)以来、百年以上に亘る文化的営為の学習と保存を一望する。『室町前期和漢聯句作品集成』、『室町後期和漢聯句作品集成』、『慶長・元和和漢聯句作品集成』を継ぐ本書の収録作品は、これら三書の諸作と同時代でありながら、同一の作は少数にとどまる。本書刊行により、この時代の和漢聯句作品のほぼ全てが通覧可能となった。

■A5判上製・本文320頁・口絵2頁　五、〇六〇円

ISBN978-4-653-04515-1

伊藤信博(椙山女学園大学国際コミュニケーション学部教授)著

植物・食物の表象文化学

供物としての食物が重視され神仏・物の怪が未分化であった古代から、外食産業や博物学が発展を見せる近世まで。各時代の中で、食物や食材または薬の原料となる植物は、どのように人間とかかわり、その社会にどのような位置を占めていたのか。文学作品や宗教テクスト、絵画作品などの分析を通し、思想史および文化史的に追及する。

■B5判上製・360頁　一九、八〇〇円

ISBN978-4-653-04128-3

石上阿希(国際日本文化研究センター特任助教)
加茂瑞穂(武庫川女子大学附属総合ミュージアム学芸員)編

西川祐信『正徳ひな形』

―影印・注釈・研究―

江戸時代における小袖ファッションの図案集として広く活用された雛形本。そのなかで、京の浮世絵師・西川祐信が手がけ、明治の世にまで大きな影響を与えながらも現存のきわめて少ない『正徳ひな形』を影印・注釈編、論文編の二部構成によって詳説。底本は、株式会社千總および東京藝術大学附属図書館所蔵の善本を使用。

■B5判上製・本文[illegible]64頁・口絵8頁　[illegible]円

ISBN978-4-653-04469-7

坪井秀人（国際日本文化研究センター教授）編

戦後日本の傷跡

傷跡——いまだ終わらない [illegible]
ることのできない経験が現在に息づく、現在進行形の語りによってしか語ることの出来ない、過去の時間と現在の時間が交錯する場所。戦争経験の傷跡を生き続けたアジアと日本の戦後社会を考察した24本の論考を収録。

■Ａ５判上製・374頁　四、九五〇円

ISBN978-4-653-04517-5

齊藤隆信（佛教大学特別任用教員（教授））著

隋東都洛陽上林園翻経館沙門 釈彦琮の研究

北周から隋にかけて特定の学派や宗派に属することなく、半僧半官の立場で国家仏教の主要な事業に参画し、その発展に寄与した釈彦琮（五五七—六一〇）。後世、師資相承を重んじる教団仏教が栄える中で埋没してしまった彦琮の偉大な功績を究明し顕彰する。それによって従来見落とされていた教団史観によらない隋代仏教の一面が明らかにされる。

■Ａ５判上製・本文664頁・口絵４頁　一三、二〇〇円

ISBN978-4-653-04514-4

土井正樹（関西外国語大学外国語学部准教授）著

古代アンデスにおけるワリ国家の形成

小集落からみた初期国家の出現過程

南米アンデス地方に生まれた最初の帝国と言われるワリ帝国。経済・軍事・祭祀などの各方面にわたり、彼らはどのように国家を形成したのだろうか。建築・土器・骨角器など最新の遺跡調査の精緻な分析に基づきながら、これまでの研究史とは異なる「小集落に暮らす一般の人々の立場」からその帝国成立のプロセスに迫る。

■Ｂ５判上製・336頁　一九、八〇〇円

ISBN978-4-653-04189-4

京大人文研東方学叢書

【第二期】全10巻　まもなく刊行開始！

京都大学人文科学研究所東方部は、東方学、とりわけ中国学研究に長い歴史と伝統を有し、世界に冠たる研究所として国内外に知られている。約三十名にのぼる所員は、東アジアの歴史、文学、思想に関して多くの業績を出している。その研究成果を一般にわかりやすく還元することを目して、このたび「京大人文研東方学叢書」をここに刊行する。

■四六判上製・平均250頁　予価各巻三、三〇〇円

11 **五爪龍と「日本国王」** 漂流民と乾隆帝　岩井茂樹

12 **愛と欲望のオルド** オバサマたちのモンゴル帝国　宮　紀子

13 **イスラームの東・中華の西** 七～八世紀の中央アジアを巡って　稲葉　穣

14 **商品が動かす中国近代** 茶・アヘン・米・大豆・羊毛　村上　衛

15 **契丹(遼)の歴史と考古学研究** 遊牧王朝の足跡を追って　古松崇志

16 **漢藏諸語の類型論** 豊饒な言語の森を行く　池田　巧

17 **イスラーム新思想の東伝** 19～20世紀中国ムスリムの知の展開　中西竜也

18 **霊魂のゆくえをさぐる** 中国古代・中世の墓と神座　向井佑介

19 **皇帝と寺院** 玄奘の帰国と中国仏教の新たな展開　倉本尚徳

20 **科学伝来** イエズス会宇宙論と東アジア近世　平岡隆二

ISBN978-4-653-04520-5（セット）

このあたりにあって、しかも唐はその狭いルートを通じて北西インドと連絡をとっていたということを、この使節団の動きは示しているのであろう。

（7）使節団の目的と旅行期間

北西インドとの連絡、というのはこの返礼使節団のもう一つの目的だったと思われる。彼らは、ムスリムと吐蕃の連携によって閉ざされつつあった、中国と北インドを結ぶルートを確保し、できることなら南方から両者を牽制してもらうために派遣されたのではないか。もしそうだとすれば、唐朝の正式使節団として無事罽賓に到着するために、彼らは慎重にどの経路をとるべきか見極めようとしながら旅をしていた筈である。それと関連すると考えられるのが、使節団が長安からガンダーラに至るに費やした時間である。彼らが長安を出発したのが七五一年で、最終的にガンダーラで罽賓王と面会できたのは七五三年の春であった。使節団が七五一年の何時、長安を発ったのか、『十力経』の序は、それが辛卯の年、つまり天宝十載であったとするのみで何月だったかを伝えない。例えば七五一年の春に出発したとすれば、――そしてそれは七月にタラス河畔の戦いが戦われる前のことになり、使節団が罽賓との連絡を確保し、吐蕃への南方からの牽制をはかったとすれば春に出発していておかしくないのだが――、彼らは長安からガンダーラまでほぼ二年かけたことになる。もし七五一年の年末に長安を発ったのだとしても、やはりガンダーラまで一年半ほどかけたことになり、やや時間がかかりすぎているように思われる。この点は、同じルートを辿った二百年余前の宋雲らの記録と対照してみると一層はっきりとする。すなわち宋雲らは神亀元年十一月（五一八年十二月〜翌一月）に（長安よりさらに東の）洛陽を出発し、カルガリクに着いたのが神亀二年七月末（五一九年九月上旬）のことだった。そこから八月初めにはタシュクルガンに到達し、九月中旬にはワーハーン河谷に至る。エフタルの領域に入ったのは十月初め（五一九年十一月初旬）のことだったという。つまり宋雲らは一年もかからずにパミール高原を越え、アム河南岸のトハーリスターンにまで到達したのである。この二世紀余の間、旅の便がどれくらいよくなったかは不明だが、この時代差を考慮しても、おそらくは一年半以上かけてガンダーラに到達した張韜光らはかなりゆっくりと旅したと言える。

再度、使節団が長安を発ったのが春だったとすれば、彼らの旅の途上でタラス河畔の戦いが起こったことになる。また秋以降だったとすれば、彼らは唐軍の大敗によって生じたであろう混乱の中を旅したことになる。いずれにせよ、この戦いの勃発と帰趨が彼らの旅に影響を与えたことは想像に難くない。小野勝年は、使節団がワーハーンからクナール川渓谷を南下し、一旦ラグマーンまで行きながら、そこから東へ引き返したという旅程について、冬に罽賓王が避寒のためにカーブルからガンダーラに移動するという情報を持ち合わせていなかったのだろうと推測するが、そもそも目的地の王がどの季節にどこにいるかという、公式使節団が予め知っておくべき情報すら、ラグマーンに行くまで入手できていなかったというのは少々異常ではないだろうか。想像するに、使節団はもっと早くに罽賓に到達する予定であり、それはおそらく罽賓王がカーブルにいる春から初秋にかけての時期を想定していたのではないか。しかし道中で遭遇した状況の変化のゆえに、彼らは行く手の情報を手探りで集めつつ、時間をかけて慎重にルートを選択し、ようやく山南の地にたどり着いたのではなかったか。なによりガンダーラに到達したのが春のことだとするなら、彼らは冬期に山越えをした可能性すらある。彼らが越えたヒンドゥークシュ山脈の中央部の峠は標高が四千メートル近くあり、一年の大半は雪に覆われていたと考えられ、特に冬期にここを越えるというのは通常の旅ではあり得ない。もしかしたら本格的な冬の訪れを前に山越えをしてしまい、クナール川流域でさらに時間をかけていたのかもしれないが、そうだとすると罽賓王の所在を見失うというのは考えにくいので、やはり何らかの混乱の中で、冬期の山越えという暴挙に出たというのの方がありそうである。もしかしたらタラス河畔の敗戦直後、彼らの選んだルートも安全ではないと判断し、危険を冒してでも道を急いだのかも知れない（ただしこの冬期の山越えの可能性については後でまた触れる）。

以上のことをまとめるなら、七五〇年に長安に到来した罽賓使節団への返礼使として七五一年に派遣された張韜光を団長とする使節団は、当初罽賓王がいるはずのカーブルを目指して進んだ。しかし旅を進める中で唐とムスリムの衝突や、唐と吐蕃の抗争などの影響を受け、旅の予定が遅れてしまい、ようやく二年近くをかけて北西インドに至ったが、そこでも王の所在を見誤るという混乱ぶりを示していたのであった。

(8) ムスリム勢力とチベット

先に述べたように、この時張韜光の使節団が辿ったルートは、当時のムスリム勢力と、吐蕃の勢力圏の狭間、ある程度唐の影響力が残っているかも知れない場所を辿るものであったと覚しい。逆に言えばこのルートが、八世紀半ばの両勢力の境界領域を浮かび上がらせていると言ってもよい。カリフ、マアムーン（位八一三〜八三三年）が、自分の宰相であったファドル・ブン・アルサフルに「ハマダーンの山から東、シュグナーンとチベットの山地まで」の統治権を与えた、とタバリーの年代記は伝えるが、これが実態を反映しているのなら、アッバース朝の軍勢は九世紀初め、パンジ川上流からさらに東にまで進出していたのかも知れない。一方ティツクデツェン（位八一五〜八三八年）の治世、吐蕃はボロル（勃律＝ギルギット）の支配を回復し、その結果、吐蕃の領域は再び「アラブとの境界、大いなるバダフシャーンの門」まで及んだという。「門」という言葉を手掛かりにするなら、十世紀にアフガニスタンで書かれた無名著者による地理書『世界の諸境域』は、バダフシャーンの山中、「チベットの門」と呼ばれる村について、

「チベットの門」の村の山上には門がある。そこにはムスリム達がおり、通行税を取ったり、道の監視をしたりしている。この門を出たならワーハーンの境域に入る。

と記している。同書にはまた「アラブ人達の門」という場所も出てくる。同書の訳注を出版したミノルスキーはこの二つが同じ場所で、現在のアフガン・バダフシャーンの中心地ファイザーバードの東、バハーラク近辺にあったのではないかと推測している（**地図21**）。この記述が正確に何時の時代のことで

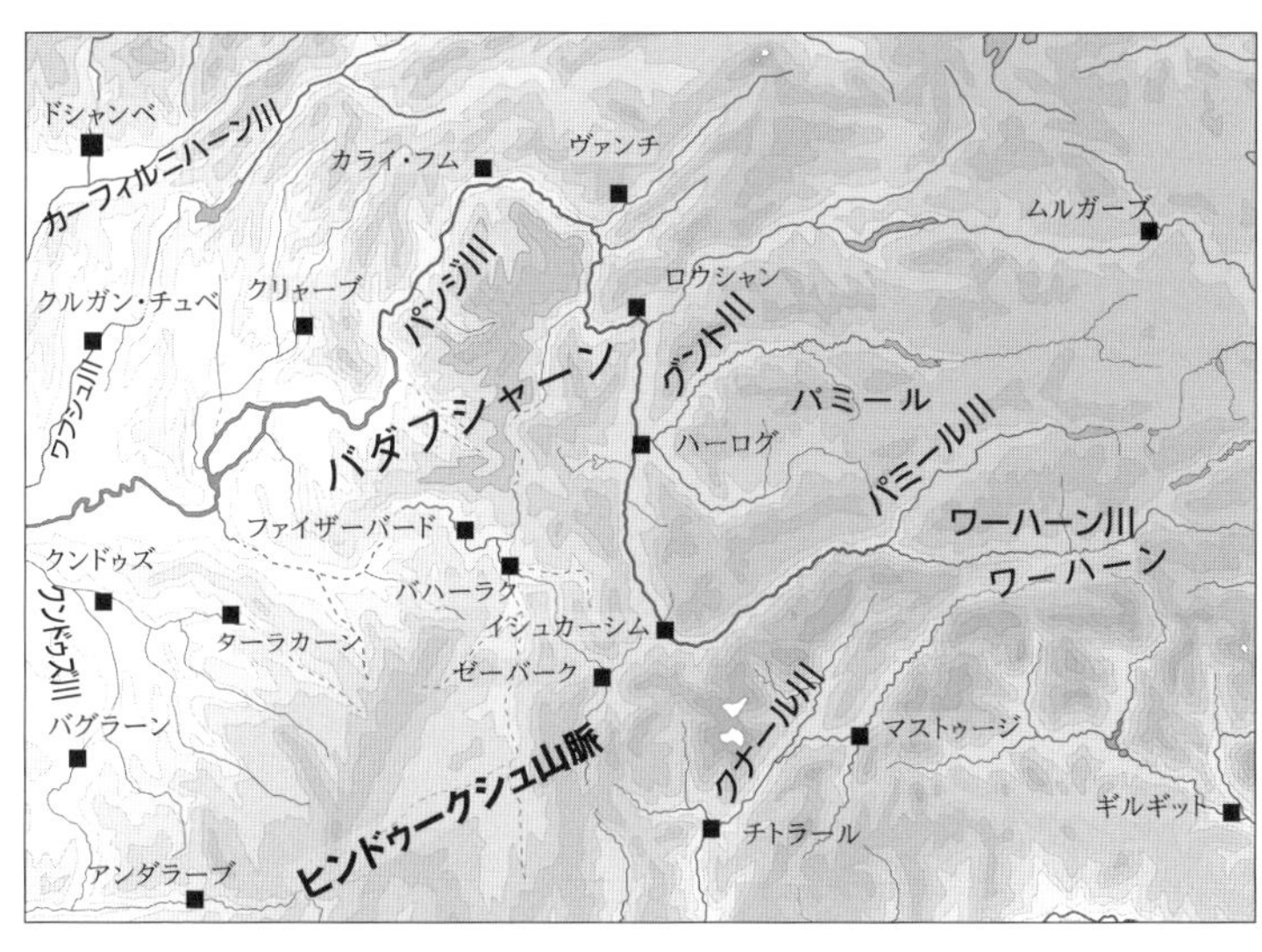

地図21　バダフシャーン地図

あるのかは残念ながらわからないが、十世紀をそう遡ることのない時期に、ムスリム商人とチベット商人の活動範囲の境界がバダフシャーンとワーハーンの間にあったのであろう。バダフシャーンからガンダーラを目指す場合、バハーラクの東ゼーバークからヒンドゥークシュ山脈中央部を越えて、クナール川流域へと降り、そこからさらに峠越えをしてガンダーラへと到る。そう考えると、張韜光の使節団は八世紀半ばに、この「チベットの門」、あるいはそれに近い場所を通過して北西インドを目指した可能性が高い。そうして少なくとも十世紀までの間、結局ムスリム勢力とチベットの境界はヒンドゥークシュ山脈中央部から東部であったことになる。

以上、本章では七五一年にいたる中央アジアの情勢とタラス河畔の戦い、およびその激動のまっただ中に旅をした唐の使節団のルートと日程を通じて、八世紀半ばの中央アジアにおける勢力範囲のあり方を考えてみた。本節の最初に記した「謎」に即して言うなら、張韜光の使節団はタラス河畔の戦い、特に唐軍の大敗によって生じたであろう不安定な状況の中で、安全にヒンドゥークシュ山脈の南側へと出ることができるルートを慎重に探りながら旅したのであり、結果として彼らが辿ったヒンドゥークシュ山脈中央部を越えるルートは、当時のアラブ・ムスリム勢力と吐蕃勢力の勢力範囲の隙間を縫うようなものとなった。使節団の旅の期間が比較的長期にわたったのも、このような手探りの旅を続けたがゆえであった。別の言い方をするなら、パミール以西を抑えつつあったアラブ・ムスリムと、タリム盆地への進出をはかる吐蕃に対し、唐はこの両者の勢力範囲の隙間を縫って北西インドとの通交をはかったのである。タラス戦の敗北によって唐の西方への影響力がどれほど削がれたのかはわからないが、その数年後に勃発した安史の乱は、唐の西域支配に実質的なとどめをさした。次章ではこの乱にからんだ興味深い出来事について考えてみよう。

第四章　七五七年　安史の乱時に入唐した大食

さて、悟空がインドに居残って仏教を学んでいた頃、彼の故郷では歴史を塗り替えるような大事件が起きていた。世に言う安史の乱である。安史の乱に関する研究は近年ずいぶんと進み、これまで知られていなかったことが多く明らかとなっている。特に内陸アジアの状況との関連が大きくクローズアップされてきているが、それとも関連して興味深いのが、一九八〇年代以降に中国の回族の間で主張された以下のような話である。

唐朝は内乱を鎮圧するために、アラブなどの軍隊に協力を頼んだが、乱の後、兵隊たちは中国に残された。この一部の外国人に、唐は、長安の南にある沙苑（しゃえん）という所を特別な居留地として与えた。後に長い年月がたっても、沙苑はイスラム教を信じる回族の故郷であり続けた。

これは張承志（ちょうしょうし）の『回教から見た中国』（一九九三年）に紹介されているのだが、この話のもととなったのは、楊懐中（ようかいちゅう）が『伊斯蘭教在中国』（一九八二年）の中で次のように述べている部分だと思われる。

> 天宝十四載、安禄山の兵が叛乱を起こし、両都（長安と洛陽）を続けて陥落させた。粛宗の至徳元年（七五六年）アッバース朝のカリフ、マンスールは中国皇帝の援軍要請に応えて軍隊を派遣し、中国に到来せしめ、唐の粛宗が内乱を平定するのを助け、西京（長安）と東京（洛陽）を回復した。

戦いが収束した後もこの一団の軍隊は中国に留まり、家庭を持ち住み着いた。

実際、『旧唐書』、『新唐書』、『唐会要』、『冊府元亀』といった史料には、この乱の折に「大食」の兵が到来し、唐朝の側に立って戦ったという記述がある（詳しくは後述）。「大食」という語はここまで何度も登場したが、一般には漢籍においてアラブをあらわす言葉であるとされている。しかしその語源はやや複雑である。そもそもの語源はアラビア半島東部において最も有力な部族の一つだったタイイ（Ṭayy）族の名で、彼らはラフム朝（イラク北部にあったサーサーン朝の属国）に雇われて北部のキリスト教徒と対峙していた。七世紀初め、タイイ族のイヤース・ブン・カビーサがラフム朝にかわってサーサーン朝の西方国境守備の任に就くと、ペルシア語ではタイイ族の名がアラブ部族全体を示す名称となった。つまり、タイイ族に関連することを示す中世ペルシア語の形容詞 tāčīk がそのままアラブ部族全体を示す名称となったのである。この語は、アラブ・ムスリムの将軍に率いられた軍勢がアム河を越えてトランスオクシアナに侵攻した際、接触を通じて西突厥へと伝わり、八世紀前半においては中央アジア（パミール以西）の非テュルク系の人々を指す一般名称として用いられていた。古代テュルク語碑文には täzik という形が二度登場する。おそらくはこの西突厥を介して、この言葉はさらに東方に伝わり、漢文では大食と、またチベット語では stag-gzig（tazig）と写されたのである。ただ、最初期、中央アジアや突厥の間では、タージークはアラブのみをあらわすのではなく、ムスリム全体をおおまかに示す言葉として用いられたらしい。このことは安史の乱時に唐にやって来たとされる大食が実際には誰だったのかを考える際に重要になるので、頭の片隅にでも置いておいて欲しい。

さて、この安史の乱の時に入唐した大食兵は、楊懐中の言うように本当にアッバース朝カリフによって派遣された軍で、乱鎮圧後も中国に留まって回族の遠祖となったのだろうか。本章で説くべき「謎」はこれである。安史の乱の背景、乱の経緯と特徴、アッバース朝初期の東方イスラーム世界の様相などを検証しながらこのことを考え、八世紀という時代、中央アジアにおいて何が起きていたのかを明らかにしてみよう。

一　安史の乱

(1) ソグド系突厥

話はちょっと遡る。中国に隋唐が成立した時期、その西の隣人が突厥であったことは何度か述べた。この突厥から中国の宮廷に使節が送られてくる際に、しばしば同行していたとされるのがソグド人である。ソグド人はその名の通り、トランスオクシアナのソグディアナ出身の人々で、古くから活発に商業活動を繰り広げていたことで知られている。彼らの足跡はユーラシア大陸のそこかしこに刻まれており、彼らの用いていた言語が記された史料もそれなりに残っている。彼らは交易先にいわゆる交易離散共同体（trade diaspora）を形成し、ソグディアナからやってくる商人と、現地の市場との橋渡しを行うなどし、徐々に現地社会とも融合していった。中国ではこのようにして中国内地に到来し定住し、あまつさえ高位の官職についたりするソグド人が多くいたようで、近年彼らの墓所や墓誌銘が陸続と発見されている。

一方、突厥の側にも急速に拡大したその領域内にもともと住まっていた、あるいは商取引のために突厥のもとを訪れたソグド人が多数存在し、彼らの一部はそのまま突厥可汗のブレーンとして重きを置かれるようになっていった。さて、太宗のときに東突厥が唐に下ると、突厥領にいたテュルク系その他の非漢人集団は、定襄（ていじょう）、雲中（うんちゅう）の二都督府の下に置かれた十の羈縻州（きびしゅう）に居住させられることとなった。しかし、そのような突厥遺民は徐々に力を回復し、唐から独立しようとする動きを見せ始めた。六七九年にオルドス南部に置かれた六つの羈縻州は、このような動きへの対応として唐が突厥遺民を再編成した結果であった。この六つの州は別に六胡州とよばれたが、ここでいう胡とはイラン系の民、この場合はほぼ間違いなくソグド系の人々のことであり、ここに住まったソグド人は六州胡と呼ばれることとなる。

このような、ソグド商人の東方への拡大、突厥遊牧帝国との結びつき、さらには唐の羈縻政策といった流れの中で、ソグド人とテュルク人は融合していった。漢籍に雑胡と呼ばれることもある、このソグドとテュルクの混血の民はテュルクの軍事技術を身につけながら、ソグド人特有の姓を名乗り、ある種の連帯意識を保持してもいたようである。現在「ソグド系突厥」という名で知られるこの雑胡の中には、もちろん中国に身を投じてそこで生きる人々もいた。安禄山とはそのような雑胡の一人であったのである。史料に拠れば安禄山の母は阿史徳氏という突厥の名門の出で、父は康姓を持つ人物だった。ちなみに康とはサマルカンドのことで、当時ソグド系の人々がよく名乗った姓である。この康某は早くに亡くなり、母はブハラ出身のソグド人安延偃（あんえんえん）と再婚した。安はソグド人集団を率いる軍人であったという。

彼らはともに復興した突厥第二可汗国のもとにあったが、カプガン可汗が死に、イルティリシュ可汗の息子ビルゲ可汗が可汗位を得ると、カプガン可汗系の人々の多くは唐へと亡命した。安禄山もその中に含まれていたらしい。彼はその後幽州節度使の張守珪に仕え、そのもとで才を発揮し、張の養子（仮子）となって、立身出世を遂げた。七四二年には平盧節度使に任じられることとなった。

（2）唐の軍事体制

当時、安禄山のような存在が急激に力を持ったもう一つの背景が唐の軍事制度の変化である。そもそも建国当時、唐の軍事体制は前代より受け継がれてきた府兵制、すなわち徴兵制を基本としていた。各地で徴発、登録された兵は都に送られてその警備にあたったり（衛士）、あるいは唐の辺境域での防衛に従事した（防人）。太宗時代以降、唐が積極的対外拡大政策に出るなかで、東西方向への軍事遠征の責を担ったのは、府兵の中から臨時に編成される遠征軍（行軍）であった。しかしながら府兵は食料や武器などを自弁せねばならず、過重な負担ゆえに逃亡する者も多かった。その一方で対外遠征の頻度は高かったため行軍の編成は困難となった。かくして、府兵から臨時に編成されるはずの行軍は、兵を遠征目的地に近い羈縻州から調達し、あるいはそれぞれの軍が自前で様々な兵を雇い入れることによって、職業軍人からなるほぼ常設の駐留軍（鎮軍と呼ばれた）へと変化していった。そのような鎮軍は複数がまとまって、軍司令官すなわち節度使の統轄下に置かれた。こうして唐の府兵制は崩れ、玄宗の時代には節度使を中心とする新しい軍事制度が行われるようになったのである。

（3）安禄山の挙兵

さて、安禄山は七四四年には平盧に加えて范陽節度使も兼ねることとなり、その兵力は十万を超えるものとなった。さらに北方の羈縻州にいた奚や同羅などを婚姻や養子縁組などを通じて抱え込み、そのうえ遠距離交易のネットワークを持つソグド商人とも強い結びつきを構築していった。

かくして強大な力を握った安禄山は七五五年十一月、幽州において挙兵した。范陽、平盧、河東節度使の軍勢に、同羅、奚、契丹、室韋、曳落河の軍団を加えた総数は十五万余。ほぼ遮られることなく、洛陽を落とした。安禄山が唐朝に対して叛乱を起こした直接の原因は、玄宗の寵姫となった楊貴妃の兄、楊国忠が国政を壟断していることを除くためであったということになっている。その名目通り長安を目指して安禄山軍は潼関に攻め寄せた。この地の防衛に最初あたったのは、タラス河畔の敗将でかつての安西都護高仙芝と、その後を継いで安西都護となった封常清であった。しかし封常清は洛陽守備を棄てて退却したことを咎められ、高仙芝とともに処刑された。そのあとを承けて潼関を守った哥舒翰はしばし攻撃を撃退し、安禄山も一旦洛陽へと退却したが、今度はそこで即位し大燕の雄武皇帝を名乗った（燕は幽州あたりの古名）。その後、唐軍の巻き返しもあって戦線は膠着したが、唐朝側の内紛によって哥舒翰は潼関から出撃を余儀なくされて敗北し、ついに安禄山軍は関中へと入った。玄宗皇帝は楊国忠に伴われて長安を脱出し四川へと向かったが、その途上、楊国忠と楊貴妃は殺された。玄宗の皇太子亨は玄宗一行と離れて霊武に向かい、そこで即位して新たな皇帝粛宗となり、安禄山軍への反攻拠点を築いた。

一方、ついに長安、洛陽の二都を手にした安禄山はしかしながら持病の悪化に悩まされた上、父の寵愛が異母兄弟に移ったことを恨んだ息子安慶緒によって殺されてしまった（七五七年一月）。慶緒は父の後を継いで即位したが、霊武の粛宗によって天下兵馬元帥に任じられた粛宗の長子、広平郡王俶（のちの皇帝代宗）が、郭子義（朔方・河西・隴右節度使）らを率いて長安を攻め、慶緒軍を破ってこれを奪回した（香積寺の戦い）。慶緒とともにあった曳落河や同羅、六州胡は彼を見限って幽州へ向かい、一部はそこにいた史思明のもとに吸収された。史思明は安慶緒を一旦は扶けるが、その後これを殺して自ら大燕皇帝となった。かくして安禄山が始めた叛乱は史思明に引き継がれ、思明の息子史潮義が殺された七六三年まで安史の乱は継続した。唐朝は粛宗、代宗のもと態勢を立て直し、モンゴル高原から西方へと勢力を伸張しつつあったウイグルの援助もあって、大いに勢力を回復した。しかしそれまでと比べると、いわゆる西域方面に対する影響力はほぼ失われ、中華本土の王朝として存続することとなり、その点で安史の乱は唐だけでなく、中央アジアの歴史にとっても大きな転換点となったのである。

（4）天下兵馬元帥の軍

さて、洛陽を奪回した天下兵馬元帥の軍勢について『新唐書』巻六代宗本紀には次のように見える。

粛宗はすでに即位し、郭子儀らの兵が安慶緒を討とうとしていたが、まだ勝利をおさめられずにいた。粛宗は岐にあって、至徳二載九月、広平郡王を天下兵馬元帥となし、朔方、安西、回紇、南蛮、

> 大食等二十万の兵を率いて進討させた。百官は朝堂において見送った。〔軍は〕城門を過ぎるところで下馬し、歩いて木馬門を出て、それからまた騎乗した。安西・北庭行営節度使李嗣業を前軍となし、朔方・河西・隴右節度使郭子儀を中軍とし、関内行営節度使王思礼を後軍となして、香積寺に駐留した。賊将安守忠を破り、六万の首をあげた。賊将張通儒は長安を守備していたが、守忠が敗れたことを聞き城を棄てて逃れた。〔代宗は〕ついに都を勝ち取った。そこで思礼を留め、苑中に駐留させた。代宗は大軍を率いて東へ向かった。安慶緒はその将厳荘を遣わし、陝州で防がせた。代宗と子儀、嗣業は陝西で戦い、敵を大いに破った。慶緒は河北へ逃れ、〔代宗は〕ついに洛陽を勝ち取った。

同様の内容は『冊府元亀』巻九七三にも見えるが、天下兵馬大元帥の率いた軍は、朔方、安西などの唐の軍勢に、ウイグル（回紇）、南蛮、大食などの軍が加わったものだったとされている。右に述べたように俶は至徳二載（七五七年）、この軍勢を用いて香積寺において安禄山軍を破り、そのまま長安を奪回した。さらにこの軍は東に進み、一ヶ月もかからずに洛陽をも奪い返したのであった。この唐の反攻の主力となった軍勢について『資治通鑑』巻二一八には次のように述べられている。

> 皇帝（粛宗）は朔方の兵を用いてはいたが、外国から兵を借りてそれによってさらに軍勢を盛んにしようと望んだ。そこで豳王守礼の子承寀を敦煌の王となし、僕固懐恩とともに回紇に使者とし

て赴き、援軍を要請させた。また抜汗那(フェルガーナ)の兵をも徴発し、かつ城郭諸都市を巡って、厚く恩賞を与えることを認めると告げさせ、安西の兵に従って援軍としてやって来させた。

また同書巻二一九には

皇帝は安西、北庭、抜汗那、大食の諸国の兵が涼州(りょうしゅう)、鄯善に到来したことを聞いた。

とある。つまり、兵力の不足を補おうとした粛宗は増援兵力を西方に求め、これに応えて、安西、北庭の兵だけでなく、ウイグル、フェルガーナ、大食の軍勢が到来したというのである。乱の鎮圧のためにやってきたウイグルや大食に関する楊懐中の文章を本章の冒頭で引いたが、彼が挙げる典拠は『旧唐書』巻一九八大食伝および『新唐書』代宗本紀、『冊府元亀』である。後二者はすでに上で見たので、『旧唐書』の記述（『唐会要』巻一〇〇大食伝も同じ内容）を見ると次のようである。

至徳年間（七五六－七五七年）の初めに［大食は］使者を送り、朝貢してきた。その頃代宗は元帥となり、その国の兵を用いて二つの都（長安と洛陽）を接収した。

すぐに気づくのは、楊懐中が述べるような、アッバース朝のカリフ、マンスールが援軍を送ってきた、という類いの話は漢籍史料のどこにも書かれていないという点である。ちなみに張承志も楊懐中もともに現代中国のムスリムである回族で、特に楊懐中の文章は、文革以降、回族が自らの信仰のアイデンティティーを回復していくプロセスにおいて著されたものであることには注意しておいてもよいだろう。

それでも、この安史の乱にて唐朝を助けた大食というのが一体何者であったのかを東西の史料を勘案して考えてみることは、八世紀の中央アジアにおいて、ユーラシアの東西がどのように交流し、どのように影響し合っていたのか、その一側面を浮き彫りにしてくれそうである。

二　アッバース朝東方領域

(1) タラス戦後の唐とアラブ

高仙芝率いる唐軍とズィヤード・ブン・サーリフ率いるアッバース朝軍がどのような経緯でタラス河畔にて会戦し、戦いがどのような結果で終わったのかについては前章で述べたが、そこでも紹介したとおり、タラス戦後の中央アジアの詳細な状況は残念ながらわからない。一方、アッバース朝側ではさらなる東方進出を企図し、その準備を行っていたという見解もある。ユーリ・カレーフは、アブー・ムスリムが、タラスに総督サイード・ブン・フマイドと駐屯軍を配備し、それによってさらなる東方への遠征を目指していたと指摘している。ただしその計画は、後述のようなアブー・ムスリムの殺害によって実際には果たされることがなかった。前嶋のようにこの戦いを「偶発的遭遇」とみなす立場もあり得るし、カレーフのように、アッバース朝の東方進出計画の存在を想定することも可能であろう。ただ、森安が指摘するように、やや長いタイムスパンをとってみれば、その後の中央アジアあるいはタリム盆地にとって重要だったのは、唐やアッバース朝の動向ではなく、北進をはかる吐蕃と南下を図るウイグルの間の対立であったことは間違いない。

ところで『冊府元亀』は、タラス河畔の戦い直後から、大食からの唐への使節が頻繁に到来していることを記録している。（図36）

特に七五三年には記録に残っているだけで四回も使節が訪れている。日本における中国イスラーム史研究の嚆矢となった大著『中国における回教の伝来とその弘通』（一九六四年）の中で、田坂興道（たさかこうどう）はこのことに基づいて、タラス河畔の戦いは決して唐とアラブの間の通交を妨げるものではなく、アラブからの使者が頻繁に訪れていることからしても、両者の関係はタラス戦後も順調に推移したとし、七五七年に大食兵が入唐したこともその文脈の中で捉えている。確かに使節団の往来は、タラス戦後の両者の関係がおおかたにおいて良好であったことを示しているようにも見える。しかしながらそもそも中国の冊封体制は、朝貢貿易と密接な関係を持っているという事実を鑑みるなら、果たしてこのような唐とアラブの間を往来した使節全部がカリフ政権からの正式な使者だったと見てよいのかどうか。さらにこの当時、すなわち七五〇年代半ばまでのアッバース朝東方領域のあり方を考えてみると、漢籍史料に出てくる「黒衣大食（こくい）」の使節を、そのままアッバース朝カリフの正式使節とし、あるいは安史の乱時に到来した大食兵をそのままカリフからの正式な援軍だと考えるのは短絡的に過ぎるようにも思える。そこで次

唐＝アラブ関係（漢籍史料）		アッバース朝東方領域の出来事	
		750－51年	ブハラにおけるシャリーク・ブン・シャイフ・マフリーの叛乱
		751年	タラス河畔の戦い
天宝11載（752年）12月己卯	黒衣大食謝多訶密遣使來朝、授左金吾衛員外大將軍、放蕃還。（『冊府元亀』巻975）	752－53年	ズィヤード・ブン・サーリフ等二名の将軍、アブー・ムスリムに叛乱
天宝12載（753年）3月	黒衣大食遣使獻寶物。（『冊府元亀』巻971）		
天宝12載4月	黒衣大食遣使來朝。（『冊府元亀』巻971）		
天宝12載7月辛亥	黒衣大食遣大酋望二十五人來朝、並授中郎將賜紫袍・金帶・放蕃還。（『冊府元亀』巻597）		
天宝12載12月	黒衣大食遣使獻馬30匹。（『冊府元亀』巻971）		
天宝13載（754年）4月	黒衣大食遣使來朝、各賜帛有差、放蕃還。（『冊府元亀』巻975）		
		754年7月	カリフ、マンスール即位
		755年2月	アブー・ムスリム処刑
天宝14載（755年）7月	黒衣遣使貢獻（『冊府元亀』巻971）		
		755年	ゾロアスター教徒スンバーズの叛乱
天宝15載（756年）7月	黒衣大食遣大酋望25人來朝（『冊府元亀』巻971）	755－56年	イスハークと「白衣者」の活動
至徳元載（756年）9月	上雖用朔方之眾、欲借兵於外夷以軍勢、以豳王守禮之子承寀為敦煌王、與僕固懷恩使于回紇以請兵。又發拔汗那兵、且使轉諭城郭諸國、許以厚賞、使從安西兵入援。（『資治通鑑』巻218）		
至徳初（756－7年）	［大食國］遣使朝貢（『冊府元亀』巻971）		
至徳2載（757年）正月	上聞安西、北庭及拔汗那・大食諸國兵至涼・鄯。（『資治通鑑』巻219）	757－58年	メルヴにおけるバラーズの叛乱
至徳2載2月	上至鳳翔旬日、隴右、河西、安西、西域之兵皆會（『資治通鑑』巻219）	757－58年	アブー・ダーウド死去
至徳2載9月	即與僕固懷恩引回紇、西域之兵自城南過、營於滻水之東（『資治通鑑』巻220）		
至徳2載10月	癸酉、回紇葉護自東京還、上命百官迎之於長樂驛。上與宴於宣政殿。葉護奏以「軍中馬少、請留其兵於沙苑。自歸取馬、還為陛下掃除范陽餘孽」。上賜而遣之（『資治通鑑』巻220）		
乾元元年（758年）5月壬申朔	迴紇使多乙亥阿波八十人、黒衣大食酋長閣文等六人、並朝見至閤門爭長、通事舍人、乃分左右、從東西門並入、文涉施、黒衣大食來朝見。（『冊府元亀』巻971）		
乾元元年12月	黒衣跋陀國使伏謝多蕃還、宴有差。（『冊府元亀』巻976）		
上元元年（760年）12月	白衣使婆謁使等十八人於延英殿會。（『冊府元亀』巻971）		
宝応元年（762年）5月戊申	黒衣大食遣使朝貢（『冊府元亀』巻972）		
宝応元年12月	黒衣大食遣使朝貢（『冊府元亀』巻972）		
		766－68年	ウスターズスィースの叛乱
大暦4年（769年）正月	黒衣大食遣使朝貢（『冊府元亀』巻972）		
大暦7年（772年）12月	大食遣使朝貢（『冊府元亀』巻972）		
大暦9年（774年）7月	黒衣大食遣使朝貢（『冊府元亀』巻972）		
		777－80年	ムカンナアの叛乱
貞元7年（791年）	黒衣大食遣使朝貢（『冊府元亀』巻972）		
貞元9年（798年）9月丁卯	以黒衣大食使含嵯・烏雞・莎比三人、並中郎將、放蕃還。（『冊府元亀』巻976、両『唐書』・『唐会要』大食国伝）		

図36　唐＝アラブ関係年表

に、七五〇年代前半のアッバース朝の状況を確認してみよう。

三　アッバース革命の後

実は楊懐中や田坂の見解、あるいはタラス河畔の戦いの意義を過大評価してはならないとする前嶋の説ですら、戦いがアッバース朝側の大勝利に終わったという結果に影響され、戦いの後のアラブ側の事情を十分に考察していないというきらいがある。実際のところ七五〇年代前半、アッバース朝は早くも存立の危機を迎え、カリフにはゆったりと唐に援軍を派遣する余裕などなかったように、少なくとも私には思える。

(1) アブー・ムスリムの粛清

前章で述べたように、シーア派やウマイヤ朝に不満を持つアラブ人、アラブ支配に不満を持つイラン系ディフカーン、さらには非ムスリムなど、反ウマイヤ諸勢力を糾合するため、アッバース家は、ウマイヤ家にかわるべきイマーム（イスラーム共同体の指導者）の名前を意図的に秘匿し、決して明かさなかった。しかしウマイヤ朝を打倒した結果成立した政権は、これらの諸勢力の理想とは異なるものであった。特にアリー家による統治を目指したシーア派はアッバース家のカリフ位就任に大きな不満を持つこととなった。ブハラで蜂起し、ズィヤード・ブン・サーリフ軍によって鎮圧されたシャリーク・ブン・シャイフ・アルマフリーの叛乱のように顕在化することはなかったものの、アッバース朝に対して潜在的な危険となりうる要素（ハーリジー派、ゾロアスター教徒、ヒダーシュ主義者など）も、精力的に排除されていったが、その多くはかつてアッバース家とともにウマイヤ朝打倒のために戦った者たちだったのである。

王朝の潜在的脅威の芽を未然に摘んでアッバース家の権力確立のために大きな役割を果たしたのは、革命の立役者アブー・ムスリムであったが、そのような活躍はアブー・ムスリム個人の力を極大化させても行った。前述の通りアブー・ムスリムの出自はよくわかっていない。出身地についてはメルヴで生まれたという説と、イランのイスファハーンの近郊の生まれだったという説がある。生年も七一八－一九年とするものや、七二三年、もしくは七二七年とするものなどがあり、定まらない。アブー・ムスリムをサーサーン朝ペルシアのホスロー一世に仕えた宰相として知られるボゾルグメフルの子孫とし、その名前（イスム＝親から与えられた名前）はイブラーヒームだったと述べる史料、ヴァーンダード・ホルムズドなる人物の息子でベフザーダーンという名前だったとする史料、さらには彼がもともとハーシム家（預言者ムハンマドやアッバースの家系）あるいはアリー家の縁者だったという史料もあるが、どれも等しく怪しい。おそらくは彼自身が自らのイメージを大きくするために、このような情報を積極的に広めていたのだろう。彼が七四七年に蜂起したメルヴはイラン文化圏にあり、住民の多くはイラン系だったが、アラブ・ムスリムの移民も多く暮らしていた場所で、アブー・ムスリムの家系がサーサーン朝ペルシアに遡るという話や、実は彼はハーシム家に連なるものだったという話は、この二つのグループのどちらにもアピールしうるからである。そのうえ、現在我々が目にすることができるのは、アブー・ムスリムがマンスールによって粛清された後の史料であるということも、アッバース運動やアブー・ムスリムの実態に迫ることを難しくしている。

アブー・ムスリムは、アッバース運動の初期のリーダーであったイブラーヒームのマワーリーであったとも言われる。このアッバース家のイブラーヒームは七四九年に捕らえられ獄死したが、アブー・ムスリムは、その兄弟であり、アッバース朝初代カリフとなったアルサッファーフに仕えた。しかしアッバース家にとってアブー・ムスリムの勢力は強大になりすぎた。彼は実質的に「ホラーサーンの王」であり、東方領域における様々な役職の任免権を持ち、独自の貨幣を発行した。後で述べるように、カリフとは独立して中国に使節を送っていた可能性もある。このようなアブー・ムスリムの力を恐れたサッファーフとその兄弟であるマンスールは、アブー・ムスリムの排除に努めたが、彼が掌握していた軍事力と、彼に対するホラーサーンの民の熱狂的支持とがそれを困難なものとしていた。それでもカリフ政権は、七五二－五三年、アブー・ムスリムの部下であったスィバー・ブン・ヌウマーンを通じて、タラス河畔の戦いの後、そのままブハラ総督の任に着いていたズィヤード・ブン・サーリフをアブー・ムスリムに背かせることに成功する。ズィヤードはブハラのまちで反アブー・ムスリムの兵を挙げた。トランスオクシアナはウマイヤ朝期、メルヴおよびバルフのホラーサーン総督府の支配を受けてきたこともあり、アッバース朝成立後にアブー・ムスリムやアッバース家の統治下に入ることに対する抵抗も強かったとされる。ズィヤードに鎮圧されたシャリークの叛乱も、そしてこのたびのズィヤードの叛乱もそのような反アッバース家、反ホラーサーン勢力の感情に支持されていたのであろう。しかし叛乱そのものは、それを察知して急ぎメルヴを出陣したアブー・ムスリムによって速やかに鎮圧され、タラス戦の勝利者は殺されてしまった。作戦の失敗を知ったカリフは、今度はバルフ総督で前章で触れたフッタル遠征で知られるアブー・ダーウドの部下で、叛乱鎮圧のために援軍を率いてトランスオクシアナに出陣していたイーサー・ブン・マーハーンを説いて、やはりホラーサーン総督の地位を餌に叛乱を起こさせた。しかしこちらはアブー・ダーウドによって速やかに鎮圧され、イーサーも殺された。

この間、アブー・ムスリム自身は先に述べたようにアッバース家のために、様々な勢力を排除粛正するために尽力しており、彼とカリフとの関係は複雑かつ緊張を孕んだものであったと言える。七五四年、アブー・ムスリムはメッカ巡礼に赴いたが、その間サッファーフは死去し、兄弟であるマンスールが後を継いで第二代カリフとなった。サッファーフやマンスールの叔父で、シリア総督としてダマスクスに駐屯し、ビザンツ軍と対峙していたアブドゥッラー・ブン・アリーは、この機を捉え、マンスールに対して自らのカリフ位継承を主張してシリア軍とともにイラクを目指した。マンスールはアブー・ムスリムに命じてホラーサーン軍を指揮し、ニシビス（現トルコ共和国南部ヌサイビーン）の地でアブドゥッラー軍を打ち破らせた。マンスールはアッバース朝の実質的建国者とも言われ、バグダードの造営や様々な帝国の制度制定などは彼の手によって行われたが、サッファーフがカリフであった時から、アブー・ムスリムの排除を強硬に主張していた。彼が叔父の叛乱に対してアブー・ムスリムを用いた意図がどこにあったのかはよくわからないが、アブドゥッラーが対ビザンツ戦のために掌握していた兵力を警戒し、当時アッバース朝領内で最強の軍を指揮するアブー・ムスリムに頼らざるを得なかったのかも知れない。

ニシビスでの戦いに勝利した後、マンスールは戦勝をねぎらうためにアブー・ムスリムを自らの宮廷に招いた。アブー・ムスリムの幕臣達は招きに応じずそのままホラーサーンに帰ることを勧めたがアブー・ムスリムはたいした兵もつれずにカリフのもとを訪れ、そこで急襲され捕らえられて処刑された。七五五年のことであった。マンスールは最大の内憂を除くことに成功したのであった。

(2) 反アッバース朝叛乱

かくして「ホラーサーンの王」がマンスールによって処刑された後、ホラーサーンとトランスオクシアナの状況は混迷の度合いを深めた。反アッバース朝勢力が次々と叛乱を起こしたのである。これらの叛乱勢力には、かつてアッバース家のウマイヤ朝打倒運動に参加し、戦った者たちも多く含まれていた。史料中では彼らは時にグラート（*ghulāt* アラビア語で「過激派」の意）勢力と総称されたりもするが、その内実は多岐に渉っていた。一般にグラートとはアリー家を支持するシーア派を意味したとされるが、ゾロアスター教やマズダク教とイスラームの融合的信仰を持つような人々、あるいはイスラーム的宗教義務・儀礼の無視、一妻多夫的な慣行の奨励等、反イスラーム的色彩を帯びる者たちがそう呼ばれることもあったようである。

アブー・ムスリムの死の二ヶ月後（七五六年初頭）、ゾロアスター教徒とされるスンバーズがレイで叛乱を起こした。スンバーズはサーサーン朝時代より続くニシャプール（現ネイシャーブール）の有力な家系に属し、アブー・ムスリムとは旗揚げ前からの友人だった。彼はアブー・ムスリムの処刑後、その軍勢の多くを掌握したらしい。スンバーズに呼応し叛乱に加わった者達の数は十万人とも言われ、彼らはレイ、クーミス、ニシャプールなどを占拠した。カリフ、マンスールは将軍ジャウハル・ブン・アルミッラール・アルイジュリーにこれを鎮圧させた。スンバーズはアブー・ムスリムの復讐を叛乱の目的として掲げ、アブー・ムスリムは死んでおらず、秘密の場所にマズダクやマフディーとともに隠れていて、やがて再臨するのだ、と主張していた。マズダクとは五世紀後半生まれの宗教改革者で、もとはゾロアスター教の神官だったが、ゾロアスター教の教えを批判し、財産や婦女子の共有など、一種の原始共産制を説いたとされる。その根本に社会的平等の信念があったため、王子時代のホスロー一世によって弾圧され、マズダクも処刑された。ちなみにマズダクとサーサーン朝皇帝に関する長い逸話が、十一世紀セルジューク朝の宰相であったニザーム・アルムルクの作品『統治の書』のなかにおさめられている。一方マフディーとは「救世主（messiah）」のアラビア語形で、その名の通り世界が滅ぼされる日に降臨し、世界から悪や不正を取り除く者だとされる。アッバース朝はこのマフディー思想をとりこみ、自分たちこそが神に導かれた正しい指導者であると標榜した。サッファーフは自身をマフディーと呼んだことがあるし、マンスールの後を継いだ第三代カリフはその名もマフディーであった。いずれにせよ、アブー・ムスリムはこのような超歴史的存在とともに現世と来世の間のどこかで再臨する日を待っている、と考えられたのである。

このスンバーズの叛乱のように、アブー・ムスリムの死後に生じたいくつもの叛乱は、アブー・ムスリムの復讐を目指したり、アブー・ムスリムをイマームだとする主張を行うなど、アブー・ムスリムの存在を梃子としてアッバース家に不満を持つ人々を糾合していったのである。そしてそのような潜在的不満分子の数は決して少なくはなかった（実際、スンバーズの乱を鎮圧したジャウハル自身が、その直後、自分の軍のイラン系の将軍二名とともにカリフに叛いている）。かくしてイラン高原における反アッバース家の機運が急速に広まるなか、アブー・ムスリム殺害の責任者であるカリフ、マンスールはこの状況を大いに危険視し、反政権運動に対する厳しい弾圧を命じた。その結果、反アッバース朝分子は、まだ政権の監督のおよびにくかったイスラーム世界の東方フロンティアへと活動の場を移していったのである。十世紀バグダードの書誌学者アンナディームの『目録の書』には次のように見える。

イスラーム確立後にホラーサーンで発展した教義の中に「アブー・ムスリム派 muslimiyya」がある。彼らはアブー・ムスリムの支持者で、アブー・ムスリムのイマーム位を信じ、彼らはまだ生きていて活躍していると公言していた。マンスールがアブー・ムスリムを殺したとき、マンスールは「アブー・ムスリム派」の教宣員やアブー・ムスリムの支持者達をも追い払い、彼らは帝国の辺疆域へと逃れた。

また、十二世紀ガズナ朝時代に書かれた『諸史梗概』（著者不詳）は次のように記す。

アブー・ムスリムには二人の娘以外に子供はいなかった。娘の一人はファーティマ、もう一人はアスマーといった。マンスールの治世にホラーサーンにはバーティン派の一団が現れた。この宗派は人々を惹き付けた。彼らは各地で秘かに教宣を実施した。マンスールは彼らを見つけ次第、どこであってもこれを殺すよう命じた。

マンスールの弾圧から逃れる中で、このような叛乱分子達（前述のグラートとも重なり合う）の活動はトランスオクシアナ方面へと拡大した。七五五－五六年にはイスハークなる人物がトランスオクシアナにおいてアブー・ムスリム派の教義をテュルク人に説き広めたという。ある伝承に拠ればイスハークは文盲だったがジン（精霊）と会話することができ、誰かが彼に何かを相談すると一晩でその回答が得られたという。人々はそれを、彼が神のお告げを聞くことができるゆえだと解釈した。別の伝承では彼はアブー・ムスリムの死後にトランスオクシアナのテュルク人達のもとへ逃げ込み、そこでアブー・ムスリムはゾロアスターの使徒であったと主張し、彼は実は殺されておらず、レイの山中に幽閉されていていずれ再臨すると説いた。彼自身が叛乱を起こしたという記録はないが、彼の活動がアブー・ムスリムを宗教的英雄へと変貌させるのに大きな役割を果したことに間違いは無い。

（3）「白衣者」

アブー・ムスリムの死後、ホラーサーン総督の座を継いだのは、それまでバルフ総督をつとめていたアブー・ダーウドであった。彼がアブー・ムスリムのもとでトハーリスターンやフッタルを平定したということは先に述べた。ところが七五七年、彼は「白衣者（*mubayyida, sepīd-jāmegān*）」と呼ばれる者達によって暗殺される。この「白衣者」とはイスハークの教えを受け入れた者達のことであったという。アブー・ダーウドの後を継いだのはアブド・アルジャッバールという、やはりアッバース革命において活躍した将軍であった。しかしアブド・アルジャッバールは、アリー家所縁の者達を捕らえるようにとのマンスールの命令に反発し、カリフに叛旗を翻した。彼はある人物をアリー家のイマームとしてでっちあげ、彼に黒いターバンを巻かせた上で、自分たちは白い衣をまとったという。白い衣は、アッバース家の黒に対する叛意を示すものだったのだろう。アブド・アルジャッバールは七五八年に敗れて殺されるが、アッバース朝成立によって、アッバース家と決定的に袂を分かったアリー家の勢力もまた、アブー・ムスリムの死後の諸反乱に様々なかたちでかかわっていった。

もう一つこの時期の反政府活動の特徴は、それがイラン高原東部、現在のアフガニスタン西部のヘラートおよびその北東部（初期イスラーム史料に言う「下トハーリスターン Ṭukhāristān al-suflā'」）に焦点を結んでいたらしいことである。上に述べたように、アブー・ムスリムがアッバース朝のために粛清した人々の中には、ゾロアスター教とイスラームの宥和を目指して改革運動を行ったとされるビハーファリードがいた。彼は中国との間で交易を行う商人だったが、あるとき天界への旅を経験し、神の啓示を得て戻ってきたとされる。近親婚の禁止や死肉と酒の摂取の禁止、およびイスラーム的浄めの儀礼の導入などをはかったと言われるが、その活動の中心はやはりヘラートであった。ビハーファリードが処刑された後も彼の教えを信奉する人々はヘラート近辺に多く残っており、彼らはビハーファリードの後継者とされるウスターズスィースが七六七年に起こした叛乱に加わった。ウスターズスィースは一説には三十万人にも上る叛徒を糾合したとされ、ヘラートからバードギース、メルヴ・アッルードにいたる地域を制圧したが、翌年、アッバース朝軍に敗れ、捕らえられて家族とともにバグダードに連行されたという。さらにそれから約十年後、同じくヘラート周辺を舞台にユースフ・ブン・バルムなる人物が叛乱を起こしている。彼は一説にはアリーの息子ハサンの家系につながるマワーリーであったとされるが、別の説を載せる史料もあり、その正体や背景などについてはほとんどわかっていない。

(4) ムカンナアの乱

これらは明確にアブー・ムスリムの処刑に反応して起きた叛乱とは言えないが、一方でアッバース朝初期のイラン高原、特にその東部が未だに非イスラーム的な環境を色濃く残し、時に反政府的な動きを起こしては鎮圧されていたという状況を示すものである。

叛乱に参加したものの、結果として鎮圧され弾圧された人々はさらに東へ向かったと覚しい。前掲の『目録の書』に見える文章はそのことを示唆している。アフガニスタン南西部のスィースターンは、ウマイヤ朝後期以降に流入したハーリジー派の活動が活発だったことで知られているが、アッバース朝初期の叛徒達が多く逃れていったのはアム河の北、トランスオクシアナの地だった。ここを舞台にアッバース朝に対する大叛乱を起こしたのが、ムカンナアである。彼の本名はハーシム・ブン・ハーキムと言ったとされるが、ハーキムもまた彼の名前だとする史料もある。ムカンナアとは「顔を覆った者」という意味で、彼がいつも絹製の仮面をつけていたことからついた呼び名だという。生まれはバルフ近郊で、アッバース革命運動に参加し、その後アブー・ムスリムの後を継いでホラーサーン総督となったアブー・ダーウドおよびその後任のアブド・アルジャッバールに仕えていたらしい。アブド・アルジャッバールが叛乱を起こして殺された後、ハーシムはイラクでの投獄をへてホラーサーンに戻り、後の叛乱につながるような教えを周囲の人々に説きはじめた。時のホラーサーン総督は彼を捕らえるよう命じたが、ムカンナアは逃れ、アム河を越えてソグディアナに向かった。その地で彼が公然と叛乱を起こしたのが七七三－四年のことであったという。彼はキシュの山に構えた堅固な城に拠点を置き、サマルカンドやチャガーニヤーン、ナサフなどを攻めた。アッバース朝軍が彼の城を落とし、叛乱を鎮圧できたのはようやく七八〇年になってからだった。ムカンナアが唱えた教義について、後代の史料には、彼が礼拝や断食を否定したこと、豚肉食をすすめたこと、一妻多夫制を唱えたことなどが記載されており、五世紀末のマズダク教（およびそのイスラーム時代の呼称であるホッラマディーン）との共通性が指摘されている。アンナディームの『目録の書』はムカンナアと信者達の間の次のような対話を記録している。

彼は言った。「汝らは我を誰と考えるか？」人々は言った。「あなたはハーシム・ブン・ハーキムです。」「汝らは間違っている。我は汝らの主である。すべての世界の主である――彼の口に灰が放り込まれますように――。我は望むままいかなる名前にても自らを呼ぶことができる。我は、自らをアダムの姿で人々に示した者であり、ついでヌーフ（ノア）の姿で、さらにイブラーヒーム（アブラハム）の姿でもムーサー（モーゼ）の姿にてもあらわれた。そしてイーサー（イエス）、ムハンマドの姿で、さらにアブー・ムスリムの姿にてあらわれ、今は汝らが見るこの姿をとっているのだ。」人々は言った。「他の方がたは自ら預言者であると主張されましたが、あなたは神であると主張しておられる。」彼は言った。「彼らは肉体に過ぎなかったが、我は魂であり、彼らのうちにも宿っていたのだ。我は、自らを望むままの姿で示すことができる力を持っているのだ。」

この引用に見えるように、ムカンナアが魂の輪廻を主張したとするなら、彼の教えの背後に仏教もしくはインド的思想の要素を見出すことも可能かも知れない。実際ムカンナアは自ら救世主だと名乗っているが、ここに弥勒／Maitreya の影響を見るという考えもある（仏教に由来するのか、マニ教に由来するのかは確定しがたいが）。

(5) ソグディアナとフェルガーナ

ムカンナアの叛乱の主たる舞台であるソグディアナおよびフェルガーナは、ムスリムに征服される以前、様々な文化、宗教が混淆する場であった。ソグディアナは古くからゾロアスター教を信仰する地であったが、同地のゾロアスター教はイラン高原のそれとはやや趣を異にし、主に信仰される神格なども異なった（特に人気が高かったのは、メソポタミアのイシュタル女神に起源を持つナナ女神であった）。一方この地は六～七世紀頃にはインド文化の影響を色濃く受けるようになる。中央アジアのポンペイとして知られるペンジケント遺跡に残るソグド人のまちの遺構に残された壁画では、七世紀頃からソグドの神格がヒンドゥー美術に影響された新たな表現を持つようになる。青い体と六本の腕を持つシヴァ神像が壁画に描かれ、また巨大なウマー＝マヘーシュヴァラ（シヴァ＝パールヴァティ）神像が作成されるなど、たしかにソグディアナは北西インドの宗教文化を取り入れたのである（図37）。

図37　タジキスタン共和国ソグド州ペンジケント遺跡出土ウマー＝マヘーシュヴァラ

そのような痕跡はソグディアナのみならずシル河中流域のフェルガーナ盆地にもよく残っている。盆地の東部、アンディジャーンとマルギラーンを結ぶ途上にあるクヴァの市街の外れには、かつてのクヴァの都城遺跡が残っている。この遺跡の調査は一九三〇年代からとりかかられ、一九五六年以降本格化した。数次にわたる発掘調査の結果、このまちが五～七世紀に最も栄えたこと、十三世紀初めに破壊を蒙り、その後元通りに復興することがなかったことなどが明らかになった。このクヴァの都城址の北側から、発掘者達が「仏教寺院」と考えた宗教施設の遺構が発見された。遺構は大きく二つの部分に分かれ、それぞれ「礼拝室」と「寺院」と呼ばれる。十〜十一世紀頃のムスリムの墓地によって建物のかなりの部分が削られてしまっているが、残存部からは壁画、彫像、装飾品、陶器の断片などが発見された。寺院部分の中庭から見つかった貨幣の中には、ソグド文字でkhaqanと書かれた銘を持つ方孔銭があり、時代としては七世紀後半から八世紀のものと考えられている。その他の出土品とあわせ、宗教施設自体は八世紀初頭、すなわちクタイバ・ブン・ムスリムのフェルガーナ征服の頃に終焉を迎えたのではないかとされた。寺院部分からはさまざまな彫像が発見されているが、その像容はなかなかに興味深い。寺院入り口で発見されたとされる神像の頭部は螺髪をもち、まぶたは半分閉じられ、唇は笑っているかのように開かれ、その上には口ひげが造作される。もっとも特徴的なのは額に第三の眼が、水平方向に刻まれていることである。また同じ建物の南側で、見事な戦士像の頭部が発見された。この像の前頭部は髑髏の冠をつけているが、同様に前頭部に三つの髑髏を飾る悪鬼の頭部も発見されている（図38）。それどころかこの寺院からは装飾にもちいられたと思われる小さな髑髏が多数みつかっている。水平方向ではあるけれど第三の眼を持つ像、あるいは髑髏の装飾を持つ像などは、シヴァおよびその異名であるムンダマーラー（髑髏を頸にかける者）を想起させるが、似たような髑髏の装飾を持つ悪鬼の姿は、フェルガーナとソグディアナの中間に位置するウストルーシャナ（ホジャンド近辺）のカライ・カフカハ遺跡から発見された壁画にも描かれている（図39）。さらにオーレル・スタインが報告するコータン出土の大自在天の壁画とも共通する要素が見られる。一方、第三の眼を持つ像については、これをゾロアスター教のアフラマズダをインド的表現によってあらわしたものである、とする解釈もある。いずれにせよペンジケントのシヴァ関連の図像とあわせ、イスラーム教徒が到来する前夜、ソグディアナからフェルガーナにかけての地域にはイラン、インドの宗教文化が混淆した形で存在していたのであり、これがムカンナアの乱の一つの背景を形成したのであろう。

図38　ウズベキスタン共和国フェルガーナ州クヴァ出土
上：三眼神像、下：髑髏戦士頭部

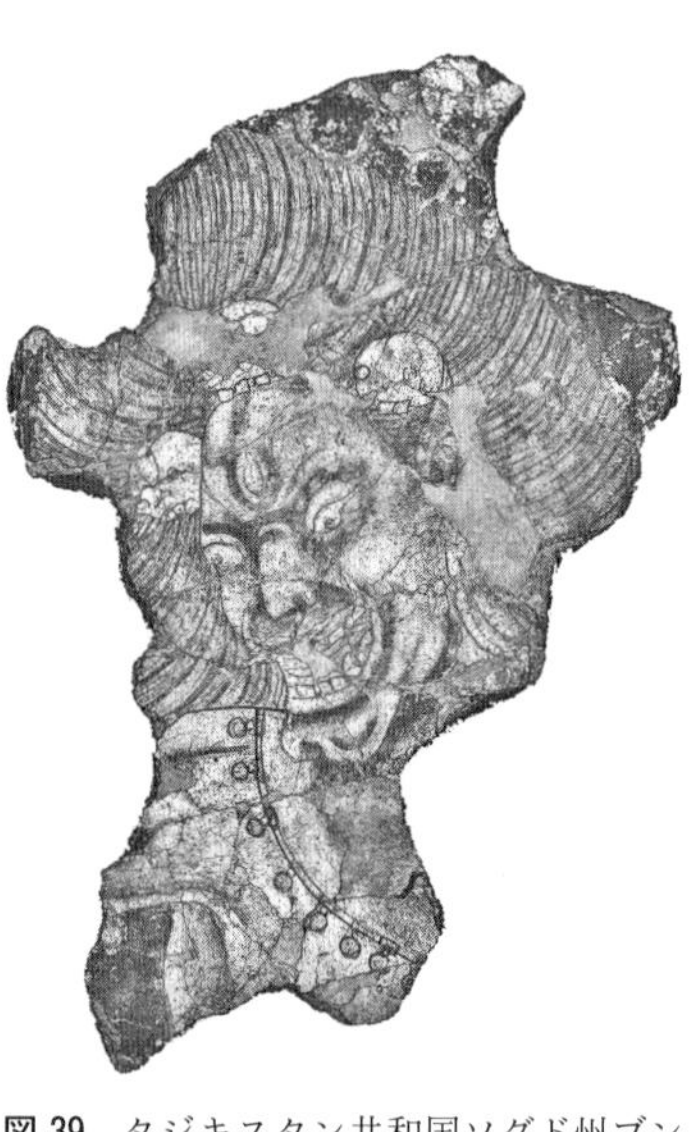

図 39　タジキスタン共和国ソグド州ブンジカト（カライ・カフカハ）遺跡出土悪鬼図

そして彼の叛乱を支持したのは、前述のように「白衣者」と呼ばれる者たちであったが、その存在は、彼らがアブー・ダーウド暗殺に関与したとするなら、ムカンナアの乱に先立つのである。それゆえ彼らを、イスラームに親和性を未だ持たぬ、イラン・インド的宗教文化と深くかかわる者達であったとみることもできるのではないか。

(6) 唐への使節

先に見たように、中国側にはこの時期、西アジアから到来した数多くの使節についての記録が残っている。特にアッバース朝が政権を取った後、同朝方面からの使節は「黒衣大食」として記録されているが、『冊府元亀』巻九七一には面白い記録がある。

　上元元年（七六〇年）十二月、白衣の使者婆謁使（ばえつし）ら十八人と延英殿（えんえいでん）において会った。

楊懐中はこの「白衣の使者」を、スペインの後ウマイヤ朝からの使者だと考えたが、それはアッバース朝の黒に対してウマイヤ家の色が白であったとされる伝承によるのだろう。田坂は後ウマイヤ朝からの使節というのは蓋然性が低く、この「白衣（大食）」は黒衣大食のあやまりであろうとしている。確かに田坂の言う通り、中国史料側の記録間違いである可能性はある。この事例はこの箇所にのみ現れ、管見の及ぶ限り他の史料には見えない孤立例だからなおさらである。しかしこの「白衣」と上述のイスラーム史料に見える「白衣者」の間を関連づけるというのはなかなかに魅力的な考えである。ハミルトン・ギブは年に数回も訪れるイスラーム帝国からの使節について、それらの多くはカリフから直接派遣されたのではなく、実際はホラーサーン総督府からカリフの名で送られた者達であったのではないかと示唆した。例えば七五三年には四回も使節が入朝しているが、そのうちにはアブー・ムスリムが独自に送った使節が含まれていた可能性は十分ある。当時彼は実質的に「ホラーサーンの王」だったからである。タバリーの『諸預言者と諸王の歴史』は、クタイバ・ブン・ムスリムがシル河方面への遠征を行ったとき（おそらく七一三年）、彼が中国の皇帝に対して使節を送ったという伝承を載せているが、ギブはホラーサーン総督が独自に中国に使節を派遣するというパターンが、クタイバ以降の各総督に受け継がれたと考えている。七五五年以降の反アッバース朝諸叛乱勢力がアブー・ムスリムの存在を前面に押し立て、彼の意志を継ぐ姿勢を示したことを勘案するなら、その後の大食から唐への使節のなかにこれら叛乱勢力からの使者が交じっていた可能性はあるだろう。トランスオクシアナにおけるムカンナアの活動の活発化は七六〇年よりも後のことであるので、この使節を送ってきたのがムカンナア勢力であったとするのは難しいかも知れないが、上述のようにトランスオクシアナの「白衣者」自体がムカンナアに先立つ者達であるなら、『冊府元亀』の記録はこれら反アッバース家勢力の活動の活発さを物語る証拠となるだろう。

もちろん『冊府元亀』の「白衣」とトランスオクシアナの「白衣者」を以上のみに拠って結びつけるのは短絡的すぎるだろうが、ここまで縷々述べてきたような七五〇年代のアッバース朝東方領域の状況、すなわち王朝成立後七五五年まではアッバース朝領域内において、イラクとホラーサーンという二つの権力中心があったこと、そしてアブー・ムスリム処刑後に東方領域において反アッバース朝叛乱が続発したことを考え合わせるなら、唐に入朝した「大食」の使節がすべてアッバース朝カリフからの使節であり、また安史の乱時に到来した大食軍はアッバース朝カリフが派遣した援軍であったのだ、と単純に考えるわけにはいかないことも明らかではないか。

そうだとして、ではこの大食軍とは結局何者だったのだろうか。

三　難民と傭兵

残念ながらいまのところ我々はこの大食軍が何者だったのかを直接的に示す証拠を持っていない。しかし、彼らが八世紀半ばの中国の政治軍事的景観の中に登場した、その背景について考えることはできる。具体的にはそれは、中央アジア方面における非正規アラブ軍の存在、フェルガーナの持つ意味、および近年注目されるようになってきているソグディアナのチャカルが持つユーラシア大陸レベルの影響、の三つに大きく分けることができる。以下順番に見ていこう。

（1）中央アジアの大食／アラブ

七五一年のタラス河畔の戦いから、七五五年のアブー・ムスリムの処刑までの間、イスラーム世界の東のフロンティアはどのような状況にあったのか。前述のようにカレーフは、アブー・ムスリムが、さらなる東方への遠征を目指していたことを示唆している。七五七年にこの軍勢、あるいはその一部が、アブー・ムスリムの処刑によってイスラーム世界の絶対的統治者となっていたマンスールによって唐に派遣された、という可能性はもちろんゼロではないだろう。しかし総督サイード・ブン・フマイドは七五五–六年ころには解任されたらしく、それ以降タラス駐屯軍がどうなったのか、我々は全く情報を持たない。そもそも前述のムカンナアの乱をはじめとする、トランスオクシアナの不安定な状況を勘案すると、アブー・ムスリムの死後、カリフの実質的な統治権がこのような東方の辺境にまでちゃんと及んでいたとはどうも考えにくい。

そのかわりにここで注目すべきだと思われるのは、入唐した大食兵が、西方においてグラート勢力の活動が極大化したまさにその時期にやってきたという点である。先に名前を挙げたギブは、ウマイヤ朝時代のアラブの活動に関する漢籍の記述を概観する中で、この安史の乱時に入唐した大食兵についても触れている。ギブは特に、八世紀前半の漢籍の記録に見えるような大食／アラブの軍事活動が、イスラーム側において全くと言っていいほど記録されていないという点を指摘しつつ、漢籍の記述が、正規のアラブ軍の活動ではなく、傭兵や、あるいはウマイヤ朝領内から逃亡した者たちのことを記録したものではないかと推測し、『新唐書』巻二二一下謝䫻（しゃうつ）国の条を引く。

この国（謝䫻）には、突厥や罽賓、吐火羅など様々な人々が住んでおり、罽賓は大食から自らを護るためにそのような若者達を雇い入れている。

第一部で見たように謝䫻はザーブリスターンであり、罽賓（けいひん）はカーブル（あるいはカーピシー＝カーブル）を指す。七〇二年にアフガニスタン南東部においてウマイヤ朝に背いた、南アラビアのキンダ族出身の将軍イブン・アルアシュアス軍の兵士達は、乱に敗れた後、ザーブリスターンの王ルトビールのもとへと逃げ込んだのだ、とギブは考える。彼によれば、そのようなアラブ兵は『新唐書』に見える罽賓の民の一部で、罽賓軍の一員としてスィースターンから出撃してくるアラブ軍と戦いさえしたのだ、と。『資治通鑑』巻二一一には次のような記事がある。

［開元五年七月（七一七年八月）］安西都護府副都護湯嘉恵（とうかけい）は皇帝に、突騎施が大食や吐蕃とともに鉢換城と大石城を包囲し、四鎮すべてを制圧せんとしている、と報告してきた。

ギブは、ここに見える大食／アラブは傭兵であったのだと考え、それに基づき、安史の乱時に入唐した大食兵は、カリフによって派遣された正規兵ではなく、皇帝粛宗の約束する莫大な報償に惹かれてやってきた連中であったと推論するのである。確かにアラブ軍が東トルキスタンの城を包囲攻撃したというような記録はムスリム側には残っていない。八世紀前半、トランスオクシアナ方面でアラブと長い抗争を繰り広げることになる突騎施が、ここでアラブと共闘しているという状況は、ウマイヤ朝と突騎施という、二つの政体の間の公的な関係を勘案するなら、あまりありそうに思われない。

これも第一部で見たように、『新唐書』巻二二一下の記事には

> 景雲初年に使節を派遣して朝貢してきた。後、遂に罽賓に臣従した。開元八年、天子は葛達羅支頡利発誓屈爾を冊して王となした。天宝年間中、何度か朝貢してきた。

という続きがある。ザーブリスターンは景雲年間にカーブルに服属したらしいのだが、ギブはここでのザーブリスターンとカーブルの関係を逆に理解している。しかしその点は別として、正規兵以外の大食／アラブによる様々な軍事活動に関する彼の洞察も、安史の乱時に入唐した大食兵の正体についての推測も的を射ているのではないかと私は考える。そしてその点はおそらく『新唐書』巻二二二上南詔(なんしょう)国の条に見える次のような記述によっても補強されるであろう。

> 貞元十七年春（八〇一年春）［唐と南詔の連合軍は］濾水(ろすい)を夜に渡河した後、虜（吐蕃）の軍営に攻

撃を仕掛け、五百の敵兵を討った。吐蕃は鹿危山に立てこもったが、［南詔の将］杜毘羅は伏兵をもちいて、吐蕃を大いに打ち破った。このとき、吐蕃の将校すべてと、康国や黒衣大食の兵達も降伏した。敵兵二万が殺された。

桑原隲蔵は康国（サマルカンド）と黒衣大食の兵士は、中央アジアの戦役において吐蕃に鹵獲された者たちであったのではないかと考えている。あるいはいくらかの者たちはギブの推測通り傭兵だったのかも知れない。いずれにせよ、これはカリフの正規軍以外の大食／アラブ兵の活動を示す一例である。

前述の通り、粛宗は西方から援軍を募る際、ウイグルに使節を送り、フェルガーナで募兵し、また「城郭諸国」すなわちトランスオクシアナの都市国家群にも援軍を要請した。その結果、安西、北庭両都護府の兵、フェルガーナの兵、そして大食兵が到来したのであった。この一連の流れを見るに、ウイグルやフェルガーナなど、最初から名指しで援軍を求められた集団、地域と異なり、大食兵は勝手に中国にやって来たのであり、おそらくそれは報償に惹かれてのことだったのだろう。ギブが言うように、この種の兵がカリフから正式に派遣された援軍であるとはやはり考えにくい。

(2) フェルガーナと唐

もう一点興味深いのは大食兵がフェルガーナの兵と一緒に到来したという点である。第三章で見たように、当時フェルガーナは唐と関係が深く、シル河南北の王国は唐とアラブ・ムスリムにそれぞれ後援されていた。アラビア語史料によればフェルガーナはシャーシュとの対立の中で唐に援軍を求め、唐はこれに応じるようにシャーシュすなわち石国を攻めたのである。つまり七五〇年代はじめ、唐は未だフェルガーナ北部に対してある種の宗主権を持ち、庇護を与えていたのであって、このことは、粛宗が援軍を募る場所としてわざわざフェルガーナを名指したことと無関係ではあるまい。さらにフェルガーナがシャーシュとの抗争の中で唐から受けた支援に対し、このたびは恩返しをすることも期待されたのだろう。

一方イスラーム世界では七五〇年代後半から反アッバース朝叛乱がいくつもおこされた。それらの多くは鎮圧され、それに引き続いてアッバース朝が反王朝勢力を徹底的に弾圧したことによって、叛乱の残存勢力の多くは東へ、すなわちホラーサーンやトランスオクシアナへと向かうこととなった。それらの叛乱に加わっていた人々の人数は、たとえ史料中に誇張があるにせよ、かなりの数にのぼったのであり、それゆえ東に逃れた「難民」の数も少なくはなかった。また、七五〇年代のイスハークの教宣活動も、それがテュルクに向けて行われたからには、シル河流域に対するものであった可能性が高い。一方ムカンナアの叛乱にも多くのテュルク系の民が参加していたが、ムカンナアはある史料の中で「フェルガーナとテュルクの王」と形容されている。これらのことは、八世紀半ばから後半にかけて、グラートや「白衣者」といった反アッバース朝勢力がフェルガーナと関連を持っていたことを示唆していよう。

地形的に見てもフェルガーナは、西から見た場合にトランスオクシアナで最も奥まった、いわば「奥座敷」のような位置にあり、なんらかの理由で西アジアを逃れた民が逃げ込む先として相応しく見える。

しかも古代から東アジアの帝国とも関係を持ち続けていて、まさにパミールの東西を結ぶ回廊であった。

以上のことがらと、イスラーム世界東辺における非正規アラブ兵の活動に関するギブの推論とを組み合わせてみるなら、『資治通鑑』が述べる「西域」からの増援軍の背景として、アッバース朝領域内における諸反乱を想定することはそれほど法外ではない。粛宗の援軍要請はフェルガーナ、およびトランスオクシアナの諸都市国家に対して名指しで行われた。一方、アッバース朝によって追い散らされた叛徒達は、まさにそれらの地域に逃げ込んでいたのであり、そのうちのある者達が、フェルガーナで募兵された唐への援軍と同行してさらに東へと到達したのではなかったか。

実はトランスオクシアナの九つの都市国家もまた、吐火羅葉護烏那多(うなた)とともに、七五八年八月には唐への援軍を送ってきている。皇帝は彼らに朔方行営軍に加わるよう命じた。大食兵は、実に一年半もこれらトランスオクシアナからの援軍に先行したのである。このことは大食兵がすでにフェルガーナにいて、皇帝の要請に即座に反応したことを示している。さらにもし彼らが右に述べたような「難民」であったなら、多額の報酬や新天地での活動を目指してさらに東へと向かうことに躊躇はそれほどなかったのではないかと想像できる。

(3) チャカル

入唐した大食兵がそのような者達であったとして、彼らを受け入れるような素地も唐側にはあった。いや、唐と言うよりは、東アジアと中央アジアの境界領域にそれはあった。近年の研究が新しい地平を切り拓きつつあるのはまさにその領域においてなのである。

かつて谷川道雄は安禄山の反乱軍と唐の軍勢の構成要素を比較し、反乱軍における最も重要な要素が、契丹、奚、同羅、室韋の諸集団からなる、八千を数える曳落河軍団であったことを指摘した。彼らは安禄山と仮の父子関係を結んだ、忠誠を期待できる戦士達であった。ドゥ・ラ・ヴェシエールは柘羯、赭羯もしくは拓羯と呼ばれる安禄山軍中の集団に着目し、それらをチャカルと同定した。チャカルとは一種の傭兵であり、七～八世紀のソグド地方に広く見られる。しばしば王の近衛兵部隊を構成したりもしたようである。このソグドのチャカルについてはムハンマド・A・シャーバーンやクリストファー・ベックウィズが、このような軍事資源の利用がアッバース朝のカリフ、マームーンやムウタスィムによって取り入れられ、カリフ達は後にマムルークとして知られるようになる軍事奴隷制度の原型となる軍団を組織したのだ、と指摘した。マムルークは初期にはグラームという呼称でも呼ばれた、主に軍事目的で購入された奴隷で、一般には主人がこれを入手した後、様々な方法で教育を施し、軍事的エリートへと育成していくことで、主人の命令に忠実な近衛兵、親衛隊を構成した（図40）。また一部は奴隷身分から解放されて立身出世して将軍となり、中にはエジプト・マムルーク朝やインドの奴隷王朝のように、自ら王朝を開き、統治を行う者まであらわれた。時代的にも十九世紀頃まで見ることができるこの軍事奴隷制度は、イスラーム社会の政治・軍事を考える際に極めて重要なものである。とくに入手された当初、このような軍事奴隷はしばしば主人の「イエの子」として、主人との間に擬似的血縁関係を持つことが多かった。

図 40 アフガニスタン・イスラム共和国ヘルマンド州ラシュカリ・バーザール遺跡（ガズナ朝の宮殿址）出土トルコ人軍事奴隷図　左：頭部図像写真、右：線画

ドゥ・ラ・ヴェシエールや清水和裕は、このようなイスラーム世界の奴隷身分軍事集団と、中華世界に見える仮父子軍や曳落河軍団を、間にソグドのチャカルを置くことによって直接的に比較し、両世界における軍事奴隷がその主人のイエの中に内含されるという共通の特徴を見て取る。

一方、唐の領土の北西辺に住み着き、一定程度の遊牧的習慣・文化を受け入れたソグド人達は森部豊らによって「ソグド系突厥」と呼ばれ、近年大いに研究されてきた（前段で見た六州胡などがその一例である）。森部らは、これらの者達が唐および唐以後の歴史においてきわめて重要な政治・軍事的役割を果たしたことを示してきた。ドゥ・ラ・ヴェシエールもまた「トルコ＝ソグド的環境」という語を用いて、ソグド人の居住地と遊牧地帯の境界領域に発生したハイブリッドな状況を描写している。このように、近年の研究により、八世紀のユーラシアの広い地域において、テュルクと混淆したイラン系の民が政治軍事の両面で活躍したことが明らかとなってきた。

漢籍史料に見える柘羯／チャカルは、これまで主に安禄山の軍について議論されてきた。ドゥ・ラ・ヴェシエールは七五九年に皇帝から報償を与えられた唐軍内のチャカルは、安慶緒が史思明によって殺された後に、唐に降伏してきた者達だったと考えたが、吉田豊は、杜甫の詩「喜聞官軍已臨賊寇二十韻」の中で「花門（かもん）絶漠に騰（あが）り、拓羯臨洮（りんとう）を渡る」と、「花門」すなわちウイグルとともに詠われる拓羯／チャカルは、フェルガーナ等の「西域」から到来した、もともとの唐への援軍に属する者であり、だからこそ皇帝によって賞されたのだと指摘した。確かに、同じような軍事的要素が安禄山軍にも唐軍にもともに含まれていたと考える方が、上に述べた当時の状況から見て、ずっとありそうなことである。蜂起前、安禄山は唐の節度使であった。当時節度使達が、自分の私兵力を増強するために現地徴兵を行い、また傭兵を雇い入れていたという点は前にも述べた。安禄山軍中のチャカル兵はそのような過程で雇い入れられたのであろう。この私兵集団こそが安禄山軍の中核にあったという谷川道雄の指摘を参照するなら、そのような軍勢の精強さを目の当たりにした唐軍が、それに対抗しうる軍事力を手に入れようとしたとしても全く不思議はない。ウイグルへの援軍要請や、西域での募兵はまさにそのために――つまり安禄山軍に対抗しうる強力な軍勢を、中華世界の外から招き入れようとして――なされたのである。その結果入唐したフェルガーナ兵の中には当然チャカルが含まれていたことが期待される。ドゥ・ラ・ヴェシエールによれば、ソグドのチャカルにはソグド人だけでなく、テュルクや「ソグド系突厥」なども含まれていたという。チャカル的軍事力の供給源が多様であったとするなら、トランスオクシアナに逃げ込んでいた「難民」たちもまたそのような者として雇われることが期待されたのだろう。かくして、アッバース朝領内から放逐され、トランスオクシアナに逃げ込んでいた「難民」たちも、チャカル的傭兵集団の一部としてフェルガーナ兵とともに入唐した、と考えることができるのである。

(4) 沙苑の大食

ということで、本章の「謎」に対する私の答えは、安史の乱時に入唐した大食兵とは、アッバース革命前後の混乱期に活動した諸勢力、特にアッバース朝成立後に反政権分子として弾圧され東方に逃れていたような人々で、彼らは新たな活動場所を求め、また報償に惹かれて中国に到来した者達だった、というものである。

ところで、このときやってきた大食兵が中国回族の遥かな祖先となったという説であるが、楊懐中によれば、長安を奪回した後、唐朝に助力したウイグルや大食などの混合部隊が陝西省大荔県の南、沙苑に留まり住んだと言う。沙苑は当時、監牧重地、すなわち皇帝の馬場であったのだけれど、彼らはそこに居留地を与えられ、定住し、耕作や牧畜に勤しんだとされる。当時のウイグル人はまだイスラームを信仰していなかったが、ともに沙苑に居住した大食／アラブから彼らの間にも信仰が広まり、やがて明代（！）になるとこのあたりが回族の密集地になっていく。この地方が中国イスラーム教学の中心地となり、中国回族史初期の大学者で、経堂教育の創始者でもある胡登州を輩出したのもそのような背景からであった、と。

ところが、史料を注意して読んでいくと、実は長安や洛陽の奪回に大功のあったウイグルの葉護が、兵を沙苑に留めて馬の補給をしたいと願い出て許された、と述べられるだけで、大食兵がどうなったのかなどどこにも書かれていない。楊懐中は、この混合部隊の主力がウイグルであったため、その名前だけが言及されるが、実際には大食／アラブも一緒にいたのだとする。楊懐中が引くのは卡米勒・雅徳（カーミル・アヤード）の次のような説である。

安史の乱にあたって唐明皇はアラビア帝国に向けて救援を請うた。アラビア帝国は兵を送って応援した。ことが終わった後、唐朝の皇帝はその援軍の支援に応えて、彼らを長安に住まわせ、彼らと中国人女性の結婚を許し、西暦七六二年（唐代宗宝応元年）には清真寺（せいしんじ）をつくらせた。

この説をベースに、沙苑という地名と、明代以降の回族の中心地の一つとなった陝西省の存在とを結びつけたのが楊懐中の説なのだろう。しかし雅徳の説くところのもとになっているのは、実は田坂興道がその虚構性を詳細に明らかにした『回回元来（かいかいげんらい）』あるいは『西来宗譜（せいらいしゅうふ）』と呼ばれる文献と覚しい（図41）。田坂によれば、『回回元来』の方は清の康熙年間の成立、『西来宗譜』は同じく光緒年間の成立であるらしい。そこで語られる中国へのイスラーム教初伝についての物語はおおよそ次のようである。貞観二年、唐の太宗は夢に纏頭（てんとう）（ターバンを巻く者＝ムスリム）のことを見て、部下を西に送って通交を求めた。

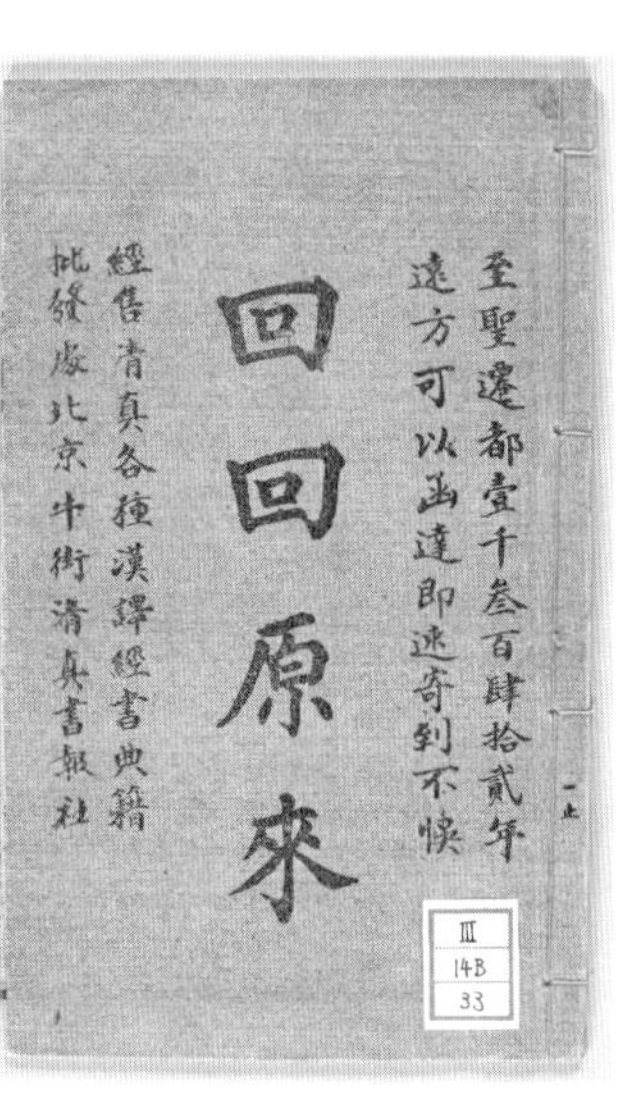

図 41　『回回元来』表紙

交渉の結果、三千人の唐兵を選んで西方に移住させ、かわりに三千人の「回兵」を招いて中国に移住定着させることとなった。この時中国に到来した回兵は八百人余だったが、その後安史の乱が起きた際、あらためて回兵三千の応援が送られ、乱は鎮められた。そこで長安に寺を建てて彼らを居住させ、中国人女性三千人をその配偶者とした、と。

太宗が見た夢がきっかけでイスラーム教が中国にもたらされたという話はもちろん、後漢の明帝が夢に金色に輝く人を見たことをきっかけに仏教が中国に伝来したという伝説を換骨奪胎したものである。雅徳の話のもとになったのが、田坂が批判するようなずっと後代に成立した伝説に過ぎないのだとすれば、当然、沙苑に居留した大食の話にもまた大きな疑問符がつけられる。

そもそも陝西省におけるイスラーム教徒コミュニティーの存在が明確になるのは元代以降のことである。後に雲南のムスリム社会の礎を築いたと言われる賽典赤贍思丁（サイイド・アジャッル・シャムス・アッディーン）が一二六〇年代に陝西行省を統括した頃から、同地へのムスリムの居住が本格化した。この傾向が決定的となるのは、一二八〇年、父忙哥剌（マンガラ）の後を継いで安西王となった阿難答（アーナンダ）が熱心なムスリムとなり、一一三一年に彼が誅殺されるまでに、長安を中心とした地域に多くの改宗者が現れたことによる。長安の有名な「創建清真寺碑記」はこの寺が唐の天宝元年（七四二年）の創建であると伝えるが、桑原隲蔵は碑記自体の用語法の検討から、それが明代の作であることを明らかにし、その他の史料の検討を通じて唐代の長安には明確な建物としての清真寺／モスクはなかったと結論した（図42）。結局元代以前、陝西省におけるムスリム、およびそのコミュニティーの存在を明証するような事実はない。

図42　創建清真寺碑拓本

もちろん安史の乱の時にやって来た大食兵がそのまま中国に居留した可能性を完全に排除することはできない。しかしながらもしそのようなことがあったとしても、そもそも人数も多くなかったであろうし、さらに彼らの多くは、いわゆる正統的イスラームを奉ずる者達ではなかった可能性が高い。アッバース朝に叛き、追放された者達の内実は多岐にわたっていた。そこにはシーア派のような少数派だけでなく、礼拝、断食、巡礼などイスラーム的義務を否定し、一妻多夫制を認めるなど、非イスラーム的色彩を色濃くもった者達もいたであろう。このような人々が長安近辺にとどまってそのまま中国ムスリムの遠源となったのだとすればそれはそれで非常に興味深いのであるが、それはまた楊懐中らが主張するところとはまったく別のお話になってしまう。

それにしても、結局ここでも「大食」という名称の含意する実態が何であったのかを一義的に決めることが、歴史の実際のあり方との間に乖離を生みだしてしまうと言う点に我々は注目すべきであろう。漢籍にみえる「大食」がもともとアラブのことを意味したのは間違いない。しかし、だからといって漢籍に「大食」と記される者達がすべてアラブであったわけではない。代田貴文(しろたたかふみ)によれば、宋代に漢籍にみえる「大食」というのは、実際にはタリム盆地西縁にいたカラ・ハン朝の勢力のことで、カラ・ハン朝は前述のようにカルルク族やウイグル族など、テュルク系の部族集団が母体となって成立した国であるから、もちろんアラブではない。ここでの「大食」はすでに、中国の西域にいるイスラーム教徒、というようなものをなんとなく意味する名称となっている。それは、第一章の西域十六都督府の名前に見えるように、月支(げっし)(=月氏)という言葉が、大月氏が史乗から消えてからもずっと、中国から見た西域、とくにパミール以西を指す地理的名称として用いられたのに似ている。ここでも、ある集団名称が持つ実態とイメージの間には二重性が認められるのであり、我々は実態の方について、その時々のコンテキストをしっかりと勘案しながら考え理解せねばならない。

ついでに言うとこのような二重性は現代の我々の日常生活の中でも常に問題になる。我々の周囲の世界は、あまりに多様で、我々の持つ限られた理解力、認識能力ではその多様で複雑な世界を複雑なままに理解することができない。それゆえ、類似したものごとを一括りにして、国家とか民族とか宗教とか、何らかのラベルを貼って、大まかに理解するという方法を採る。複雑なものを何かに代表させて、単純化して整理するのである。しかしそうやって括られた者の中の多様性という部分がこの場合はどうしても犠牲になってしまう。九一一以降の欧米に見えるイスラモフォビアに典型的に顕れているように、一端イスラーム／ムスリムというラベルを貼ったなら、今度はそのラベルから演繹的に内部を構成する要素すべてを特徴付けて理解し語ってしまうようになる。しかしもちろん実態としては、世界に十三億人以上いるとされるムスリムの内部も極めて多様であって決して一括りで語れるようなものではない。

古代史、とくに中央アジアのような情報の乏しい地域の古代あるいは中世を考える際、我々はついつい民族や部族集団を手掛かりに歴史を組み立てようとし、結果としてある種の民族史観のようなものに陥ってしまいがちであるが、実態はやはりそうではなかったらしいということを、本書の第二章や第四章で示すことができていたら幸いなのだが、どうだろうか。

さらに贅言を重ねるなら、ある名称の持つイメージと実態の間の乖離が歴史的にどのような力として

働くのか、という問いは、あらためて考えてみる価値があるくらい面白いものだと思う。が、ここでは
それをする紙幅も準備もないのが残念である。

エピローグ ――悟空の帰還――

パンジ川中・上流域

第三章でみたように、唐から罽賓への返礼使節団の一員車奉朝は、七五三年にインドに到達したものの現地で病に罹り、他の者達が帰国するのを見送って一人インドに留まることとなった。その後回復した奉朝は仏に帰依しようと心に誓い、七五七年、舎利越摩三蔵（しゃりおつまさんぞう）のもとで得度し、ダルマダートゥという法号を授けられた。漢字にすると「法界」だと、『十力経』の序は述べる。悟空という名は、長安に戻った後、再度得度して授けられたものであった。二年後の七五九年、（後の）悟空はカシミールにおいて具足戒を受け、文殊矢涅地（もんじゅしねっち）、鄔不羼提（うふせんてい）、馱里魏（だりぎ）の三名に師となってもらい、さらに七人の証人をたてて律儀を授けられた。その後、ガンダーラに遷って研鑽を続け、七六四年にはガンダーラを発ってインド巡歴の旅に出た。中天竺の八大霊塔、カピラヴァストゥ、マガダの摩訶菩提寺（まかぼだいじ）、ヴァラナスィー、鷲峰山（じゅほうせん）、ヴァイシャーリー、デーヴァヴァターラの三道宝階（さんどうほうかい）を降った場所、シュラーヴァスティー、クシナガラ、ナーランダーなどを訪ねた後、ウッディヤーナに到り、聖跡を巡礼し、有名な寺を訪ねた。そうこうしているうちに年月は経ち、悟空はようやく帰国の途についたのであった。

当初海路から帰国しようと考えたが、航海の大変さを考えて陸路を採ることにしたという。彼が、インドからどこを通って中国に戻ったかについて、詳細はわからないものの、おおよそのルートは知れている。すなわちインドからトハーリスターン（覩貨羅）、フッタル（骨咄）を経て、狗蜜支国、惹瑟知国、式匿国を経てカシュガルに達した悟空は、そこからコータン、鉢浣（あるいは怖汗）国、居瑟得城を経て、安西すなわちクチャにいたり、焉耆、北庭を経由して長安に戻ったのである。以上のルートは、玄奘や慧超の帰路と同じく、パミール・ルートBをとってタリム盆地に出るというものだった（地図14参照）。ただし、悟空はバダフシャーンではなく、川の北岸であるフッタルを経由している。

悟空が往路と異なり、かつての玄奘や慧超らと同じ道、つまり八世紀末にはすでにムスリムの勢力が強まっていたであろう地域を抜ける道を辿ったのは、一見奇異に見えるかも知れないが、注意すべきは帰路、悟空は一人の旅人であったという点である。往路、張韜光一行は四十人という大人数で、唐の公式使節団として旅をしていた。これに対して一僧侶として旅をする悟空は、往路の時のような政治状況からは自由に旅程を選ぶことができたに違いない。

ところで『十力経』序には、狗蜜支国に頓散灑という王がいたとある。狗蜜支は第一章で見た「倶蜜」、「拘謎陀」と同じくクメーズで、パンジ川北岸を遡りパミールを越えようとする際には必ず通過せねばならない要衝である。ここで登場する頓散灑という音写の原語は不明だが、なにかアラビア語の単語を写したようには見えない。特に最後の「灑」の字は、イラン語での「シャー／王」を音写するためにこの頃よく用いられた字である。もちろんシャーと名乗ったからイラン系の人物だったというような単純な議論はできない（カーブル「シャー」は前述の通りテュルク系だった）が、それでもウマイヤ朝からアッバース朝にかけてのアラブ・ムスリムの総督達がアラビア語以外の称号で呼ばれる例は知られていないため、名称だけを見るなら、八世紀末クメーズを含むパンジ川上流域は未だムスリムの直接支配下には入っていなかったということなのかもしれない。

クメーズの次に経由した惹瑟知国についてははっきりと同定されてはいないが、その次の式匿が識匿すなわちシュグナーンで、今のハーログあたりであるから、この国はカライ・フムとハーログの間に位置した筈である。この範囲では北東から二本の大きな川がパンジ川に合流している。『十力経』序はこの惹瑟知国についても黒未梅（こくみばい）という名の王の存在を伝えるが、実は『吐蕃大事紀年（とばんだいじきねん）』というチベット語の年代記史料に、七五六年、ワーハーン（gog）、シュグナーン（shig nig）、および ban ‘jag nag po（黒い banjag）という国が吐蕃に使節を送ってきたと記録されている。最後のものについてはこれがカシュガル近郊のガンジャク（Ganjak）の写し間違いであるとか、ワーハーン回廊中のカライ・パンジャ（Qal‘a-yi panja）のことであるといった説があるが、チベット語の nag po「黒」と惹瑟知国の王の姓を結びつけるという考えは魅力的である。もしこの nag po／黒がこの国の王姓を示すなら、ban ‘jag nag po は「黒氏がおさめるバンジャク国」という意味になるかもしれないからである。ではバンジャクとはどこかというと、上に述べたパンジ川に合流する二本の支流のうちの一本はヴァンチュ川と呼ばれ、流域の中心となるまちも同じ名前をもっている。もしこれらが結びつくなら、悟空が帰路経由した惹瑟知国はいまのヴァンチュにあたり、当時は黒姓を持つ王が治めていて、八世紀半ば、シュグナーンやワーハーンとともにチベットに使者を送り交誼を通じていたことになる。

このような状況を勘案するなら、八世紀後半、パンジ川中・上流域は、前代と異なり唐の影響力が完

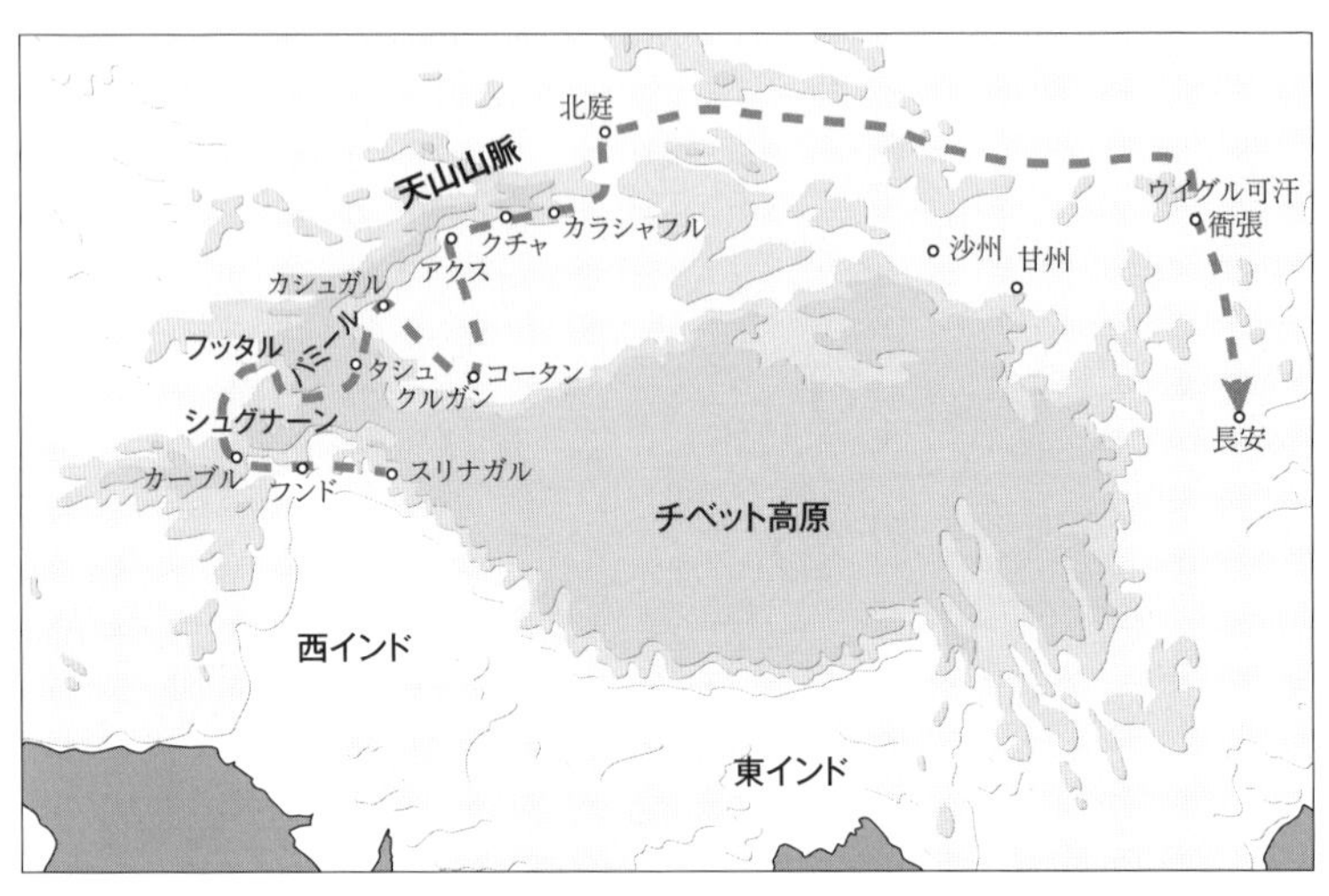

地図 22　悟空の帰還ルート

全に消え、かといってムスリムの支配にも吐蕃の勢力下にもはいらない境界領域、緩衝地帯となっていたように見える。第三章で述べたように、ヒンドゥークシュ山脈中央部から東部にかけては、十世紀頃でもムスリムとチベットの間の自然地理境界として機能していたらしいが、それに隣接するパンジ川中・上流域の状況についても『世界の諸境域』は

イシュカーシムはワーハーン地方のまちであり、首邑である。住民は異教徒とムスリムで、ワーハーンの王はそこに住んでいる。〈中略〉ハンドゥードはワーハーンの民のための偶像寺院がある場所で、いくらかのチベット人も住んでいる。その左岸（パンジ川の南岸）にはチベット人が占有する城がある。

と述べている。この地域もまたムスリムとチベットの境界領域であったようだ。

パミールを越えた悟空は、クチャに三ヶ月滞在し、同地に居た勿提提犀魚（ぶつだいだいさいぎょ）という三蔵沙門（さんぞうしゃもん）に頼んで『十力経』を翻訳してもらった。そこから北庭（ビシュバリク）に到り、そこではコータンの沙門尸羅達摩（しらたつま）に要請し、『十地経（じゅうじきょう）』と『迴向輪経（えこうりんぎょう）』の翻訳を行った。そこから長安に向かうのに、通常のルートである沙河（しゃが）、すなわち莫賀延蹟（ばくがえんせき）を通交することができなかったため、現在の内蒙古自治区包頭市を経由する「回鶻路（かいこつろ）」をとって、七九〇年、四十年ぶりに長安に帰着したのである（**地図22**）。

古代末期小氷河期

本書で取り上げてきた、玄奘の長安出立から悟空の長安帰着に到る二世紀弱の間は、東西の強力な国家が境界を接した時代であり、少なくとも記録に残っている上ではユーラシア規模の活発な人的移動が起きた時期であった。そのような人の動きの原動力は、たとえば仏教であったり、あるいはソグド人の交易活動であったりと、多様であったのだが、近年明らかになってきたのが、気候変動の影響である。五三〇年代に起きた少なくとも三つの巨大火山爆発によって吹き上げられた火山灰が太陽光を遮り、五五〇年頃から約一世紀の間、北半球の平均気温が二度から四度ほど下がったらしいことが、アルタイ山脈とアルプス山脈のサンプルから得られた年輪年代学データから指摘されたのは、二〇一〇年代になってからのことである。「古代末期小氷河期 Late Antique Little Ice Age/ LALIA」と呼ばれるこの気候変動に、六世紀から七世紀に生じた様々な歴史的事象を結びつけるアイディアがその後いくつか出されている。特にいわゆる「ユスティニアヌスの疫病」は、この気温低下と深く結びついていたとされる。また突厥の急激な拡大のきっかけも、気温低下による牧草と水の不足であったという指摘、さらにはアラブ・ムスリムの爆発的拡大は、アラビア半島の気温が低下し、作物生産能力が前代に比して上昇したことによるのではないか、という説すらある。本書で述べてきたことにひき付けて言うなら、玄奘のインド行の際、前代までと異なって大きく西へ迂回するような経路を採ったのも、気候変動によって、法顕らが用いた標高の高いカラコルム西端を抜ける道が雪に閉ざされ、より高度の低い峠を用いなければならなくなったせいかもしれない（ヒンドゥークシュ山脈は西へ向かうにつれて高度が下がる）。

しかしそれと同時に注目すべきは、この低温期が六六〇年頃には終結し、逆に気温が高い時期がしばらく続いたという点である。第三章でのべたように、玄奘から百年以上後、張韜光の使節団は冬期に、ヒンドゥークシュ山脈中央部の標高四千メートル級の峠を越えた可能性がある。もしそうだとすれば、今度は気温上昇により、高高度の峠も越えやすくなっていたことをそれは示すのだろう。そうして、七世紀半ばから活発化した唐の西方進出、あるいはチベット高原からの吐蕃の拡大、などなど、高度の高い峠越えを伴うような遠征が行われたこととも、これは関係してくるのかも知れない。

もちろん、全体的な気候変動があったからと言って、局所的に気候がどうであったかは、そう簡単に判断できることではない。地球温暖化が進む現在において、我々がしばしば強烈な寒波によって引き起こされる豪雪や低温を経験しているのがその良い例である。我々の日常の暮らしにとって、気候条件は大きな影響をもたらしはするが、それだけで我々の生活のすべてが決定されているわけでもない。それゆえ、このような気候変動も、おそらく数多存在した歴史変動の要因の一つ、としてとらえておくのが良いだろう。

中央アジアのその後

先に述べたように、悟空はその帰路において、吐蕃＝チベットの影響下にあったパンジ川上流、およびウイグル可汗の本拠地を経由して長安に到達した。沙河が通じなかったというのは、安史の乱の後、唐の北西辺防衛が乱れ、河西回廊方面に吐蕃の勢力が進出していたことによる。七六〇年以降積極策に出た吐蕃は、七六四年に涼州、七六六年に甘州と粛州、七七六年には瓜州、七八六年には沙州を落とし、悟空が長安に帰着した七九〇年には北庭を攻略している。ここに登場する吐蕃＝チベットと、ウイグルこそが、安史の乱以後タリム盆地の覇権を南北から争った二大勢力であり、彼らの手によって中央アジアの歴史の主役の座は再び中央アジアの民のところに戻った、と言えよう。

一方パミール以西はと言えば、悟空が帰国してまもなく、アッバース朝第五代カリフ、ハールーン・アッラシードの二人の息子がカリフ位を巡って争い、その結果、アッバース朝東方領域には、ターヒル朝を嚆矢として次々と地方政権が台頭するようになる。特にトランスオクシアナにあらわれたサーマーン朝はシル河以東への「聖戦（ジハード）」を敢行し、それをきっかけに河東のテュルク系遊牧部族のイスラームへの改宗が徐々に進んでいった。八四〇年にキルギズに本拠を攻略されて四散したウイグルの一部は、西へ移動し、カルルクその他のテュルク系の諸部族と合流した可能性がある。その中からイスラームに改宗した者達が後にカラ・ハン朝と呼ばれるようになる勢力を形成し、ついには九九九年にブハラを攻め落としてサーマーン朝を滅ぼした。さらに同様にイスラーム化したテュルクの一団は一〇三〇年代半ばにトランスオクシアナからホラーサーンに入り、当時東方イスラーム世界の覇者であったガズナ朝と争ってこれを打ち破り、いわゆる大セルジューク朝を樹立した。このような人々の波はアナトリア半島にまで到達し、同地をビザンツから奪い、後のオスマン朝の出現へと繋がる土台となったのである。

プロローグで記した点に再度立ち戻るなら、玄奘、慧超、悟空らの行歴僧は言うまでもなく、第一章の王名遠、第二章のハラジュ・テュルク、第三章の張韜光使節団、第四章の入唐した大食兵など、本書に登場した人々、集団はみな、もともと暮らしていた世界のフロンティアを越えて長距離を移動し、新たな世界に身を投じたり、あるいは新たなモノや情報を故郷に齎（もたら）した者達だった。各章に（少々無理矢理ながらも）設定した「謎」はすべてこれにかかわるものだったと言ってよい。ただし、これも最初に予防線をはった通り、そのことが何か大きな問いの答えを直裁に産み出すとは限らない。人類の長い歴史を通じて、人は常に移動し、接触し、衝突し、融合してきた。前近代の歴史世界、文化世界の境界も、あるいは「民族」と規定されるような集団のアイデンティティーも、移動と越境の中でダイナミックに変化変動してきたに違いない。その意味では、なにか固定された地理的区分の呼び名ではなく、イスラームとか中華とか、文化圏とも政治空間ともつかない曖昧な表象を掲げた本書の題名の付け方は、実はそれほど悪くもなかったのかも知れない。

もう少し学びたい人のために
――参考文献解題

本書は学術書ではないので、注やら参考文献やらは本質的にはない方がいいのだろうけれど、本文中で国内外の様々な研究者の名前をあげてきたこともあり、以下、それぞれの章の内容にかかわる文献を簡単に紹介しておきたいと思う。一般向けのもの、書店や図書館で手に入るもの、を中心にしているが、中には大学などで公開されている学術情報リポジトリで参照できる専門論文や、外国語の文献も少しだけ含まれている。本書の記述の元ネタが知りたい、あるいは本書の記述だけでは物足りない、もう少し調べたり読んだりしてみたい、と思われる方はどうぞご参照ください。

一、一次史料

最初に、本書で名前をあげた、漢文、アラビア語、ペルシア語一次史料について簡単に説明しておこう。

漢籍

『旧唐書』『新唐書』は言わずと知れた中国の二十四史である。『旧唐書』は唐滅亡後、五代十国の後晋時代に、劉昫・張昭遠らによって編纂されたもので、唐の成立時から滅亡時（九〇七年）までを扱う。『新唐書』は北宋仁宗の嘉祐六年（一〇六〇年）、『旧唐書』の欠を補うべく、欧陽脩・曾公亮らによって編纂された。『旧唐書』が唐末五代の不安定な政情の影響もあって、記述に不備があったことに対し、『新唐書』は新出史料も利用して、分量的にも『旧唐書』をしのぐものとなっている。一方『旧唐書』は、利用した生の史料をそのまま記載するなど、史料価値が高い内容を持っているとも言われる。『新唐書』西域伝については小谷仲男、菅沼愛語両氏による訳注がある（「『新唐書』西域伝訳注（一）」『京都女子大学大学院文学研究科研究紀要　史学編』九号、二〇一〇年；「同（二）」『京都女子大学大学院文学研究科研究紀要　史学編』十号、二〇一一年）。なお、小谷、菅沼両氏は同じ紀要（十一号、二〇一二年）に、『隋書』西域伝および『周書』異域伝（下）の訳注も発表している。これらはすべて京都女子大学学術情報リポジトリにおいて参照することができる。

『旧唐書』が多く利用したのが、北宋時代に王溥が選した『**唐会要**』である。唐代の政治・経済などなどについての制度の沿革を記した史料で、正史に記載されない内容も載せていて貴重である。

『**冊府元亀**』も北宋時代に成立した類書で、特に唐から五代にかけての時代については現在では散逸した史料も用いられており、正史や会要史料を補完するものとして重要である。

『**法苑珠林**』は唐の道世が著した仏教類書で、全百巻、総章元年（六六八年）成立とされる。その抄訳が**荒巻典俊・小南一郎訳**『**出三蔵記集・法苑珠林**』（中央公論社　一九九三年）として出版されている。

『**資治通鑑**』は北宋の元豊七年（一〇八四年）に司馬光によって完成した編年体の歴史書で、北宋建国の前年までの出来事を載せている。特に隋唐期から五代にかけての時期については『新唐書』完成以後に得られた史料をも用いており、極めて価値が高いとされる。

アラビア語

タバリー（Abū Jaʻfar Muḥammad al-Ṭabarī）の『**諸使徒と諸王の歴史** ***Ta'rīkh al-Rusul wa al-Mulūk***』は、伝存しているもっとも古いイスラーム的世界史である。著者であるアブー・ジャアファル・ムハンマドは、カスピ海南岸のタバリスターン地方出身で、それにちなんでタバリーと呼ばれる。ハディース研究やクルアーン解釈でも重要な業績を残したが、何より彼を有名にしているのは、アダムの時代から説き起こし、九一五年までの歴史を編年体で記したこの年代記である。アッバース朝にいたる初期イスラーム史にとって貴重な情報源であるのみならず、サーサーン朝の歴史についても唯一無二の情報を提供しており、アラビア語で書かれた最も重要な年代記史料の一つと言える。早くも十世紀後半、サーマーン朝のもとで、バルアミーによる同書のペルシア語訳がつくられた。アラビア語刊本は十九世紀のM. J. de Goejeの校訂によるライデン版、二十世紀にAbū al-Faḍl Ibrāhīmらの校訂によるカイロ版が出版されている。一九八五年から二〇〇七年にかけ、英文全訳が複数の訳者の手で全三十九巻本で刊行され（***The History of al-Ṭabarī*, State University of New York Press**）、現在では比較的手軽にその内容を知ることができるようになっている。

イブン・ホルダーズビフ（Abū al-Qāsim ʻUbaydullāh b.

ʻAbdullāh b. Khurdādhbih）は、九世紀、アッバース朝に駅逓長官として仕えた人物で、引退後、自らの経験に基づきアッバース朝の行政地理を『**諸道と諸国の書** ***Kitāb al-Masālik wa al-Mamālik***』という名で書き表した。現在伝世しているいわゆる地理書類の中で最も古く、また彼自身が集めたファーストハンドの情報が掲載されているという点で非常に重要である。十九世紀にフランス語訳が発表されている（**Ch. B. de Meynard, "Des routes et des Provinces",** ***Journal Asiatique, sixième série,*** **5, 1865**）。

イスタフリー（Abū Isḥāq Ibrāhīm al-Iṣṭakhrī）は十世紀の地理学者で、イラン南西部ファールス地方イスタフルのまちの出身。イブン・ホルダーズビフと同じ『**諸道と諸国の書** ***Kitāb al-Masālik wa al-Mamaalik***』というタイトルを持つ彼の著作は、アッバース朝支配下の諸地域についての地誌情報を載せるが、とくに自分の出身地であるファールスについて他に類をみないほど詳しい記述を行っている。

フワーリズミー（Muḥammad b. Aḥmad al-Khwārizmī）は、九世紀前半にバグダード等で活躍した数学者、天文学者アブー・アブドゥッラー・ムハンマド・アルフワーリズミーと同じく中央アジアのホラズム出身の詩人、官吏で、十世紀、サーマーン朝に仕えた。サーマーン朝のヌーフ二世時代の宰相アルウトゥビーの要請で著したとされる百科全書『**諸学の鍵** ***Mafātīḥ al-ʻUlūm***』が最もよく知られた著作。英語やドイツ語への抄訳がいくつか出版されている。

ヤアクービー（Aḥmad b. Abī Yaʻqūb b. Jaʻfar al-Yaʻqūbī）は九世紀の地理学者、歴史家で、『**諸国の書** ***Kitāb al-Buldān***』と『**歴史** ***al-Taʼrīkh***』の二書によって知られる。アッバース朝の歴史と行政地理に関してはイブン・ホルダーズビフの著作と並んで貴重な情報源となっている。最近これらを含む英訳が出版された（**M. S. Gordon, Ch. F. Robinson, E. K. Rowson & M. Fishbein,** ***The Works of Ibn Wāḍiḥ al-Yaʻqūbī: An English Translation,*** **3 vols., Leiden: Brill, 2018**）。

アンナディーム（Abū al-Faraj Muḥammad b. Isḥāq al-Nadīm）は十世紀にバグダードで活躍した書籍商であったと言われる。彼の著した書物『**目録の書** ***Kitāb al-Fihrist***』は、当時のバグダードにあったほとんどすべての書籍の目録で、そこには各書物の著者および内容についての関連説明が付されている。そこに挙げられた書物の多くが散逸しているため、同書に見える解説は極めて貴重である。一九七〇年、Bayard Dodge による英訳が出版された（**B. Dodge,** ***The Fihrist*** *of al-Nadīm: A Tenth-Century Survey of Islamic Culture*. 2 vols., New York: Columbia University Press, 1970）。

ペルシア語

『世界の書 ***Jahānnāma***』は西暦十三世紀の初めに、ムハンマド・ブン・ナジーブ・バクラーンによって書かれたペルシア語の地理書である。それほど大部というわけではないが、モンゴルの大征服直前の西アジア、中央アジアの状況を記録しているという点で非常に貴重な史料である。残念ながら現代語への翻訳はなされていない。

著者不詳のペルシア語地理書**『世界の諸境域 *Ḥudūd al-ʻĀlam*』**は、ペルシア語で書かれた地理書としては現存する最古のもので、十世紀後半、現在のアフガニスタン北西部ジューズジャーンにあった地方王家ファリーグーン家に献呈されたと考えられている。アフガニスタン地域で書かれたこともあり、特にイスラーム世界東方について独自の貴重な情報を載せており、史料価値が高いが、何より本書を有名にしているのは、V・ミノルスキーが極めて詳細かつ広範な注を付して出版した英訳である（***Ḥudūd al-ʻĀlam The Regions of the World: a Persian Geography, 372 A.H./ 982 A.D.*** London: Oxford University Press, 1937/ 2nd ed. by C.E. Bosworth, London: Luzac, 1970）。

同じく著者不詳の**『諸史梗概 *Mujmal al-Tawārīkh wa al-Qiṣaṣ*』**は、十二世紀に書かれたペルシア語の史書。イスラーム以前のイランの歴史、とくにハマダーン近辺で起きた事柄に詳しく、おそらくはイラン高原西部で執筆されたと考えられる。しかし、ガズナ朝治下で書かれたことの影響か、テュルクやインドについても独自情報を載せている。

これらの史料については、**島田虔次・萩原淳平・本田實信・岩見宏・谷川道雄編『アジア歴史研究入門　第四巻**（内陸アジア・西アジア）』（同朋舎出版　一九八四年）でより詳細に扱われているが、当然のことながらそこには一九八〇年代以降に出版された刊本や訳本の情報は含まれていない。

二、二次文献

以下、章ごとに関連書籍や論文を見てみよう。

プロローグ

中央アジア、内陸アジアの通史は、私が学生だった頃に比べると飛躍的に数が多くなっているが、一方、一冊で通史を記したものは案外少ない。その中の一つが、**間野英二『中央アジアの歴史』講談社現代新書**（一九七七年）である。本書は古代から近代までの中央アジアの歴祖を平明な文章で明快に解説した名著で、新書として発刊されたが、中央アジアの歴史を中央アジアで書かれた原典史料に基づいて研究するべきであると主張し、議論を惹起した（これらは「シルクロード論争」などと呼ばれることもあった）。間野氏はその後、放送大学の授業を担当されたのを機に、同書の内容をアップデートする形で**『中央アジアの歴史・社会・文化』**（堀川徹氏と共編著、二〇〇四年）を出版した。

護雅夫・岡田英弘編『民族の世界史4　中央ユーラシアの世界』（山川出版社　一九九〇年）は、イラン系民族、トルコ系民族、モンゴル系民族、ウラル系民族、チベット系民族という、中央アジアの歴史において重要な役割を果たした民族をとりあげて、中央アジアの通史を語るユニークなものである。中央アジア史の主役が時代とともに移り変わっていく様子が明確に読み取れる。

小松久男編『世界各国史4　中央ユーラシア史』（山川出版社　二〇〇〇年）は、古代から現代にいたる中央ユーラシアの通史をそれぞれの時代の専門家が担当執筆した通史である。とくに第一章を担当した林俊雄氏はその後、**『興亡の世界史02　スキタイと匈奴　遊牧の文明』**（講談社　二〇〇七年／講談社学術文庫　二〇一七年）をはじめとする一連の出版によって、草原考古学の成果をはじめて一般向けにしかも本格的に紹介した。

これに対して、モンゴル時代以前の中央アジア、内陸アジアについての書籍は、多くが叢書や講座ものの一部として刊行されている。いまあげた興亡の世界史シリーズでは**森安孝夫『シルクロードと唐帝国』**（二〇〇七年／講談社学術文庫　二〇一六年）が、モンゴル時代以前の中央アジア、内陸アジア史を中国王朝に対する遊牧政権、とくにウイグルの巨大な影響という視点から解説している。

専門的な書物や論文をも含めた、中央アジア、中央ユーラシアの研究史については、**小松久男・荒川正晴・岡洋樹編『中央ユーラシア史研究入門』**（山川出版社　二〇一八年）が最も新しいデータを掲載する手引きである。

事典類としては**小松久男・宇山智彦・堀川徹・梅村坦・**

帯谷知可編『中央ユーラシアを知る事典』（平凡社　二〇〇五年）があるが、東大寺教学部編『新版　シルクロード往来人物事典』（昭和堂　二〇〇二年）は、インドと中国、中国と朝鮮、日本の間を往来した仏教関連の人物に関する伝を集めて解説したユニークなもので、専門家にとっても手引きとして貴重である。

プロローグでとりあげた、中国とインドの間を往来したもっとも有名な仏教僧である玄奘三蔵については色々な出版物があるが、第一にあげるべきは水谷真成訳『大唐西域記』（平凡社　一九七一年）（後、一九九九年に東洋文庫にて三巻本として再刊）である。『大唐西域記』については、抄訳ではあるが、非常に詳細な注釈（特に考古学的な注）が附された桑山正進『大唐西域記』（大乗仏典　中国・日本編9）（中央公論社　一九八七年）もある。玄奘三蔵自身の伝である『大唐大慈恩寺三蔵法師伝』は長澤和俊訳『玄奘法師西域紀行』（桃源社　一九六五年）として出版された（その後『玄奘三蔵：西域・インド行』（講談社学術文庫　一九九八年）として再刊）。玄奘の生涯と思想については桑山正進・袴谷憲昭『玄奘』（大蔵出版　一九八一年）が必読文献。桑山氏はまた『西域記――玄奘三蔵の旅』（小学館　一九九五年）の中で、旅行者としての玄奘三蔵の人生をわかりやすく解説している。

第一章

第一章冒頭では、地域としての「歴史的アフガニスタン」をとりあげているが、この地域に焦点をあてた通史は、少ないもののいくつか出版されている。前田耕作・山根聡『アフガニスタン史』（河出書房新社　二〇〇二年）やマーティン・ユアンズ著／金子民雄監修・柳沢圭子他訳『アフガニスタンの歴史』（明石書店　二〇〇二年）は、近代史に比重がありはするものの、この地域に関する貴重な通史である。一方、ヴィレム・フォーヘルサング著／前田耕作・山内和也訳『アフガニスタンの歴史と文化』（明石書店　二〇〇五年）は六〇〇頁を超える大著で、古代から中世についても最新の研究成果に基づき詳細に解説していると言う点で、他に類例のないものとなっている。なお、マーティン・ユアンズの書の監修者金子民雄氏は、十九世紀以降、アフガニスタンや中央アジアに分け入り探検を行った欧米人、日本人についての優れた評伝研究を多く発表している。金子氏が紹介しておられるジョセフ・ウルフやアレクサンダー・バーンズ、あるいはチャールズ・マッソンといった人々の旅行記録は、残念ながらまだ邦訳はないものの、十九世紀の状況を知るための大変貴重なフィールドノートである。

通史、ではないもののナンシー・ハッチ・デュプリー著／日本・アフガニスタン協会訳『アフガニスタン――歴史と文化の旅』（日本・アフガニスタン協会　一九七四年）は、一九七一年にAfghan Tourist Organizationから出版された***An Historical Guide to Afghanistan***の翻訳である。原著はアフガニスタン各地の名所を紹介しつつその地域の歴史を簡潔に説明した名著で、内戦前の旅行者達必携の書であったという。著者デュプリー氏は残念ながら二〇一七年にカーブルで亡くなったが、内戦時に彼女が保全した様々な印刷物はアリゾナ大学図書館によってデジタル化され、公開されている（Afghanistan Center at Kabul University）。

紀元前四世紀、アレクサンドロス大王の大遠征については、フラヴィオス・アッリアノスの記した遠征記が、**大牟田章訳注『アレクサンドロス大王東征記――付インド誌』**（岩波文庫　二〇〇一年）として翻訳されている。なお、この岩波文庫版のもとになった**大牟田章訳注『アレクサンドロス東征記およびインド誌』**（東海大学出版会　一九九六年）は上下二巻、一二〇〇頁におよぶ大著で、注も非常に詳細である。アレクサンドロスの遠征に関しては森谷公俊氏による研究が多く公にされているが、ここでは『**興亡の世界史01　アレクサンドロスの征服と神話**』（講談社　二〇〇七年／講談社学術文庫　二〇一六年）を挙げておく。

六世紀における突厥の拡大と中央アジア情勢については、**護雅夫『古代遊牧帝国』**（中公新書　一九七六年）が詳しい（より専門的な内容については同著者の『古代トルコ民族史研究』（全三巻　山川出版社　一九七七、一九九二、一九九七年）を参照）。東西分裂後の西突厥の状況は資料不足もあり、なかなか理解が難しいが、**内藤みどり『西突厥史の研究』**（早稲田大学出版部　一九八八年）は、史料を博捜し、複雑な政治状況の解明を試みた非常な労作である。なお、このような勢力の活動の場となった中央アジアの東部、天山山脈近辺の状況については**松田壽男『古代天山の歴史地理学的研究　増補版』**（早稲田大学出版部　一九七〇年）がある。中央アジア史を研究しようとする者にとって必読の書である。

ソグド人とその文化については、**曽布川寛・吉田豊編著『ソグド人の美術と言語』**（臨川書店　二〇一一年）が、邦語で書かれた唯一の専著であり、ソグド語とソグド文化に関する吉田氏の解説は極めて貴重である。またエチエンヌ・ドゥ・ラ・ヴェシエール著／影山悦子訳『ソグド商人の歴史』（岩波書店　二〇一九年）は、ユーラシア大陸東部のみならず、黒海や地中海方面あるいはインドへと及ぶソグド商人の活動を、文献のみならず考古資料、貨幣資料などど利用可能な資料を縦横に用いて検証し、十世紀以前の中央アジア史、ユーラシア史を新しい視角から描き出したとして高い評価を得た原著 ***Histoire des marchands sogdiens*** (**Bibliothèque de l'Institut des hautes études chinoises, 2004**)の日本語訳である。一方東方におけるソグド人の活動に関しても近年、大きく研究は進展している。学術書ではあるが、**森部豊『ソグド人の東方活動と東ユーラシア世界の歴史的展開』**（関西大学出版部　二〇一〇年）や、**荒川正晴『ユーラシアの交通・交易と唐帝国』**（名古屋大学出版会　二〇一〇年）、**森安孝夫編著『ソグドからウイグルへ――シルクロード東部の民族と文化の交流――』**（汲古書院　二〇一一年）などがその成果である。

カーピシー／カーブル地域の歴史については**桑山正進『カーピシー＝ガンダーラ史研究』**（京都大学人文科学研究所　一九九〇年）を参照せねばならない。外国語文献を見渡しても、これに比肩しうるものはなく、専門書ではあるが邦語で読むことができるのは幸いである。桑山氏の研究の礎の一つは、水野清一博士が組織した京都大学イラン・アフガニスタン・パキスタン学術調査隊による発掘調査である。一九六〇年から一九六七年まで継続した同調査隊の調査報告は、『ハイバクとカシュミール・スマスト：アフガニスタンとパキスタンにおける石窟寺院の調査　一九六〇』（京都大学　一九六二年）、『ハザール・スムとフィール・ハーナ：アフガニスタンにおける石窟遺跡の調査　一九六二』（京都大学　一九六七年）、『ドゥルマン・テペとラルマ：アフガニスタンにおける仏教遺跡の調査　一九六三―一九六五』（京都大学　一九六八年）、『メハサンダ：パキスタンにおける仏教寺院の調査　一九六二―一九六七』（京都大学　一九六九年）、『チャカラク・テペ：北部アフガニスタンにおける城塞遺跡の発掘　一九六四―一九六七』（京都大学　一九七〇年）、『バサーワルとジェラーラーバード－カーブル：アフガニスタン東南部における仏教石窟と仏塔の調査　一九六五』（京都大学　一九七〇年）、『タレリ：ガンダーラ仏教寺院址の発掘報告　一九六三―一九六七』（同朋舎　一九七八年）として刊行されている（すべて水野清一編、ただし

『タレリ』のみ樋口隆康と共編）。

バーミヤーン遺跡についてあつかった書物は多く、公式の学術調査報告である樋口隆康編『バーミヤーン・京都大学中央アジア学術調査報告：アフガニスタンにおける仏教石窟寺院の美術考古学調査　全4巻』（同朋舎出版　一九八三年）や、バーミヤーン遺跡の歴史をわかりやすく解説した前田耕作『アフガニスタンの仏教遺跡バーミヤン』（晶文社　二〇〇二年）などがある。また、大仏爆破後に石窟の調査修復にあたった東京文化財研究所による報告書『アフガニスタン文化遺産調査資料集　バーミヤーン遺跡の歴史と保存』（明石書店　二〇〇五年）もある。

シルクロード学研究センター編（加藤九祚著）『中央アジア北部の仏教遺跡の研究』（ならシルクロード学研究センター　一九九七年）は、アム河北岸の仏教遺跡について、旧ソ連時代の発掘調査報告をベースとして広範に解説した貴重な文献である。そこに紹介されるものの中で、クシャーン朝時代にさかのぼる仏教寺院カラ・テペについては二〇一四年から一七年まで、立正大学がウズベキスタン共和国アカデミー芸術学研究所と共同で発掘調査を行い、その報告書『カラ・テペ　テルメズの仏教遺跡』（六一書房　二〇二〇年）が出版されている。カラ・テペにほど近いファイヤーズ・テペ（ファヤズ・テパ）の壁画については影山悦子・K・アブドゥルラエフ・M・A・レウトヴァ『ウズベキスタン南部ファヤズテパ遺跡出土初期仏教壁画の保存修復と研究』（名古屋大学人文学研究科・名古屋大学高等研究院　二〇二一年）が出版された。

ムスリムの大征服については第一に、バラーズリー著／花田宇秋訳『諸国征服史』（全三巻　岩波書店　二〇一二〜一四年）を参照せねばならない。これは九世紀の歴史家アルバラーズリーによるムスリムの大征服に関するアラビア語年代記の全訳であり、訳者による詳細な解説が附されている。概説としては佐藤次高『イスラーム世界の興隆』（世界の歴史8　中央公論社　一九九七年／中公文庫　二〇〇八年）がまとまっているが、とくにアラブ・ムスリムの中央アジア方面への進出について論じたものとして、稲葉穣「アラブ・ムスリムの東方進出」（堀川徹編『世界に広がるイスラーム』栄光教育文化研究所　一九九五年）がある。

第二章

第二章冒頭に書いたとおり、一九七九年から始まったアフガニスタンの内乱状態は、多くの学術活動を頓挫させると同時に、新しい文化財を外に向かって流出させた。そうやって知られるようになった文書や貨幣に基づく研究はこの二十年余極めて活発に行われてはいるが、その有り様を概観する邦語文献は残念ながらまだない。東西の文献史料、および八〇年代までの考古学調査の成果は、**桑山正進編著『慧超往五天竺国伝研究』**（京都大学人文科学研究所　一九九二年／第二版　臨川書店　一九九八年）にまとめられている。また、**榎一雄著作集刊行会編『榎一雄著作集』**（全十三巻　汲古書院　一九九二～九八年）には、キダーラやエフタルに関する榎氏の先駆的研究がおさめられている（特に第一巻から第三巻）。しかし、出土文書史料や貨幣資料についての研究が飛躍的に進んだのはこれらが出版されて後のことである。

バクトリア語文書群については、本文中でも触れた、**Nicholas Sims-Williams, *Bactrian Documents from Northern Afghanistan I, II, III*** が基本であるが、邦語では最近のバクトリア語研究について解説した、**吉田豊「バクトリア語文書研究の近況と課題」**（『内陸アジア言語の研究』二八号　二〇一三年）（大阪大学学術リポジトリ（OUKA）にて公開）が重要である。

一方、アフガニスタン及びその周辺地域における貨幣研究はヨーロッパにおいて近年飛躍的に進んでいるが、残念ながら我が国でこれを十分に解説した文献は未だあらわれていない。唯一、**ミヒャエル・アルラム著／宮本亮一訳「サーサーン朝からフンへ――ヒンドゥークシュ南北で発見された新出貨幣資料――」宮治昭編『アジア仏教美術論集　中央アジアⅠ**（ガンダーラ～東西トルキスタン）』（中央公論美術出版　二〇一七年）が、この時代の貨幣研究の第一人者による論文の邦訳である。ネーザク・シャーに関しては、**稲葉穣「泥孰攰」**（『東方学報』京都八五冊　二〇一〇年）でも触れられている（京都大学学術情報リポジトリ KURENAI で公開中）。

本文中で紹介した銅板奉献文書の解読を行ったのは **G. Melzer "A copper scroll inscription from the time of Alchon Huns," J. Braavig *et al.* (ed.) *Buddhist manuscripts* III, *Manuscripts in Schøyen collection*, Oslo 2006**。スコイエン・コレクションの仏教写本については**松田和信「バーミヤーン出土仏教写本研究の二十年」**（『東洋学術研究』五九（二）二〇二〇年）が詳しい。

『于闐国縣記』についての先駆的邦訳として、寺本婉雅『于闐国史』（丁子屋書店　一九二一年）がある。同書は現在国会図書館デジタルコレクションで参照することができる。

ちなみに第二章全体のもととなったのは、稲葉穣「アフガニスタンにおけるハラジュの王国」（『東方学報』京都七六冊　二〇〇四年）である。専門的でややこしい議論なのでよほど興味のある方以外はお薦めしないが、一応京都大学学術情報リポジトリにて公開されているので誰でも読むことは可能である。

インターミッション

吐蕃王国の歴史については、最近刊行された本格的なチベット研究の手引き書である岩尾一史・池田巧編著『チベットの歴史と社会』（上下冊　臨川書店　二〇二一年）において詳細に解説されている。

タラス河畔の戦いにいたる唐と突厥、突騎施の関係については、先にあげた護雅夫『古代遊牧帝国』とともに、前嶋信次「タラス戦考」（『史学』三一号　一九五八年・三二号　一九五九年）が最も重要である。序章と本章に分かれるこの長い論文は前嶋信次の著作を集めた『東西文化交流の諸相』（東西文化交流の諸相刊行会　一九七一年）にもおさめられているが、現在では慶應義塾大学学術情報リポジトリ（KOARA）にて公開されている。

ウマイヤ朝からアッバース朝にかけてのイスラーム世界の歴史については、多くの専門的な研究や外国語からの翻訳書も出版されているが、嶋田襄平『イスラムの国家と社会』（岩波書店　一九七七年）、同『初期イスラーム国家の研究』（中央大学出版部　一九九六年）の二書を最も重要なものとして挙げることができる。正統カリフ時代やウマイヤ朝、あるいはアッバース革命については嶋田氏以後も精力的な研究が発表され、新出史料やそれに伴うあらたな見解も提出されてきてはいるが、二度の内乱を経てイスラーム共同体が帝国へと変貌していく過程に関する嶋田氏の明晰な分析と洞察とは、わが国の初期イスラーム史研究の出発点であり、一つの到達点でもある。一方、二十世紀末から今世紀にかけての新しい研究の流れの一端を示すのが、フレッド・M・ドナー著／後藤明・亀谷学・橋爪烈・松本隆志・横内吾郎訳『イスラームの誕生　信仰者からムスリムへ』（慶應義塾大学出版会　二〇一四年）である。

慧超の記録にあらわれる、西天竺国＝インダス川流域に対するムスリムの征服については、稲葉穣「ムスリム勢力の南アジア侵入」小谷汪之編『世界歴史大系　南アジア史2　中世・近世』（山川出版社　二〇〇七年）がある。一方、慧超の記す「蒲特山」＝バダフシャーンについては、本文中でも触れた一九五四年の踏査の記録である岩村忍『アフガニスタン紀行』（朝日新聞社　一九五五年初版　その後何度か再刊）を挙げねばならない。ちなみにこのとき岩村氏が撮影した写真は同じく一九五五年に『アフガニスタン（アサヒ写真ブック12）』として出版された。半世紀以上前のアフガニスタンの様子を伝える貴重な記録である。

第三章

第三章の前半にかかわる文献はすでにここまでで挙げたものが多い（特に重要なのは言うまでもなく前嶋「タラス戦考」）。追記するなら、アッバース革命については亀谷学「アッバース朝革命とイスラーム社会」三浦徹編『歴史の転換期3　750年　普遍世界の鼎立』（山川出版社　二〇二〇年）が、最新の研究動向を踏まえた解説となっている。

また平位剛『禁断のアフガーニスターン・パミール紀行：ワハーン回廊の山・湖・人』（ナカニシヤ出版　二〇〇三年）は、ワーハーン回廊深く分け入り、スタインが考証した高仙芝軍の山越えルートを、実際のフィールドワークによって検証した極めて貴重な探検記録である。

悟空（車奉朝）の入竺については小野勝年「空海の将来した「大唐貞元新訳十地等経記——「悟空入竺記」について——」（『密教文化』一四八号　一九八四年）があり、使節団の辿った経路が検討されている。本論文は科学技術振興機構（JST）が運営する電子ジャーナルプラットフォームであるJ-Stageにおいて公開されている。『仏説十力経』序自体はすでに十九世紀にフランス語に翻訳され（S. Lévi & E. Chavannes, "Voyage des Pélerins bouddhistes. –L'itinéraire d'Ou Kong (751–790)," *Journal Asiatique*, IXe sér. 10, 1897）、またオーレル・スタインもこの序文を用いて八世紀のカシミール情勢について論じている（A. Stein, *Notes on Ou-k'ong's account of Kaçmir*, Sitzungsberichte der Philosophisch-Historischen Classe der Kaiserlichen Alademie der Wissenschaften, Vienna, 1896）。

第四章

第四章の最初にひいた張承志氏の著書の書誌情報は、張承志『回教から見た中国——民族・宗教・国家』（中公新書一九九三年）。また中国語ではあるが、楊懐中氏の論文の詳細な書誌は、**楊懐中「唐代的番客」**甘粛省民族研究所編**『伊斯蘭教在中国』**（寧夏人民出版社　一九八二年）である。

一方、この安史の乱時に到来した大食兵についての専論として、**稲葉穣「安史の乱時に入唐したアラブ兵について」『国際文化研究』**（五号　龍谷大学　二〇〇一年）があり、その増補版が**M. Inaba, "Arab Soldiers in China at the Time of An-shi Rebellion," *Memoirs of the Research Department of the Toyo Bunko*, 68 2010**である（こちらは公益財団法人東洋文庫のリポジトリで公開されている）。

安史の乱の主役である安禄山については、**森部豊『安禄山――「安史の乱」を起こしたソグド人』**（山川世界史リブレット　二〇一三年）が簡にしてまことに要を得ている。同じく**森部豊編著『ソグド人と東ユーラシアの文化交渉』**（勉誠出版　二〇一四年）は唐代におけるソグド系の民の活躍が東ユーラシアの歴史に及ぼした影響を多角的に論じている。もちろんドゥ・ラ・ヴェシエールの**『ソグド商人の歴史』**（前出）もあわせて読めばより理解が深まる。

本文中で言及した、安史の乱に関する谷川道雄氏の研究は**「「安史の乱」の性格について」『名古屋大学文学部研究論集』**八号（一九五四年）であるが、同論文は**『谷川道雄中国史論集』**下巻（汲古書院　二〇一七年）に再録されている。

田坂興道『中国における回教の伝来とその弘通』（上下巻　東洋文庫　一九六四年）以降、中国のイスラームおよびムスリムに関する研究は長足の進歩を遂げたが、**中西竜也『中華と対話するイスラーム――一七－一九世紀中国ムスリムの思想的営為』**（京都大学学術出版会　二〇一三年）はその一つの到達点を示している。また長安の清真寺について論じた**桑原隲蔵「創建清真寺碑」**は今の西安にある清真寺の創建がいつであったのかを碑文の検討を通じて明らかにしたもので、現在は**青空文庫**で公開されている。

アブー・ムスリム処刑以後のイラン高原やトランスオクシアナの状況についての研究として、邦語ではまとまったものが残念ながらない。最近の研究としては**Patricia Crone, *The Nativist Prophets of Early Islamic Iran*, Cambridge University Press, 2012**と、**Yury Karev, *Samarqand et le sughd à l'époque 'Abbāside: Histoire politique et sociale*. Paris: Association pour l'avancement des études iraniennes, 2015.** をあげることができる（後者は本文中でも言及した）。ニザーム・アルムルクの『統治の書 *Siyar* *al-Mulūk/Siyāsatnāma*』には邦訳がある（井谷鋼造・稲葉穣訳『統治の書』岩波書店　二〇一五年）。

ムスリムの中央アジア方面への進出にともない、そのルートに位置していた仏教寺院がどうなったかははっきりとはわからない。旧ソ連時代における各遺跡の発掘調査と年代論については**加藤九祚**氏の**前掲書**および、**立正大学によるカラ・テペの調査報告書**（前出）を参照されたい。

西アジアの軍事奴隷制度と中央アジアの近衛兵や親衛隊システムとの関連（およびその東アジアへの広がり）については**清水和裕「マムルークとグラーム」『岩波講座世界歴史10　イスラーム世界の発展──七─一六世紀』**（岩波書店一九九九年）および同**『軍事奴隷・官僚・民衆──アッバース朝解体期のイラク社会』**（山川出版社　二〇〇五年）を参照されたい。宋代における「大食」の意味を検討したのは**代田貴文「『遼史』に見える「大食（国）について」**（『中央大学アジア史研究』一六　一九九二年）である。

エピローグ

悟空の旅程関係の文献についてはすでに紹介した。『吐蕃大事紀年』は、**B. Dotson, *The Old Tibetan Annals: An Annotated Translation of Tibet's First History*, Vienna: Austrian Academy of Sciences, 2010** として英訳が出版されている。古代末期小氷河期にかかわるとされる巨大火山噴火については**河合潤『西暦536年の謎の大噴火と地球間冷気の到来』**（ディスカヴァー・トゥエンティワン、二〇一四年）がある。九世紀以降の中央アジアの歴史については最初に紹介した通史や解説書を見ていただきたい。また、**濱田正美『中央アジアのイスラーム』**（山川世界史リブレット　二〇〇八年）は、中央アジアという地域および、そこ出身のムスリムたちがその後のイスラーム世界の文化にいかに大きな足跡を残したかを見事に描き出している。

補記：本書の校正中に、**栄新江『ソグドから中国へ──シルクロード史の研究──』**（汲古書院　二〇二二年）が出版された。イスラーム化以前の中央アジア史研究における世界的権威である、北京大学の栄新江教授が邦語で発表した論文をまとめた学術書であり、極めて専門的なものではあるが、現在の古代中央アジア史研究の最前線がどのようなものなのかを知るには最適の書物である。

あとがき

本書の原稿を一応書き上げた二〇二一年六月、臨川書店の工藤さんとその後の作業の打ち合わせをしていたとき、

「あとがきはどうされますか?」

と尋ねられた。

「書かんとあきませんかね? プロローグとエピローグで一応首尾を整えて、それで終わりでええかと思うてたけど。特に書くこともないしね。」

と答えると、

「そうですか、それもありですかね。」

と言っていただき、この話はめでたく済んだ、と思った。

一方、できあがっていた原稿は実は当初依頼されていたより少し短めになってしまっており(私の体力と脳力が足りなかったからなのだが)、あんまり短いと格好がつかないので、コラムみたいなものを書くことも検討してください、とも依頼された。できればそれも無しで済ましたいなあ、などとぐうたらな返事をすると、「京大の海外調査隊のことを書くというのはどうですか?」と示唆され、ハッとした。

「そうか、京大の調査隊のことと、桑山先生の研究班のことを書いておかんといかんね。」

というわけで、コラムを書く代わりに、人文研の調査隊資料のこと、研究班のことを、少しここで書

いておこうと思う。

戦前、人文科学研究所がまだ東方文化学院京都研究所／東方文化研究所であった頃、東洋考古学を担当されていた水野清一先生は、中国美術史の専家であった長廣敏雄先生とともに中国の仏教遺跡調査を進めていた。響堂山石窟などの調査を経て一九三七年に行われたのが雲岡石窟の調査であり、その成果はあまりにも有名な『雲岡石窟』の報告書（全十六巻三十二冊＋続補）として結実した（ちなみに現在は京都大学学術情報リポジトリKURENAIで全巻を参照することができる）。戦後のサンフランシスコ講和条約の場に吉田茂首相（当時）が、ギリギリ発行が間に合った第一回配本二十部を携えていき、アメリカの大学や文化団体に寄贈して、日本が戦時中にも中国の文化財を保護し、極めて学術的意義の高い調査を実施していたこと、戦後の困難な時期においてもこの貴重な成果を発表しようとつとめたことを強調した、というのは有名な話である。このあたりのことは、『水野清一博士追憶集』（一九七三年刊）に貝塚茂樹先生が寄せられた追悼文や、長廣先生の『雲岡日記』（ＮＨＫブックス、一九八八年刊）などに詳しく書かれている。

戦後、水野先生は活動の場を中国から北西インド、アフガニスタンへと移し、同地域の仏教遺跡群を次々と調査発掘して報告書を刊行していった。水野清一編になる七冊の報告書（参考文献解題参照）は、水野先生のお仕事としては『雲岡石窟』に勝るとも劣らない偉大なものだと、私は個人的に思っているし、北西インド、アフガニスタン考古学にとっては、フランスのアフガニスタン考古学派遣団の報告書（*Mémoire Délégation Archéologique Française en Afghanistan*）に並ぶ価値を持っていると考える。水野先生は六〇年代後半に自らの調査隊（京都大学イラン・アフガニスタン・パキスタン学術調査隊、通称イアパ隊）から退かれ、その後は、文学部考古学研究室の樋口隆康先生が引き継がれた。一九七〇年代に行われた樋口隊によるバーミヤーン仏教遺跡の精密測量と写真撮影、および報告書の刊行（『バーミヤーン』全四巻、同朋舎、一九八三年）、ならびにタパ・スカンダル遺跡（カーブルの北方四十キロほどのところにある）の発掘調査もまた極めて重要な学術的意義を有していることは、二〇〇一年にバーミヤーンの二大仏が爆破された後、さらに世界に知られるようになった。

さて、私が人文科学研究所に入所したのは一九八八年の夏のことである。その年は中国考古学の泰斗林巳奈夫先生の定年前の最後の年で、私は当時助教授だった桑山正進先生の研究班のお手伝いということで雇われたのであった。一九八八年と言えば、七九年にアフガニスタンに侵攻したソ連軍が、泥沼のアフガン戦争に疲弊し、アフガニスタン、パキスタン、ソ連、アメリカの四者によるジュネーヴ協定に調印して撤退準備を始めていた頃であった（ソ連軍は翌年二月にアフガニスタンから撤退した）。アフガニスタンの内紛とソ連軍の侵攻は、七〇年代末まで同地で行われていた多くの発掘調査を阻害し、フランスもイタリアもイギリスも日本も調査継続の断念を余儀なくされた。京大調査隊も八一年を最後にアフガニスタンでの活動を停止し、その後は西川幸治先生率いる調査隊がパキスタンのラニガト遺跡の発掘を進めることとなった（同遺跡についての発掘報告書は西川幸治編『ラニガト』（全二冊　京都大学学術出版会　一九九四年、二〇〇一年）として刊行されている）。ただし、その後パキスタン北部の情勢も悪化し、京大隊の北西インド、アフガニスタンにおける調査活動は、ラニガト調査の終了後、停止状態にある。

私が人文研に入った頃、水野先生のイアパ隊から樋口先生の調査隊に到るまでの様々な資料、特に写真資料は、桑山先生の管轄のもと、人文科学研究所分館の収蔵庫に保管されていた。これらの写真資料に記録された遺跡の多くは現在ではアクセスが不能となったり、あるいはバーミヤーンのように人為的破壊を蒙ったりしている。そのような不幸なできごとの結果として、人類の文化遺産に関する唯一無二の貴重な資料となってしまったこれらの写真をデジタル化し、一般に公開されるアーカイブとして再整備しようというプロジェクトをここ数年、岡村秀典教授、向井佑介准教授、内記理助教、宮本亮一博士、ユルゲン・ショーフリンガー氏らの協力を得て進めており、近々にその一部でも公開できると考えている。ちなみに京大の先輩達の海外遺跡調査の歴史については、岡村教授らがまとめられた『シルクロード発掘70年――雲岡石窟からガンダーラまで』（臨川書店、二〇〇八年）に、非常に詳しい解説があるので、ご関心の向きは是非ごらんください。

ところで、人文研に入るまで考古学についても仏教美術についてもまったく素養がなかった私も、桑山先生のお手伝いでいろんな写真を見る機会を持ち、あるいは外部からの利用依頼があるたびに写真を探し、デジタル化対象のものを選別するという作業を経験した。一方、七〇年代まで忙しく海外調査を行っておられた桑山先生は八〇年代半ば以降、中央アジアを旅した中国仏教僧の伝記を研究する共同研究を立ち上げられ、後に日本の中央アジア研究を牽引する多くの若手研究者を集めて、フィールド経験と漢籍読解を交叉させる大変ユニークな研究会を主催しておられた。不肖ながらも助手であった私も、この共同研究班の末席を汚しているうちに、門前の小僧よろしく、少しだけ習わぬ経を読むようになった。玄奘の伝記である『大唐大慈恩寺三蔵法師伝』や慧超の『往五天竺国伝』、悟空将来の『仏説十力経』序、法顕の旅行記『仏国記』、中国仏教の高名な僧達の伝記である『高僧伝』（いまは吉川忠夫・船山徹両先生の訳注が利用できる）などなど、桑山研究班で会読した史料は数多いが、特に本書でもとりあげた『往五天竺国伝』の校訂、翻訳、注釈を含んだ『慧超往五天竺国伝研究』（参考文献解題参照）の出版のお手伝いをする中で、漢籍史料や考古史料、貨幣史料に対する知見を、体系的ではないものの、少し身につけることができた。本書の中で用いている慧超の旅行記も悟空の伝も、あるいはその他の漢籍も、実はこの桑山先生の共同研究の成果にそのまま乗っかったものであって、このような内容を自分如きが書いて良かったのかどうか、今でもあまり自信はなかったりする。それでも元々ペルシア語やアラビア語古典文献を学んでいた人間が、人文研東方部の空気の中で漢籍に触れ（「漢籍を読み」とは畏れ多くて言えない）、やがて東西の文献を曲がりなりにも突き合わせて研究するようになったという自分の遍歴は、桑山先生の共同研究のユニークさの一端を示しているのかもしれない、と思ったりもしている。

桑山先生ご自身は、パキスタンやアフガニスタンにおいて考古学発掘調査に従事した経験を縦糸に、詳細な漢籍の読解を横糸にして、中央アジアの歴史考古学、仏教考古学の分野で比類無い業績をあげられてきたのだが、叙述史料、出土文献史料、考古学調査の成果、貨幣、美術品など、利用できる限りの多様な成果を用いて古代史を明らかにしていくという仕事の醍醐味を、桑山先生の研究会を通じて学ぶことができたのも、このうえなくありがたい経験であった。また本書に掲載した写真資料の中には、国内外の著名な研究者の方々のご厚意で提供していただいたものが多い（詳しくは図版出典の頁を参照）。そのような方々と知り合うことができたのも、やはり桑山先生の共同研究を通じてのことであった。

桑山先生の共同研究に限らず、人文研東方部は昔から原典史料の会読と訳注作成を連綿と続けてきた。それらは単行本として刊行されたり、あるいは紀要『東方学報』に連載の形で掲載されながら、公表されてきている。ちなみに私も現在自分の研究班では十三世紀に書かれたペルシア語の地方史の写本を解読し、訳注を作成しているが、コロナ禍のゆえに強いられたオンライン研究会は、案外、史料会読に向いていているなあ、などと思いながら研究を進めている。現在刊行中のこの人文研東方学叢書もまた、このような伝統の上に立脚したものだと言って良い（どれくらい立脚しているかはもちろんそれぞれの著者によって異なるが）。

このあとがきを書いているのは一回目のワクチン接種を終えた二〇二一年七月半ばのことで、本書が刊行される頃には流石に世の中は少し落ち着いているのだろうか、などと考えつつキーボードを叩いている。ところで、世界中がコロナ禍にあえいできた一年半余の間、大学や研究所はどのような形で社会に貢献しているのか、あるいはポスト・パンデミックの時代にどのように貢献できるのか、ということが様々に問われるようになっている。医学薬学系や、生化学系の研究であれば、病の治療、予防方法などなど直接的に感染を防いだり、病気の治療を行うという形で目に見える貢献ができるが、文系の、とくにいわゆる人文系の学問は目に見える形での社会貢献というのがなかなかに難しく、これまでもいろんな報告書や申請書を書くときに呻吟してきたのだけれど、私個人はこのコロナ禍の中で逆に、こういった優れた古典、重要な古文献を地道に読み、翻訳し、注を附して世に問い続けるという仕事や、我々の先輩達の長年にわたる学術調査の成果たる調査資料を世界に向けて公開する仕事の重要性をより強く認識したところがある。つまるところ、歴史や哲学、文学をはじめとする、わが国で人文系の柱とされてきた学問分野は、多くの人々の集合体としての社会や共同体をどう舵取りしていくかという部分に対しては直接的な関与ができないかもしれないけれど、社会や共同体の中にいる個々人がそれぞれどのように振る舞い、どのような生き方を選ぶのかという点については何よりも役に立つ、と日頃から私は信じてきたのだが、現在のような大きな変動期にこそ、我々がどこから来て、どこに向かうのか、何のためにいまここにいるのか、と個々人が自らに問うことが必要なのだ。

いまこのあとがきを読んでおられる方の多くは、一応本文にも目を通された後であろうと思う。であるなら、重箱の隅をつつくような話をちまちまと書いてきた人間がえらく気宇壮大な話をするもんだ、と呆れておられるかもしれない。ただ、我々はもちろんどんな些細なことからでも宇宙の真理を考える自由を持っているのであり、そのような自由な思索こそが人文学のもっとも得意とする分野なのである。人文研東方学叢書も第二期に入り、新しい執筆者によって新しい成果が次々と明らかになっていくことと思う。願わくばそれらが皆、手に取って読んだ方々がよりよく生きるための一助となることを祈りつつ、蛇足の文章を終えることにする。

補記

原稿を入稿して人心地ついていたところに、ターリバーンによるアフガニスタン全土の制圧という大事件が出来した。八月末の時点で、カーブル博物館（アフガニスタン国立博物館）で働くアフガン人の友人達は国を脱出することができず、身を潜めているという報せが入ってきている。ターリバーンの全土制圧がこれほどのスピードで進んだ理由は今後色々と指摘されていくのだろうけれど、二〇一九年に凶弾に倒れた中村哲医師が用水路開鑿に着手したきっかけとして、政府が何も援助をしてくれないという状況を放っておくことができなかった、と言われたように、旧政権の非効率性や腐敗、アメリカをはじめとする外国勢力と上手く手を結んだ者達だけが報われる構造がその背景にあったのだろうという点は想像に難くない。

ターリバーン政権と言えば我々は象徴的にバーミヤーン大仏の爆破と、厳格だが偏頗なイスラーム主義の適用という点を思い起こし、今回もまた彼らによる前イスラーム期にかかわる文化財の破壊を心配する声が上がった。確かに大仏爆破の動画はビジュアル的にも衝撃的であったし、記憶の中ではその半年後に起きた九一一とも結びついて、非常に大きなインパクトを残した。しかし、実のところ博物館の荒廃に限ってみれば、ターリバーン政権登場以前の方が甚だしかったのである。ソ連軍撤退時以降の混乱の中で博物館はロケット弾の攻撃を受け、館の所蔵品は略奪され失われたと信じられてきた。しかしいくらかの部分が当時の博物館職員の手で一九八九年に秘匿され、二〇〇四年まで十五年間隠し通されてきたことは、二〇一五年に日本で開催された黄金のアフガニスタン展に関連して報道されたのでご記憶の方もおられるかもしれない。

だからといって、ターリバーンの政権についてそれほど心配しなくともよい、などと言うつもりは全くない。実際前回のターリバーン政権末期には大仏だけで無く、博物館の収蔵品も破壊を蒙った。現時点ではカーブル博物館はターリバーンによる警備が布かれ、収蔵品も無事であるというが、バーミヤーンなどでは発掘品が奪われたという情報も流れてきたりしている。ターリバーン政権の中枢部がいくら文化財の安全を保障したとしても、政権の末端の人々がどう振る舞うかは予測がつかない。「あとがき」にも書いたように、我々が今進めている「逸失の危機にある文化遺産情報の保全・復元・活用に関する日・欧・アジア国際共同事業」とは、まさにこのように天災だけでなく人災によっても簡単に失われてしまう文化財、文化遺産についてその情報を電子的に保全し、誰でもが活用できるようなアーカイブを構築しようとする試みなのである。

ただ、確かに文化財は貴重であるのだけれど、それを守るために誰かの生命が危険にさらされたり、命を賭したりするというのは、あるべきことではない。文化遺産、文化財を通じて自分（達）の来し方行く末を慮るという営みも、それを行いうる人間がいてこそのことである。アフガニスタンにおいて無用な流血が生じること無く、しかも皆がそれぞれの方策でそれぞれの生き方を追求できる状況が訪れることを切に願う。

（二〇二一年一〇月）

稲葉　穣（いなば　みのる）

1961年新潟県生まれ。京都大学大学院文学研究科博士後期課程指導認定。京都大学人文科学研究所教授、同研究所所長。専攻は中央アジア史・東西交渉史。主な著書に、*Coins, Art and Chronology II: The First Millennium CE in the Indo-Iranian Borderlands*（共編著、オーストリア科学アカデミー、2013）、『統治の書』（共訳、岩波書店、2015）などがある。

京大人文研東方学叢書 13

イスラームの東・中華の西
七～八世紀の中央アジアを巡って

令和四年三月三十一日　初版発行

著者　稲葉　穣
発行者　片岡　敦
印刷製本　尼崎印刷株式会社

発行所　株式会社　臨川書店
606-8204 京都市左京区田中下柳町八番地
電話(〇七五)七二一-七一一一
郵便振替　〇一〇七〇-二-八〇〇

落丁本・乱丁本はお取替えいたします
定価はカバーに表示してあります

ISBN 978-4-653-04523-6　C0322　
［ISBN 978-4-653-04520-5　セット］

索　　引

あ行

索　引

か行

さ行

た行

な行

は行

ま行

や行

ら行

わ行

図版出典一覧

地図 6：　桑山正進『カーピシー＝ガンダーラ史研究』図 46 をもとに作成

地図 18：　A. Stein, “A Chinese Expedition across the Pamirs and Hindukush, A.D. 747,” *The Geographical Journal* 59(2), figure 1. をもとに作成

その他の地図は著者作成

口絵 1　バーミヤーン仏教遺跡（大仏爆破前）　© 京都大学中央アジア学術調査隊（京都大学蔵）

口絵 2　カラ・テペ遺跡（空撮）　© 立正大学ウズベキスタン学術調査隊

口絵 3a　メス・アイナク遺跡　©Brent E. Huffman from his documentary “Saving Mes Aynak”（http://www.savingmesaynak.com）

口絵 3b　メス・アイナク遺跡出土　菩薩半跏思惟像　©Anna Filligenzi（ナポリ東洋大学）

口絵 4 上　ラーゲ・ビービー浮彫　©Frantz Grenet（コレージュ・ド・フランス），Fraoçois Ory（フランス国立科学研究センター/ CNRS）

口絵 4 下　ラーゲ・ビービー浮彫 3D 画像（F. Grenet, “Découverte d’un relief sassanide dans Nord de l’Afghanistan”, *Comptes rendus des séances de l’Academie des Inscriptions et Belles-Lettres*, 149-1, 2005, Fig. 4）

扉絵 1　タパ・スカンダル遺跡出土大理石ウマー＝マヘーシュヴァラ像（7 世紀前半）アフガニスタン国立博物館旧蔵（© 京都大学中央アジア学術調査隊）

扉絵 2　ゴールバンド渓谷フォンドゥキスターン仏教寺院遺跡で発見された菩薩坐像（7 世紀末〜8 世紀初）アフガニスタン国立博物館所蔵（© 京都大学中央アジア学術調査隊）

扉絵 3　伝ガルディーズ出土大理石ガネーシャ像（8 世紀半ば）（© 京都大学中央アジア学術調査隊）

図 1　アイ・ハヌム遺跡　王宮列柱廊　© 京都大学中央アジア学術調査隊（京都大学蔵）

図 2　王玄策「大唐天竺使出銘」碑文（© 霍巍（四川大学））

図 3　薬師寺仏足石（© 薬師寺）

図 4　バクトリア語文書（© 平山郁夫シルクロード美術館蔵）

図 5　スルフ・コタル神殿　© 京都大学イラン・アフガニスタン・パキスタン学術調査隊（京都大学蔵）

図 6　ありし日のバーミヤーン西大仏　© 京都大学中央アジア学術調査隊（京都大学蔵）
図 7　ダルヴェルジン・テペ遺跡（2007 年）© 稲葉穣
図 8　上：ファイヤーズ・テペ遺跡、下：カンピール・テペ遺跡（2007 年）© 稲葉穣
図 9　ワーハーン川とパミール川の合流地点（2011 年）© 稲葉穣
図 10　上：テペ・マランジャーン遺跡、下：テペ・マランジャーン出土シャープール二世銀貨　©Michael Alram（美術史美術館／オーストリア科学アカデミー）
図 11　カシミール・スマスト出土メダリオンおよびその銘文（A. ur-Rahman, F. Grenet, & N. Sims-Williams, "A Hunnish Kushan-shah," *Journal of Inner Asian Art and Archaeology*, I, 2006）
図 12　上：クシャーン金貨　中：クシャノ・サーサーン金貨　下：キダーラ金貨（*Das Antlitz des Fremden*（参考文献解題参照）, p. 41）
図 13　上：アルハン銀貨　下：「真」エフタル銀貨（バルフ発行？）（*Das Antlitz des Fremden*, pp. 69, 101）
図 14　中央ヨーロッパのフンの墓から発見された頭蓋骨（*Das Antlitz des Fremden*, p. 64）
図 15　スコイエン・コレクション無量寿経の樺皮写本断簡（6 世紀）（J. Braavig, (ed.) *Buddhist Manscripts in the Schøyen Collenction*, Vol. II, Oslo: Hermes, 2002）
図 16　奉献銅板碑文（部分）（J. Braavig and F. Liland, *Trances of Gandharan Buddhism: An Exhibition of Ancient Buddhist Manuscripts in the Schøyen Collection*, Oslo: Hermes, 2010）
図 17　ネーザク・シャー銀貨（カーピシー＝カーブル発行？）（*Das Antlitz des Fremden.*, p. 110）
図 18　アルハン＝ネーザク・クロスオーバー貨幣（*Das Antlitz des Fremden*, p. 111）
図 19　ホラーサーン・テギン・シャー銀貨（*Das Antlitz des Fremden*, p. 137）
図 20　図 19 貨幣の銘文の書き起こし（R. Göbl, *Dokumente zur Geschichte der iranischen Hunnen.*, B. IV, Tafel 35.）
図 21　ハラジュ・イルテベルの多言語転写（著者作成）
図 22　現在のハラジスターンのひとびと（2005 年）© 稲葉穣
図 23　カーブル・シャー・フロム・ケサル銀貨（*Das Antlitz des Fremden.*, p. 148）
図 24　キョル・テギン碑文（故闕特勤碑文）拓本（京都大学人文科学研究所蔵）
図 25　往五天竺国伝断簡（フランス国立文書館 Pelliot chinois 3532）
図 26　上：バダフシャーン、コクチャ河　下：バダフシャーン、ファイザーバード　岩村忍『アフガニスタン』アサヒ写真ブック 12 号、1955 年